本书系国家社科基金后期资助项目"阿诺德·柏林特环境美学与生活美学研究"（项目批准号：20FZWB022）结项成果

阿诺德·柏林特环境美学与生活美学研究

廖建荣／著

ARNOLD BERLEANT'S ENVIRONMENTAL
AND EVERYDAY AESTHETICS

人民出版社

责任编辑：姜　虹

图书在版编目（CIP）数据

阿诺德·柏林特环境美学与生活美学研究 / 廖建荣
著. -- 北京：人民出版社，2024. 12. -- ISBN 978－7－01
－027005－0

Ⅰ. B83

中国国家版本馆 CIP 数据核字第 202458QF65 号

阿诺德·柏林特环境美学与生活美学研究
ANUODE BOLINTE HUANJING MEIXUE YU SHENGHUO MEIXUE YANJIU

廖建荣　著

人民出版社 出版发行
（100706　北京市东城区隆福寺街 99 号）

北京九州迅驰传媒文化有限公司印刷　新华书店经销

2024 年 12 月第 1 版　2024 年 12 月北京第 1 次印刷
开本：710 毫米×1000 毫米 1/16　印张：16. 25
字数：283 千字

ISBN 978－7－01－027005－0　定价：80. 00 元

邮购地址 100706　北京市东城区隆福寺街 99 号
人民东方图书销售中心　电话（010）65250042　65289539

国家社科基金后期资助项目
出版说明

后期资助项目是国家社科基金设立的一类重要项目，旨在鼓励广大社科研究者潜心治学，支持基础研究多出优秀成果。它是经过严格评审，从接近完成的科研成果中遴选立项的。为扩大后期资助项目的影响，更好地推动学术发展，促进成果转化，全国哲学社会科学工作办公室按照"统一设计、统一标识、统一版式、形成系列"的总体要求，组织出版国家社科基金后期资助项目成果。

全国哲学社会科学工作办公室

目　　录

绪　　论

半个多世纪以来,中西方美学经历了几次重大转型。西方美学从艺术哲学发展出环境美学,近年再发展出生活美学,在哲学基础、审美模式、审美感官、审美目标等方面重构美学。尤其是环境美学统一真善美关系,科学与生态成为环境美学的哲学基础,环境美学与环境伦理相互依存,为环境立法与决策、环境保护行动、景观与社区设计提供理论指导。中国美学经历了20世纪50年代"美的本质"大讨论、80年代的美学热,在21世纪的全球化趋势下,也发展出本土化特色的环境美学、生态美学与生活美学。可以说,中西方环境美学与生活美学多元并存、交流融合,改变世界美学格局,推动着美学发展至新阶段。

国际知名美学家、前国际美学协会主席阿诺德·柏林特(Arnold Berleant,1943—　　),是环境美学与生活美学的主要开创者,也是中国环境美学与生态美学的重要推动者。柏林特在国际美学界有着重大影响,其著作在多国出版,有6部著作和20多篇论文翻译到国内,国内外研究柏林特的论文有数百篇之多,是当代美学的研究热点。作为一名哲学家与美学家,柏林特践行亚里士多德所说的最幸福的生活——沉思的生活。2023年,90岁高龄的柏林特还出版了《人类环境的社会美学》一书,并在《衰老:一场访谈》中运用其美学理论分析衰老给人带来的变化:"美学参与,这是美学价值的核心。这与我们一直在讨论的问题有关,即我们在衰老过程中对自己的认识。"[1]可以说,柏林特是一位思想睿智、人格高尚、颇有风骨的可敬学者。

柏林特的环境美学与生活美学博采众家之长,融合了实用主义美学、现象学美学和存在主义美学,与沃尔夫冈·韦尔施(Wolfgang Welsch)、理查德·舒斯特曼(Richard Shusterman)、特里·伊格尔顿(Terry Eagleton)、阿瑟·丹托(Arthur C. Danto)等当代西方美学家一起推动美学转型。柏林特的环境美学与生活美学鲜明地体现了当代美学转型的实用化、身体化、后现代化和全球化等特征,是当代美学转型研究的典型案例。

---

[1] Arnold Berleant, Michael Alpert, Valery Vino, "Ageing: A Dialogue", *The Slovak Journal of Aesthetics*, 1, 2023, pp. 33–41.

当代美学转型的第一个特征是审美实用化。美学不再是远离俗世的艺术独立王国或专注精神"救赎"的伊甸园,而是关注现实、思考现实与指引现实的感性学。即美学从艺术王国、精神家园回归现实环境与生活,既要坚持追求精神超越、塑造完美人性的理想,也要踏实研究优美环境与美好生活的建设。环境美学与生活美学的诞生正是美学实用化转型的标志和体现,而这两门新兴学科几乎同时在中西方成为显学,也是美学界对实用化转型所达成的共识。

美学的实用化转型既是学科扩大研究领域、寻找新的研究增长点的突破,也是回归古希腊的"美在实用"、"美即善"以及艺术作品尚未脱离于生活器具的传统,更有着保护环境、建设美好生活的现实诉求。工业时代带来的丰富物质生活之余,人类的生产能力与生活方式给自然造成了严重的环境污染问题,尤其是20世纪60年代环境保护意识高涨,心怀自然的美学学者也开始关注环境问题。环境美学涉及审美模式、审美对象、审美价值与审美追求的重构,追求人与自然的和谐共生,统一美善关系,开展环境伦理观、环境正义、敬畏自然与自然价值等现实伦理问题研究。环境美学是美学超越审美自律性、应对环境危机的重大突破,同时也是当代环境哲学的重要发展。

紧随着环境美学的脚步,日常生活也踏入美学的殿堂,发展出生活美学。不同于环境美学的诞生借助环境保护运动的东方,生活美学与艺术哲学是美学的两条发展脉络,前者属于"广义美学"的范畴,而后者属于"狭义美学"的范畴。当代生活美学的萌芽可以追溯到杜威的实用主义美学,其《艺术即经验》大力倡导艺术与生活的合流。20世纪末期,舒斯特曼的《实用主义美学》和《生活即审美》,虽然让其在中国名声大噪,然而在西方美学界应者寥寥。直到21世纪初,部分学者从环境美学延伸至生活美学,部分学者从艺术哲学发展为生活艺术化,生活美学研究才蔚然成风。

柏林特是最早开展环境美学与生活美学研究的学者,成为当代美学实用化转型的推动者,并非偶然。柏林特早期研究杜威的伦理思想,而且其"参与"审美模式脱胎于杜威的实用主义美学,因此其美学探索有着强烈的现实思考与伦理追求。柏林特的"参与"审美模式瓦解了"美学即艺术哲学"的非功利性、超越性等准则,肯定环境与生活的审美价值,追求美学的实践意义,是环境美学与生活美学的核心理论。柏林特提出环境批评、环境审美标准、环境崇高等理论,还研究景观、城市、森林与天空等现实环境的审美体验。柏林特的生活美学关注现实生活的优美与丑陋,研究爱情和友谊等人际情感、提出生活美学共同体、批判生活审美消费文化、谴责生活中的暴力现象。

当代美学转型的第二个特征是身体化。张法对西方美学新潮进行梳理时,认为身体美学与环境美学、生活美学是 21 世纪美学大潮中的第一波巨浪。其实较之于美学,身体更早在哲学领域和社会学领域成为热门话题,从梅洛-庞蒂(Maurice Merleau-Ponty)到雅克·拉康(Jacques Lacan)、从米歇尔·福柯(Michel Foucault)到克里斯·希林(Chris Shilling)等众多学者阐发了深刻精彩的理论。以至于伊格尔顿在《历史中的政治、哲学、爱欲》中调侃,用不了多久,批评中的身体会比滑铁卢战场上的尸体还要多。当然,在美学领域大力鼓吹身体的还是舒斯特曼,其《身体意识与身体美学》是身体美学的代表作之一。舒斯特曼和曾繁仁的学术谈话中承认,美国学术界对其身体美学主要持沉默态度,只有丹托等开明的学者关注,却在世界各国尤其是中国引起强烈反响。

美学的身体化倾向,舒斯特曼是形而下层面,伊格尔顿是形而上层面,韦尔施只有听觉美学涉及身体,柏林特"参与"审美模式的身体化更为全面。柏林特虽然没有大张旗鼓地打出身体美学的旗号,但身体一直是其美学的核心概念。柏林特早期提倡一元论的艺术美学审美,即创作者、表演者与欣赏者共同构成的"审美场",是所有身体感官的参与。当柏林特在研究重点转为环境美学后,几乎完全用"参与"审美模式取代"审美场",就是因为"参与"美学的身体化,更专注于欣赏者身体感知在环境中的审美参与,凸显了身体感知参与在环境审美活动中的作用与意义,并体现了环境与人的独特关系。

柏林特生成"身体化"(embodiment)一词,来源于"化"(in)+"身体"(body),是"导致成为身体的一部分;合并入身体"①。柏林特将其阐释为精神——身体的多层连续体,身体、情感、认知以及精神活动的统一体在参与审美活动中的积极出场,使艺术审美情境或环境与身体相融。身体化的使欣赏者"参与"到审美活动,审美感官超越传统美学的视觉与听觉,还包括了嗅觉、触觉甚至身体运动感官,身体审美体验更为丰富与全面。

身体化以身体对周围世界的感知为基础,这个身体并非单纯的肉体,而是精神—身体的完整统一,不仅包含肉体感知,还涵括其生活世界的文化、历史经验与个人经验的混合。柏林特强调人是完整的整体存在,身体也是文化影响的结果,身体化是非二元论的。审美的身体经过了文化的塑造,被

---

① [美]阿诺德·柏林特:《美学再思考——激进的美学与艺术学论文》,肖双荣译,陈望衡校,武汉大学出版社 2010 年版,第 110 页。

嵌入一个复杂的关系网络,每一个身体都有其独特的个性,民族、文化、阶级、性别、地域、社会结构都反映在其中。柏林特的建筑、园林、城市、乡村、森林等环境以及生活场景、人际情感的审美体验,都是身体化所得。因此柏林特的环境美学与生活美学都围绕着身体化的审美体验所展开。

当代美学转型的第三个特征是后现代化倾向。后现代主将弗朗索瓦·利奥塔(Jean-Francois Lyotard)消解了宏大叙事与同一性,在《后现代状况》中他提出语言游戏多元化及其平等性,《争异》则以话语活动的"争议"阐释后现代的生活方式、行为方式、思维方式的异质性。福柯的知识考古学的非连续性和异质性、德勒兹的差异和根茎、德里达的差异与散播都是对同一性的否定。

柏林特没有加入后现代的大讨论,也受到后现代浪潮的巨大冲击,他的"参与"审美模式也是以反同一性为背景与起点。柏林特指出,以康德为代表的传统美学建立在17世纪至18世纪的认识论上:将世界视为规则的、处于恒定状态,遵守绝对的时空秩序;把理性、感觉、想象和情感看作精神的功能,为了将知识加以理性化和普遍化,大大地简化了人类经验的复杂语境,视其为独立的能力。纯粹与独立的纯粹理性、实践理性、判断力正是这种认识论的产物。柏林特认为后现代主义的一个教训:"是文化传统和社会影响彻底地修正了我们的感知经验,以至于根本不存在什么纯粹的感知,而去讨论它,哪怕只是作为理论的范畴,也是极大的误导。"①

传统美学的哲学基础是科学认知的先决地位、真理的普遍性与排他性、知识的客观性等观念。"参与"审美挑战这一传统:"审美参与注重连续性而非分隔,注重情境的关联而非客观性,注重历史的多元论而非必然,注重本体论的平等性而非优先性。"②柏林特认为这种新的美学思考首先是放弃传统美学从心理学那里继承的名词性范畴,代之以现象的形容词形式和副词形式,即"感觉"变成"感觉的","感知"变成"感知的"。这就要求审美回到经验的流动状态,直面经验的不确定性与丰富性,审美方式也要从静观模式转变为"参与"模式。其次,"参与"审美一改传统美学的艺术对象化与主客二元论,欣赏者的身体参与到环境中去,具有个体性和多元化。

柏林特与韦尔施在后现代的语境下反思与重构美学,虽然他们的基础都是反同一性,但是思路却恰恰相反。韦尔施《我们后现代的现代》是后现代主义思潮的重要著作,在此基础上其《重构美学》思考美学本体,形而上

① [美]阿诺德·柏林特:《美学再思考——激进的美学与艺术学论文》,肖双荣译,陈望衡校,武汉大学出版社2010年版,第19页。

② Arnold Berleant, *Art and Engagement*, Philadelphia: Temple University Press, 1991, p. 4.

地赋予美学认识论的核心地位,提出涉及哲学、伦理学甚至自然科学的"超越美学"。韦尔施的"超越美学"从形而上出发提出美学是认识论的基础,美学是能够横贯所有领域的跨学科创造出美学与伦理学结合的"伦理/美学"。柏林特则是回归美学形而下的"感知经验",消解美学的认识论基础,反对传统美学的普遍性,提倡欣赏者与环境共同作用、多元化的"参与"审美模式。

当代美学转型的第四个特征是全球化倾向。随着科技的迅猛发展,地球因为时空压缩而成为一个"地球村",加上互联网的普及,各国以及各地区的学术理论具有高度的流动和互动,国际的学术交流也频繁起来,促使了美学具有全球化倾向。国际美学协会前主席、斯洛文尼亚美学家阿莱斯·艾尔雅维茨(Ales Erjavec)指出:"当代全球主义激起了全球范围内的美学复兴。如果说,20年前的美学还是艺术哲学和美的哲学,那么今天,美学已经被转化为一种平行的理论话语共存的广阔领域,全球的美学已经失去了中心。尽管美学延续了其来源于一定文化帝国的存在,但是原来形成的分化界限已在很大程度上消失了。这些帝国化的国家已通过地域的传统而得到补充甚至被取代,或者已被重新创造,或者已复兴了来自过去的历史。由此,美学就终止了作为一种霸权的学术话语和理论构架,而投入到地方化知识的生产当中。于是,一种拼贴全球美学地图的工作就出现了,美学在民族或地域环境中的角色和地位的问题亦被凸显了出来。"①

艾尔雅维茨或许过分乐观,过分夸大了美学全球化的阶段,虽然说中国、日本等国家的传统美学日益复兴与发展,美学投入到地方化知识的生产,但是美学的中心依然还是欧美。一来文化中心、学术中心地位的变迁并非一朝一夕,甚至比经济中心的变迁还要缓慢和艰难得多。二来美学发源于西方,以其哲学思想、话语体系为基础而建立,其中心地位暂时难以撼动。随着全球化程度的加深,各国传统美学的蓬勃发展,美学应该会发展出多个中心;然而当下美学的全球化还是破除"西方中心主义",使美学的多样性得到承认和重视,各国的美学理论平行共存、相互影响,本土与世界的理论走向融合。舒斯特曼从中国哲学寻求理论支持,丹托的美学深受铃木大拙禅宗思想的启发,中国的山水园林审美理论不断为西方学者所接受,都是美学全球化的表现。

在21世纪,全球化已经是各门学科的常态。美学的学术活动、理论传播、实践应用也顺应着全球化的潮流,鲜有重要流派、著名学者、创新理论仅

---

① ［斯］阿莱斯·艾尔雅维茨、刘悦笛:《美学与作为全球化的美学》,《世界哲学》2006年第6期。

仅局限于一国一域。这些学者或是通过会议讲学使理论传至四方,或是著作被翻译广为人知;同时各国学者也是博取各家之长,不故步自封与闭门造车。即当代学者需要具有国际视野与国际理论背景,学术活动与学术影响全球化。放眼近几十年的知名美学学者都符合这些特征,而柏林特正是紧紧跟着全球化步伐的学者。柏林特20世纪60年代就开始与多国学者共同创建环境美学这门国际性的学科。柏林特的理论渊源包括了美国的实用主义、德国的存在主义与现象学、法国的知觉现象学。柏林特的理论广为传播,影响了西方的环境美学、中国的环境美学与生态美学。在西方美学学者中,其文章被翻译为汉语而发表在中国期刊上的数量名列前茅。他还是最为活跃的美学学者之一,2010年参加了在北京大学举行的第18届世界美学大会,并多次到中国参加环境美学与生态美学的学术会议。柏林特美学的全球性,包括他对中国环境美学与生态美学的促进,以及他参与并推动的中西方美学对话。艾伦·卡尔松(Allen Carlson)、曾繁仁、陈望衡和程相占等知名学者先后加入这场中西方美学讨论,讨论的平台最后提高至国际美学权威刊物《美学与艺术批评杂志》,极大地提升了中国环境美学与生态美学的国际知名度和影响力。

这场中西方美学对话中,柏林特将生态美学的"天人关系"融合进其环境观,尝试了解中国的儒家与道家思想,并阐释中国园林的自然观与园林理论。在西方美学界,柏林特是为数不多的深入学习中国美学理论的知名学者,具有开阔的全球化视野与胸怀。柏林特坚定推崇美学的多元化与全球化:"美学理论的发展极大地促进我们对美学在生活世界的功能的认识。为此我们必须持续关注不同文化的审美价值。各种文化的审美价值研究也不能只是局限于东方与西方,还应关注全球其他地区的本土审美价值。"①2022年,国际美学界众多学者为柏林特90岁生日撰写评论文章,其中既有欧美学者,也有中国、日本、南美、中东等不同地区的学者,充分体现了柏林特的美学研究及其影响力的多元化与全球化。

因此,柏林特的环境美学与生活美学理论是研究当代西方美学演变途径和转型趋势的典型个案,也是中西方美学交流的重要研究对象,有助于了解全球美学民族化与国际化潮流的发展脉络,具有重大的研究价值。与此同时,21世纪的中国学派初具雏形,深入研究西方当代美学的理论脉络,可以更好地融汇中西,建构富有古典审美趣味与现代社会意蕴的中国美学。

---

① Arnold Berleant, *Aesthetics Beyond the Arts*: *New and Resent Essay*, Aldershot: Ashgate, 2012, p. 210.

第一章 "参与"审美模式:环境美学的理论基础

第一节 阿诺德·柏林特:环境美学的主要开创者

阿诺德·柏林特是环境美学开创者之一,是美国长岛大学荣誉退休教授,曾任国际美学学会主席和终身荣誉会员、国际应用美学协会会长、美国美学协会主席。柏林特1962年以论文《逻辑与社会学说:杜威的社会哲学方法论研究》于纽约州立大学布法罗分校获得博士学位之后,先是留校任教,然后执教于路易斯维尔大学、圣地亚哥学院和长岛大学,直到1992年于长岛大学退休,成为长岛大学的荣休教授。柏林特于1995年至1998年担任国际美学学会主席,2002年被授予国际美学学会终身荣誉会员。

柏林特出版了多部著作,有《审美场:审美体验现象学》(1970)、《艺术与介入》(1991)、《环境美学》(1992)、《生活在景观中:走向一种环境美学》(1997)、《美学再反思——一种激进的美学思想》(2004)、《美学与环境:一个主题的多重变奏》(2005)、《情感与理智:人类世界的审美转向》(2010)、《超越艺术的美学:新近论文集》(2012)、《人类环境的社会美学》(2023)。作为仍然活跃在国际美学界的知名学者,柏林特研究领域广泛,在艺术美学、环境美学、生活美学都有建树。当然,奠定其地位的还是他的环境美学理论,不但极具创新性、理论深刻和体系完备,还关注实践应用。柏林特在艺术美学领域声名鹊起后,仍然投入环境美学这一全新学科的建构。柏林特在2021年的《哲学生涯回顾》中回忆:"从我年轻的时候起,我就对自然和环境的质量很敏感。发现'审美领域'和'审美参与'的概念不仅可以同样应用于传统美术,还可以更广泛地应用于对自然和环境的审美欣赏,这是一个启示。"①

21世纪以来,柏林特保持着思想的新锐,开辟生活美学的新领域,连续出版相关著作,勇攀学术生涯的新高峰。2022年,芬兰阿尔托大学主办的《流行调查:刻奇、营地和大众文化杂志》,在2022年第1期为"阿诺德·柏

---

① https://contempaesthetics.org/2021/01/05/a-philosophical-retrospective/.

林特90岁生日专刊",柏林特还发表了《对笛卡尔的杜尚式反思》,坚持其创新精神。美国圣何塞州立大学哲学系教授托马斯·莱迪(Thomas Leddy)的《作为教育家的柏林特》指出,"他的'参与'理念对女性主义、自然、景观、建筑和日常美学等领域的一代年轻美学家的影响至深。"①

早在2003年,柏林特极有前瞻性地创办线上国际性刊物《当代美学》。《当代美学》是一份跨学科的在线期刊,征稿以美学理论及其实践应用为主,学科领域有美学、艺术、设计学、建筑学等,并鼓励跨学科研究。因为柏林特自身的学术地位与杂志日渐扩大的影响力,吸引了一大批国际知名学者投稿并成为审稿人。出于自身对美学的热爱,柏林特毫无报酬却不辞劳苦地担任《当代美学》的主编。直到2017年,85岁高龄的柏林特卸任,由另一位著名的美学家斋藤百合子(Yuriko Saito)担任主编。

柏林特还是一位音乐家与作曲家,求学于国际顶尖的音乐学府罗切斯特大学伊斯曼音乐学院——其音乐排名多次名列全美第一,先后在此获得音乐学士学位和文学硕士学位。柏林特学术研究之余经常到国内外参加钢琴演出,并在第17届国际美学大会上作了专场演出。可以说,柏林特在教学、研究、作曲和表演等方面成就卓越,是一名才华横溢、孜孜不倦的学者与音乐家。

作为环境美学的主要开创者之一,早在1977年柏林特就发表了《关于美国科学促进协会的"艺术、科学与技术如何形成未来的环境"的研究》一文,从此正式进入环境美学领域,与艾伦·卡尔松、约·瑟帕玛被称为西方环境美学的"三驾马车"。学界公认柏林特与卡尔松分别是环境美学人文主义与科学主义的代表,斋藤百合子的《环境美学的未来方向》甚至将柏林特与罗纳德·赫伯恩(Ronald Hepburn)并列为环境美学之父。柏林特随后尝试建构环境美学理论体系,出版了《环境美学》《生活在景观中——走向一种环境美学》两部著作并发表了一系列文章,建构其环境美学体系。柏林特还与卡尔松一同主编《自然环境美学》《人造环境美学》,这些都是环境美学的重要探索性与总结性著作,有力地推动了这一全新学科的持续与体系发展。此外,柏林特通过担任世界美学协会主席、实用美学协会主席、美国美学协会主席,促进"国际环境美学会议"等学术活动的举办,推动环境美学发展壮大。21世纪以后,柏林特出版了《美学与环境:一个主题的多重变奏》《情感与理智:人类世界的审美转向》《超越艺术的美学:新近论文集》

---

① Thomas Leddy, "Berleant As Educator", *The Journal of Kitsch, Camp and Mass Culture*, 1, 2022, pp. 83−96.

三部著作,探索环境美学理论的实践应用,并将其延伸至生活美学。

环境美学诞生于20世纪70年代,经过约半个世纪的发展,成为美学新的增长点、环境哲学的重要分支,并为城市规划、建筑和园林设计、景观和森林评估管理等实践工作提供理论指导。作为一门应用性、交叉性学科,环境美学一方面立足于文学、绘画、建筑、园林等艺术学科,一方面也离不开环境哲学、环境伦理学、环境心理学、社会学等学科的理论涵养,同时还引入了环境学、生态学、生物学、地理学等自然科学的知识和视野。这决定了环境美学是多学科、多领域发声的大合唱,发展出多元化、多层次的理论和观点。然而,环境美学却有着共同的终极目标:追求环境之美。

西方美学理论一直是重艺术轻自然,如亚里士多德的《诗学》和《论修辞》、贺拉斯的《论诗艺》、朗基努斯的《论崇高》等早期经典著作,无不专注于艺术研究,自然审美研究只是散见于各类著作中。而塔塔尔凯维奇在其《西方六大美学观念史》中总结西方美学两千年来的演进方向时,其中之一是"从世界之美演变到艺术之美"①。

因此17世纪鲍姆加登提出建立美学学科——Äestetik,是以艺术为感性学的主要研究对象:"美学作为自由艺术的理论、低级认识论、美的思维的艺术和与理性类似的思维的艺术,是感性认识的科学。"②而且鲍姆加登为成立美学的必要性辩护时,比较了美学与修辞学、诗学、批评的差异,也将美学的重要研究领域限定于艺术。黑格尔曾想以"卡力斯惕克"(kallistid)——希腊文 Kallos(美)——来代替鲍姆加登的"埃斯特惕克"(asthetik),但是黑格尔并不满足于此,认为"我们这门学科的正当名称却是'艺术哲学',或者更确切一点,'美的艺术的哲学'。"③

黑格尔将美学视为艺术哲学的思想在20世纪更是到了登峰造极的地步。无论是现象学美学、存在主义美学、解释学美学、结构主义美学、后结构主义美学、接受美学,还是马克思主义美学、分析美学、心理分析美学、后现代主义美学,几乎都全盘接受了艺术哲学的观念。朱立元等学者分析20世纪西方美学的走向时,指出其研究重点经历了从艺术家和创作——作品文本——读者和接受的转变,其理论出现了"非理性转向"到"语言学转向",都是围绕着艺术哲学来展开。朱立元、张德兴等《西方美学史:二十世纪美

---

① [波兰]瓦迪斯瓦夫·塔塔尔凯维奇:《西方六大美学观念史》,刘文谭译,上海译文出版社2006年版,第151页。

② [德]鲍姆嘉滕:《美学》,简明、王晓旭译,文化艺术出版社1987年版,第13页。(鲍姆嘉滕,又译为鲍姆加登。)

③ [德]黑格尔:《美学》(第一卷),朱光潜译,商务印书馆1984年版,第3页。

学》一书总结道:"20 世纪西方美学比以往任何时候都更重视艺术本身的本质、特征、规律、构成的研究……因为现代美学无论从什么出发,都离不开艺术这个中心。"①

门罗·C.比厄斯利(Monroe C.Beardsley)在《西方美学简史》中对他为什么采用"美学"而非"艺术哲学"的解释非常具有代表性:"关于术语,我不愿与那些想在'美学'与'艺术哲学'之间保持着某种区别的人发生任何争吵。但我发现,短一点的术语非常方便,因此我用它来概括那些人放在后一个术语,即艺术哲学之下的东西。我在通行而能胜任的用法中找到了足够的支持——例如《美学与艺术批评杂志》和《英国美学杂志》就是这么用的。"②可见他认为"美学"和"艺术哲学"两个术语实际上没有区别,之所以选择前者是因为"美学"更为常用,字面上更为简练;而他列举英美两本顶尖美学杂志的例子,也证明了"美学"和"艺术哲学"同出而异名是西方美学界的共识。

另一个具有说服力的证明是,许多词典里"Aesthetics"一词本来就有"艺术哲学"的含义。如《牛津哲学词典》对"Aesthetics"的解释是"对艺术或者优美、崇高所引起的感知、观念或判断的研究。美学理论的研究有:什么是艺术作品? 是什么让艺术作品成功? 艺术能够表现真理吗?"③《韦氏高阶词典》(Merriam-Webster)对"Aesthetics"的简要解释是"对美尤其是艺术和文学的研究"④。

环境美学所诞生的北美地区,分析美学占据主流地位。因为分析美学单纯依靠逻辑和语言方法研究美学,以美学术语为突破口,并试图以关于艺术的语言代替个人在艺术审美活动中的独特体验,展开明晰精确的分析,蔑视概念的形而上反思。"'分析美学'也在运用'逻辑分析'和'概念分析'的方法,追求'限定的术语'并提供对相关主题的'清晰的公式',倾向于本体论上的'简约'、科学上的'现实主义'和心灵上的'物理主义',从而追求客观真实性。"⑤这使分析美学自然而然地回避自然审美,进一步强化了近代美学是艺术哲学的观念。其核心是"艺术的定义""艺术审美""艺术的本体""艺术的评价""艺术的价值"等问题,而讨论得最如火如荼的正是艺术

① 朱立元、张德兴等:《西方美学史:二十世纪美学》下,北京师范大学出版社 2013 年版,第749 页。
② [美]门罗·C.比厄斯利:《西方美学简史》,高建平译,北京大学出版社 2006 年版,第 2 页。
③ 《牛津哲学词典》,上海外语教育出版社 2000 年版,第 8 页。
④ 《韦氏高阶词典》,中国大百科全书出版社 2012 年版,第 26 页。
⑤ 刘悦笛:《分析美学史》,北京大学出版社 2009 年版,第 12 页。

的定义。如纳尔逊·古德曼(Nelson Goodman)从"何为艺术"转变为"艺术何时是艺术":认为不能依靠艺术家的认定、在艺术馆展览来判断何为艺术品,要以艺术品具有艺术功能的时候作为判断标准。

1966年,属于分析美学阵营的爱丁堡大学教授赫伯恩发表了论文《当代美学对自然美学的忽视》,批评当代美学最大的问题是专注艺术而忽略了自然。赫伯恩指出自然美在18世纪曾为约翰·罗斯金(John Ruskin)等美学家所重视:"我们如何观赏自然以及赏心悦目地欣赏自然?"[①]在这些美学家眼中自然是美学的首要问题,艺术退居其次甚至是派生性的,崇高、如画等美学理论都证明了自然美的地位。威廉·埃尔顿(William R. Elton)的《美学与语言》、哈罗德·奥斯本(Harold Osborne)的《美学原理》、比厄斯利的《美学:批评哲学的种种问题》等著作却没有自然美的一席之地。赫伯恩指出其中有浪漫主义自然观的衰落、自然失去成为人类导师的地位、科学发展增添了人们对自然审美阐释的迷惑等原因;也是因为自然不能像艺术作品那样可以界定、具有架构,自然不是人造品;自然审美经验不能像艺术经验那样具有鲜明特性,可以阐释和批评。赫伯恩认为分析美学漠视自然审美的原因其实在理论上站不住脚,提倡当代美学应该重新审视自然美的地位,回归自然审美的传统。

这篇划时代的文章被视为环境美学的缘起。赫伯恩的文章首次指出了近代以来西方美学故步自封于艺术哲学的缺陷。20世纪60年代也是美学史上最重要的时期之一,结构主义美学、解构主义美学、解释学美学、接受美学、女权主义批评陆续登场亮相,同时也是西方马克思主义、心理分析美学、分析美学的鼎盛时期。而1966年也成为标志性的一年,除了赫伯恩的《当代美学对自然美学的忽视》,还有拉康的《文集》、罗兰·巴特(Roland Barthes)的《结构语言学》、福柯的《词与物》等重要著作问世;同年还有德里达在美国约翰·霍普金斯大学的"批判语言和人文科学国际座谈会"上发表的《人类科学话语中的结构、符号和游戏》,被公认为解构主义的奠基之作。那不仅是一个百家争鸣的时代,推陈出新、超越前人的时代,这也是环境美学得以迅速成长的时代背景。

赫伯恩是开时代之先,卡尔松、柏林特、瑟帕玛等学者深受启发,发现美学除了艺术领域之外还有一片广阔的新天地,纷纷投身其中。卡尔松顺应当时环境保护运动的潮流,在1974年美国美学会议上发表了《环境美学与

---

① Allen Carlson and Arnold Berleant ed., *The Aesthetics of Nature Environments*, New York: Broadview Press Ltd, 2004, p. 43.

"滑稽"敏感》率先提出"环境美学"旗号,实现了美学从艺术到自然、建筑、景观等环境的转向,与柏林特、瑟帕玛等学者一同建立了环境美学学科。环境美学也超出了萌芽时期赫伯恩提倡的自然美学的范畴,乡村、城市、建筑、公园、游乐场的审美活动都是其研究的领域。随着环境美学的壮大,诺埃尔·卡罗尔(Noël Carroll)、霍尔姆斯·罗尔斯顿(Holmes Rolston)、尤金·哈格罗夫(Eugene Hargrove)等知名学者也加入环境美学研究的阵营。

环境美学学科在 20 世纪七八十年代正式成立,在 90 年代发展得较为成熟,迎来第一个高峰期。首先是一系列著作纷纷出版,有柏林特的《环境美学》《生活在景观中——走向一种环境美学》,卡尔松的《环境美学》和《自然与景观》,瑟帕玛的《环境之美》,J.道格拉斯·波蒂厄斯(J. Douglas Porteous)的《环境美学:观念、政治和规划》,萨利姆·科马尔(Salim Kemal)主编的《景观、自然美与艺术》等。其次是 1994 年第一届国际环境美学会议在芬兰召开,后来在世界各地举办了多次会议,主题分别有森林美学、湿地美学、民居美学、农业美学等。国际美学权威杂志《美学与艺术批评杂志》1998 年特地开辟"环境美学"专栏,刊登了柏林特与卡尔松的合著文章。《审美教育杂志》在 1999 年开辟"自然美学"专栏,对环境美学展开讨论和研究。自 21 世纪以来,环境美学发展更为成熟,成为国际美学研究的主流学派。

柏林特以"参与"审美模式为支点,反思传统美学排斥自然及环境的理论根源,展开景观、城市、建筑等环境审美活动的研究;卡尔松专注于建筑、景观研究,并推崇科学知识在环境审美中的作用。瑟帕玛、卡罗尔、斯坦·伽德洛维奇(Stan Godlovitch)、布雷迪等美学家以及罗尔斯顿等环境伦理学家纷纷投身其中;而帕特丽夏·约翰松(Patricia Johnsson)、斋藤百合子尝试运用环境美学于景观设计和艺术设计中去。国内也曾举办过多次环境美学学术会议。今天的环境美学的中心是美国、加拿大、英国、澳大利亚,辐射芬兰、瑞典等欧洲国家。环境美学也在中国蓬勃发展,并促使结合中国生态美学的形成。

经过半个世纪的发展,环境美学已经发展为一个较为成熟的学科。审美领域从艺术拓宽为环境乃至 21 世纪以来的日常生活;审美模式从对象模式到"参与"模式、科学认知等众多模式;审美感官从视觉和听觉扩展为所有感官;哲学基础由人文和科学变为人文、科学和生态;追求目标由超越变为环境改造实践。环境美学在许多方面都颠覆了传统美学,实际上是当代美学重构的契机,并直接激发了日常生活美学的产生和发展,是美学学科发展的新阶段。

环境美学的形成还离不开 20 世纪 60 年代兴起的西方环境保护运动。赫伯恩的文章只是呼唤自然美,后来却从他提倡的自然美学转变为环境美学,研究的重点除了自然美,还涉及自然伦理,都是环境保护运动的推力使然。环境美学与环境保护运动的兴盛是亦步亦趋,后者是环境美学发展的时代背景和驱动力,各个领域的学者投身于环境美学正是受到了环境保护运动的感召,希望可以将环境美学应用于实践。为环境保护运动指明方向的《沙乡年鉴》《寂静的春天》等著作,其理念和理论也贯穿于环境美学始终。如果不是环境保护运动的风起云涌,环境美学的发展和影响会逊色许多。

20 世纪以来,环境危害事件成为人类面对的新危机。早在 1930 年 12 月的比利时马斯河谷烟雾事件,因为工厂排出的有害气体,马斯河谷地区一周内有几千人患呼吸道疾病,63 人死亡,成为 20 世纪最早的环境污染惨案,敲响了环境污染的警钟。1952 年的伦敦烟雾事件,从 12 月 5 日到 8 日,伦敦死亡人数达 4000 人,此后两个月内,有近 8000 人死于呼吸道疾病。人类开始认识到不能一味地征服自然,而是要顺应、利用自然的规律,保护自然环境。人不是自然的主人,人与自然是同生共荣的关系。

1962 年,蕾切尔·卡逊(Rachel Carson)的《寂静的春天》拉开了现代环境保护运动序幕。蕾切尔·卡逊在《寂静的春天》里虚构了一个小镇,原来的小镇美丽、和谐,繁花似锦、草木茂盛,到处生机勃勃,却因为杀虫剂的使用,人们患上了疾病,动物陆续死去,田野、森林和沼泽死气沉沉、一片寂静。蕾切尔·卡逊唤醒了美国民众投身环境保护运动,迫使美国国会对杀虫剂召开听证会,禁止生产与使用获诺贝尔奖的 DDT 等剧毒杀虫剂,并推动了美国第一个民间环境保护组织的诞生。《寂静的春天》之后,《我们的合成环境》《增长的极限》《人口的爆炸》等环境保护运动的重要著作陆续问世,进一步激发了大众的环境保护观念和危机意识,促使大众采取行动改变现状。

1970 年第一个国际地球日,美国人民展开了声势浩大、如火如荼的示威运动,成为环境保护运动正式开始的重要标志。1970 年 4 月 22 日这一天,美国有 2000 多万人参与集会和游行,要求政府采取有力措施保护环境。这次示威活动的影响扩散至全世界,西方各国陆续制定公害防治机制、成立相关组织,各种民间环保组织如雨后春笋般诞生。1968 年,来自各个领域却又志同道合的学者在罗马林塞科学院成立了"罗马俱乐部",讨论生态、环境、伦理等当代世界上的许多重大问题。1971 年成立了绿色和平组织,以保护环境、地球和各种生物的持续性发展为己任。1972 年,第一届世界环境会议在斯德哥尔摩召开,发表了具有标志性意义的《世界环境宣言》。世界各国第一次在环境保护问题上达成共识,明确了人类在环境保护上的权利和义务,标志着国际环境法的诞生。紧接着联合国成立了联合国环境规划署。

环境保护运动此起彼伏,学者们也从不同学科出发,多层次多角度反思如何改变这种竭泽而渔、杀鸡取卵式的发展方式,如何提高民众的环境保护意识,如何在经济发展与环境保护之间保持平衡。除了环境、生态、生物、地理等自然学科外,哲学、伦理学、美学、艺术等人文学科也投身于环境保护运动,发展出环境哲学、环境伦理学、环境美学、环境艺术等新的领域,并成绩卓然,推动环境保护运动发展至新的高潮。

环境保护运动对环境美学的促进作用不言而喻。柏林特直言道:"环境美学之所以被关注,是环境问题日益严重、国内外环境政策的需要以及公众高涨的环保意识和行为,使环境的审美价值显得重要。"①卡尔松也肯定环境保护运动与环境美学的产生的因果关系:"第二种势态则成为环境美学兴起的直接背景……它与公众对环境的审美质量日益关注密切联系,这种关注在北美20世纪后半叶越来越明显。"②瑟帕玛将其著作《环境之美》献给芬兰第一位公共自然保护主义者雷诺·卡拉奥拉教授。他认为环境美学必须考虑环境问题:"最重要的问题是生活在当今的人们是否有权利为了自己的利益无限度地开采现存的自然资源而为后代留下无法摆脱的污染"③。而环境保护运动对生态保护的强调使美学发展至新的阶段,与传统美学有了根本的区别:"现代环境美学是从20世纪60年代才开始的……对生态的强调把当今的环境美学从早先有100年历史的德国美学中区分出来。"④

也正因为环境保护运动掀起环境审美的热潮,环境美学显示出极强的学科交叉性,吸引了生态学、生物学、地理学、环境化学、环境物理学、环境哲学、环境伦理学、环境设计、艺术、历史、社会学等各学科的学者。环境保护运动为环境美学带来的影响,是环境美学注重环境设计和环境保护的应用性。环境美学可以划分为两个阵营。第一个阵营是从事环境规划、景观设

①　Arnold Berleant, *The Aesthetics of Environment*, Philadelphia: Temple University Press, 1992, p. XII.

②　[加]艾伦·卡尔松:《环境与自然》,陈李波译,湖南科学技术出版社2006年版,第4页。

③　[芬]约·瑟帕玛:《环境之美》,武小西、张宣译,湖南科学技术出版社2006年版,第24页。

④　[芬]约·瑟帕玛:《环境之美》,武小西、张宣译,湖南科学技术出版社2006年版,第221页。

计和景观评估等具体实践工作的专家和设计师,包括了城市规划、景观设计、心理学、计算机、生态学、林业学、经济学等领域和行业。《美国规划协会杂志》《环境与规划》《规划》《景观规划》《景观研究》《景观设计学》《设计学》《发展中的建筑》等规划和设计刊物刊发了大量的环境美学文章。

在景观评估的实践中,学者们希望将景观审美价值量化,可以和景观的经济价值、政治价值相提并论,作为景观保护和评估的客观依据。"不管是欧洲还是北美,都认为有必要量化景观的美学质量。如果景观的守护者不能在土地发展听证会上提供有力的证据,光有情感上的请求,在政府机构和公司提供的各种有力证据面前,会显得苍白无力和无济于事。为了提供有力的证据,许多量化的景观评估方法应运而生。"①许多学者和政府人员对量化方法持肯定和拥护态度,杰克·L.纳萨尔(Jack L. Nasar)说:"人们认识到美学维度及其量化的重要性,可以为决策者的决定提供依据。"②如保罗·戈比斯特(Paul Gobster)采取田野调查和实证方法,并试图量化估算审美价值,试图为环境评估和决策提供科学、客观的依据。

21世纪以来,国外有些学者将其研究冠名为"生态美学",如赫尔曼·普瑞格恩(Herman Prigann)的《生态美学:环境设计中的艺术理论与应用》、斯蒂芬·R.J.夏庞德(Stephen R.J.Sheppard)的《超越风景资源管理:正在形成的生态美学和可视化管理》、戈比斯特的《共享景观:美学与生态学的关系》等,其实都属于环境美学第一阵营的发展。这也是环境美学有别于传统美学的地方:能指导实践工作的展开。

第二个阵营是展开美学形而上思考和批评的学者,如柏林特、卡尔松、瑟帕玛、布雷迪、斋藤百合子、卡罗尔等,研究环境审美活动、审美经验、审美价值等理论问题。有别于传统美学的"为艺术而艺术"的自律自立,即使是形而上思考的学者,也认识到环境美学是应用型学科,讲究理论的实践应用。如果说面对社会的种种黑暗,美学家还可以躲进小楼成一统,那么面对环境危机带来的恶果,没有人可以独善其身。美学的非功利性原则在触目惊心、切身体会的环境污染前轰然坍塌,而且随着环境保护意识的高涨,美学家一心参与到环境保护浪潮中去,以环境审美改变现实。两大阵营齐头并进,都取得丰硕成果,可以互相借鉴参照。

展开形而上思考的环境美学,自身又形成了科学主义和人文主义两大

① J. Douglas Porteous, *Environmental Aesthetics: Ideas, Politics and Planning*, London: Routledge, 1996, p. 194.

② Jack L. Nasar ed., *Environmental Aesthetics: Theory, Research and Application*, New York: Columbia University Press, 1988, p. XII.

分支。前者以卡尔松的"科学认知"模式为代表,秉承分析美学的科学、严谨精神,提高科学知识在环境审美中的地位,希望总结出环境审美的客观价值;后者以柏林特的"参与"审美模式为代表,关注环境审美的文化、历史因素,注重环境审美与环境伦理的关系等。就学科发展而言,环境美学体现了多流派共存、融合发展的特点。环境美学突破了分析美学阵营,吸纳了现象学、存在主义、实用主义、解释学美学等流派的理论和研究方法。环境美学体现了审美资源多元化的特点,柏林特将眼光投向非西方的环境审美理论和历史,研究中日等东方美学,斋藤百合子则探讨日本园林美学的当下价值。

在环境美学建构的过程中,柏林特的"参与"审美模式改变了人与环境的关系,解决了环境何以审美以及如何审美的重大难题,成为环境美学的理论基础。"参与"审美模式对环境审美而言有着非比寻常的价值。相比大部分艺术情境的虚拟性,环境情境是现实物质性的存在,参与到环境的审美经验会带来直接的精神、身体和现实中的作用。而且对象模式关上了环境审美的大门,只有"参与"审美模式才能使环境登堂入室,成为美学领域重要的一部分。

"参与"审美模式是柏林特用来反思美学的核心理论,重构美学的哲学基础、审美体验和功能,试图建立新的美学学科。首先,"参与"审美模式认为审美是一个经验活动。艺术审美活动是创作者、艺术作品、表演者与欣赏者共同构成的审美经验;环境审美活动是欣赏者融合环境所构成的审美经验。其次,"参与"是身体化的审美经验,包括了身体各种感官、社会、文化、历史、科学知识和个人经历的参与。再次,"参与"的审美是一个动态的过程,欣赏者进入到环境、变动不居,并非一个固定位置静态的过程。最后,"参与"还是环境对人的邀请,是人与环境的相互影响。

柏林特将审美理论建立在直观的审美经验基础上,提出欣赏者参与、投入到环境里的"参与"审美模式。参与是"身体化"的参与,即环境欣赏是人的身体感知及其生活世界的文化、历史经验与个人经验的结合,体现了审美的连续性;同时拓展传统美学局限于视觉和听觉的审美感官,提出审美感官应该包括基本定位系统(运动)、听觉系统、触觉系统、味觉—嗅觉系统、视觉系统。柏林特认为环境审美感知是环境体验领域的核心,"参与"审美能够帮助人认识、判断和评价环境体验,促进人对环境的伦理观念,实现"从审美到责任";柏林特认为现代社会否定性环境审美对人的感知的蒙蔽、欺骗或侵犯,使人失去了自然审美的敏感体验;并导致人对环境伦理道德的削弱,希望人们认识、正视和纠正否定性环境。

柏林特将人居环境提升至人生存的家园层面,提倡建立能够满足人的各种感知需求的人性化家园。其"参与"环境美学追求使人产生和谐感与归属感的人性化城市、满足人需求的建筑,使人诗意地栖居,促进人与自然的和谐、文明的进步。柏林特还将"参与"的人与环境的连续性发展为人与社会的连续性,认为环境审美感知能使感知能力不断变得敏锐,对他人的苦难感同身受,学会包容和关爱,建立美学共同体;在全球性环境危机的时代提出以"感性的共同需求"为衡量美学共同体的准则,为建立更公平和进步的社会提供了新的思路和目标;深入探讨城市环境对政治关系的具体影响,提出其理想的城市环境美学共同体。

柏林特"参与"的环境美学具有完整的体系性,在审美范畴、审美模式、审美感官、哲学基础、审美价值上突破了传统美学,很好地解决了环境是否可以审美、如何审美的难题,成为环境美学学科理论体系的重要基石。赫伯恩、瑟帕玛、罗尔斯顿都接受了"参与"审美模式,并运用到城市审美、森林审美、园林审美等环境审美实践中;卡尔松的科学自然环境模式、卡罗尔的激发模式、斋藤百合子的多元模式、托马斯·海德(Thomas Heyd)的后现代模式、伽德洛维奇的神秘模式、布雷迪的整合模式都以"参与"审美模式为理论基础。赫伯恩的贡献主要是自然审美回归的呼吁,卡尔松虽然最早提出"环境美学"一词,以科学认知审美模式纠正传统美学对科学知识的忽视,但是理论的创新和体系建构、实践探索等方面难以媲美柏林特。因此卡尔松对其不吝溢美之词:"相比于现下绝大多数的美学家,柏林特在多样性和广度上对当代美学的贡献是巨大的。"[1]

第二节 "参与"审美模式:环境如何审美?

在讨论环境美学的性质时,柏林特将其定义为实用性美学,将美学从高高在上的艺术殿堂回归到日常生活的现实环境,包括了自然环境和人居环境:从自然到建筑,从城市到乡村,从居室到广场。自美学学科成立以来,美学几乎等同于艺术哲学,环境与自然被排除在审美领域之外。对环境美学的质疑和否定自然难免,质疑者或是开创者都会发问:环境何以审美和环境如何审美? 尤其是"环境如何审美"既是"环境何以审美"的前提,也是环境审美实践得以顺利展开的关键。

---

[1] Allen Carlson, "Arnold Berleant's Environmental Aesthetics", *Ethics, Place and Environment*, 10 (2), 2007, pp. 228–236.

　　于是环境美学学者首先要解决的是环境如何审美的难题。柏林特等学者都认为,艺术欣赏的审美模式是对象模式:将艺术作品对象化、保持距离展开欣赏、无关现实功利。美学独尊艺术,审美模式上也是对象模式一家独大,两者是互为表里、相辅相成的。对象模式在艺术审美领域还可以畅通无阻,但是建筑、城市、景观、自然等人生活其中或进入其内部的环境,对象模式不再适用。"不识庐山真面目,只缘身在此山中"表现的正是这种困境:因为"身在此山中",无法对象化,因此欣赏者不知道如何把握环境和展开审美。这是西方自然美学理论研究停滞不前的重要原因,同时反证思考环境如何审美、提出环境审美模式的必要性和迫切性。

　　柏林特将约翰·杜威(John Dewey)的艺术即经验、艺术与生活的连续性发展为审美的经验性和连续性,以梅洛-庞蒂的知觉现象学为基础发展出审美的"身体化",并借用了心理学家库尔特·莱温(Kurt Lewin)和詹姆斯·吉布森(James Gibson)的环境邀请性特征,提出了"参与"审美模式。"参与"模式与对象模式截然相反——识得庐山真面目,只缘身在此山中:庐山真面目不仅是视觉上的观赏和把握,还是身体所有感官的感受,甚至还有时代、社会和文化的影响;而且不只是欣赏者主动观赏庐山,庐山美景也会吸引欣赏者投入其中、乐而忘返。柏林特一方面以"参与"审美模式的全新视域,为音乐、文学、绘画、雕塑等艺术研究带来了许多有价值的创见;另一方面使环境审美活动可以展开,解决了环境如何审美的难题,并推动了各种新的审美模式的出现。根据卡尔松的统计,环境审美模式有对象模式、景观模式、自然环境模式、"参与"模式、神秘模式、唤醒模式、多元模式等10多种。而景观模式和自然审美模式也属于对象模式,已经难以适应环境审美的要求;而自然环境模式、神秘模式、唤醒模式等模式都是建立在"参与"模式的基础上。在这个意义上,柏林特的"参与"模式是环境美学的理论基石,是环境美学学科形成的先决条件。

一、从对象模式到"参与"模式

　　对象模式是卡尔松在1979年发表的文章《鉴赏与自然环境》中最先提出,传统的自然审美模式是"对象模式"和"景观模式",前者像欣赏雕塑一样欣赏自然环境,后者将自然环境当作风景画一样欣赏。"对象模式"是传统自然审美模式的说法广为学者们所接受,柏林特曾在不同场合称之为"对象模式"或"静观模式",其实都是指对象模式。卡尔松善于提出问题,柏林特却是善于研究问题和解决问题——前者只是指出对象模式无法满足环境审美,后者还研究对象模式由何而来、因何而成和有何对策。

柏林特指出对象模式源于艺术领域，其理论原则是"艺术基本是对象所构成；这些对象具有特殊的地位；必须以一种独特方式来观察它们。"[1]对象模式是艺术审美模式在环境审美领域的延伸，不过尽管其在艺术审美中如鱼得水，在环境审美中却屡屡碰壁。

柏林特回顾西方自然美学的历史，指出"如画"注重静观、沉思的审美方式，透过一个克劳德玻璃框将风景当作绘画作品来欣赏，正是典型的对象模式。"如画"是18世纪欧洲园林最重要的美学理论之一，曾经与优美、崇高相提并论，对欧洲园林特别是英国和法国园林的影响几乎整整持续了一个世纪。如画"基本上起源于英国人对自然风景的喜爱，进而说起源于他们对自然风景绘画的喜爱。"[2]即"如画"源于当时风景画的兴起，运用绘画的眼光和技巧欣赏自然，从一个合适的位置和角度来欣赏风景——如同画家绘画一般。

正如柏林特所说的那样，18世纪的旅游者们大都采用一种"克劳德玻璃"来观赏风景：一种小巧而带色彩的凸透镜，可以固定视角；而且当审美对象过于巨大或逼近时，使用"克劳德玻璃"可以将它们置于恰当的距离，以柔和的自然色彩和规则的透视呈现绘画作品的效果，追求绘画般的风景审美体验。"如画"要求风景的对象化，保持一定距离，这种审美方式一直影响到当代社会：风景照片、风景影视、明信片也是运用如画的审美模式，在合适的角度和距离构图，形成符合眼睛感知的、柔和色彩的视图，使其比现实的风景更有魅力、更像绘画。如果说苏轼的《题西林壁》还是"横看成岭侧成峰，远近高低各不同"，那么"如画"这种对象模式连横看侧看、远近高低等观察角度都舍弃了，只要一点不及其他。

柏林特指出，"如画"使自然变为景观："景观"一词的出现本来就是作为绘画的术语，将其当作可以从周围环境分离出来、被观看的物体，画家是运用"定点透视"进行欣赏和创作。这样的观念视景观为外在的客体，是静止的，并且欣赏者也是静止的，只需要在某一角度浏览。"如画"理论体现在城市、建筑和花园的设计中，画作一般追求视觉上的美：笔直的大路和林荫小道、城市的方格形状、几何的对称设计、俯视景色的高处平台、传统的花园设计，等等。尤其是西方长期以来的城市设计，笔直的大道和网格模式的铺开，将丰富多彩的地貌建设为标准化的区域。其好处是直截了当的认知、清晰而有秩序的区域、便捷的控制和开发。缺陷是抹杀了原有地貌的独特

---

① Arnold Berleant, *Art and Engagement*, Philadelphia: Temple University Press, 1991, p. 11.

② [英]彼得·科林斯：《现代建筑设计思想的演变》，英若聪译，中国建筑工业出版社2003年版，第38页。

性和差异,一切都一览无余,视觉的终点仅仅是视觉上的终点,人们短暂一瞥后转向其他的方向,远远地观赏着,不会前去深入探究,人的身体的各种感知被忽视了,人淹没在刻板的城市中。

柏林特敏锐地发现,是否沿用对象模式的问题,实际上关乎环境美学的定位。即环境美学应该屈从于传统的艺术美学之下,还是发展出新的美学理论? 他在文章《艺术与自然的美学》中说:"文章的标题隐含着问题:有一种美学还是两种美学? 即只有一种既包含了艺术也包含了自然的美学,还是有分别解释独特的艺术美感以及自然审美的两种美学?"①

柏林特清楚地认识到,如果再沿用对象模式,环境美学只是传统美学的补充和修正,难有作为。如果继续采用对象模式,将环境美学与17世纪的园林美学联系起来,视环境为一种新的艺术,这是将环境美学设立为艺术美学的分支的倒退和短视做法。柏林特提出,应该建立一种有别于对象模式的新模式,可以解释自然美的欣赏,再运用新模式来解释艺术审美活动,发展出新的、更具普遍性的美学。

柏林特先是从理论根基的层面来推翻对象模式,指出静观、非功利性、距离等理论共同构成了对象模式,将这些理论一并否定和摒弃,提出"参与"审美模式。柏林特总结出传统美学的两大理论来源,一是古希腊思想,二是启蒙思想。古希腊思想对传统美学最大的影响是突出静观:"毕达哥拉斯就在静观中发现人类理性的完善,而柏拉图则认为,纯粹的静观是人类理解的理想。亚里士多德把积极的理性称作静观,把哲学知识、理智的快意和道德的完善都归入纯粹的静观。普罗提诺和柏拉图一样,在美的静观中找到帮助,实现了从感观之美到精神之美的过渡。在非参与的、静观的理性中寻找人类发展的完善,这一悠久的传统就这样开始了。"②审美所要求的静观、沉思的特殊态度,导致审美是精神性的,要求艺术对象化。

相比之下,启蒙思想的影响要复杂得多。启蒙运动追求本质化与普遍化,将世界视为规则的恒定状态,具有绝对的时空秩序。忽略人类经验的复杂语境以及感觉、想象和情感的复杂性,将知识理性化和普遍化。推崇科学认知,真理具有普遍意义,知识具有客观性。康德的纯粹理性、实践理性、判断力正是这种认识论的产物。

柏林特指出康德将美定义为非功利性,正是为了使审美判断具有普遍

① Arnold Berleant, *The Aesthetics of Environment*, Philadelphia: Temple University Press, 1992, p. 160.
② [美]阿诺德·柏林特:《美学再思考——激进的美学与艺术学论文》,肖双荣译,陈望衡校,武汉大学出版社2010年版,第55页。

性——在认知与想象这个关系上,趣味判断对每个人都是有效的。非功利性概念的建立可以追溯到夏夫兹博里(Shaftesbury)、约瑟夫·艾笛生(Joseph Addison)、弗朗西斯·哈奇生(Francis Hutcheson)等英国学者,但是近代以来正式将非功利性定为美学重要准则的是康德。康德从第一契机即是质的契机对审美展开研究,开宗明义地提出审美的非功利性:"鉴赏是通过不带任何利害的愉悦或不悦而对一个对象或一个表象方式作评判的能力。一个这样的愉悦对象就叫作美。"①而传统美学以非功利性为中心,相继发展出距离、对象化、静观等理论。

审美的非功利性消解了审美的现实功能和实践关系,将审美从生活分化出来,是布洛的"距离说"、谷鲁斯的"内模仿"的理论前提。非功利还将艺术视为审美对象,使艺术成为超越利害关系的独立王国,并采用一种有别于日常生活的审美态度加以欣赏。

柏林特认为18世纪以来的美学把艺术纳入一个有序的哲学体系,其可能是认识论的(现代科学哲学)、形而上学与道德的(柏拉图)、形式与认识论的(康德)、先验的(叔本华、克罗齐)、历史与辩证的(黑格尔),或者社会—政治的(马克思)。不过,无论是哪种哲学体系,都把艺术"对象化"理论、把艺术视为一种审美对象。

柏林特对传统美学的反思可谓彻底:审美的艺术是不涉及日常生活、利害关系的独立王国,欣赏艺术要将其对象化,把艺术与周围环境分离开来,显出其与众不同,采用一种有别于日常生活的审美态度加以欣赏。这是传统美学对艺术的误解,艺术是以艺术品的对象方式所呈现,而不是以艺术活动的方式呈现。换而言之,艺术就是一首诗、一篇小说、一幅画、一具雕塑、一曲音乐、一座建筑、一部电影……艺术对象不同于日常物品,必须要与周围环境划清界限,被设立为一件独立而又完整的作品。于是在博物馆欣赏《蒙娜丽莎的微笑》时,要罔顾其悬挂于上的墙壁、熙熙攘攘的游客;在教堂欣赏壁画《最后的晚餐》,要将其与天花板、楼梯、角落等教堂其余部分隔离开来,同时力求还原壁画因沧桑岁月而发生的改变,确保专注于作品的自主性、完整性,不受其他因素的干扰。这都使艺术成为独立于现实生活之外的审美世界,甚至在艺术内部也以非功利性划分出等级:诗歌、戏剧、音乐、舞蹈、绘画、雕塑、建筑是非实用性的高尚、好的艺术,园林设计、服装缝纫、陶器制造、篮子编织等因为其实用性而被贬低。

柏林特认为对象化、静观、非功利性等审美理论已经不合时宜,远远落

---

① [德]康德:《判断力批判》,邓晓芒译,杨祖陶校,人民出版社2002年版,第45页。

伍于审美实践:既不适用于当代艺术,也无法适用于环境审美,并因此提出"参与"模式。当然,"参与"模式不是一蹴而就,而是经历了从审美场发展为"参与"模式,以及从艺术审美拓展到环境审美的历程。"参与"审美模式萌芽于柏林特1970年出版的第一本著作《审美场:审美体验现象学》。

柏林特当时提出"审美场"的概念,已经开始消解对象模式:"审美场"由创作者、艺术作品、表演者与欣赏者所组成,都是参与到审美事件中不可或缺的因素,它们互相影响、共同构成审美经验。如音乐活动"审美场"的四个因素都围绕审美经验展开:创作者形成最初的听觉经验;乐谱使这些经验聚焦在一定范围;演奏者改动乐谱、以个人风格演奏与运用新的乐器等方式进行再创造;最后是听众参与到音乐中,形成审美经验。同时听众也可以通过鼓掌、欢呼等方式影响演奏者,再反过来影响听众的审美经验。柏林特的审美场也是超越本质主义的单一性,是通过复杂的相互关系、各个不同的语境等来阐明审美过程。柏林特的"审美场"还采纳了现象学的方法论,把审美理论建立在非认知性和非反思性的审美经验基础上,指出这种审美理论"不寻求发现美的'终极本质'或把我们和艺术的遭遇运送到一个先验的世界,相反,它满足于在一个现象的层面探讨美的经验和它外在和内在的伴随现象"①。柏林特在《审美场:审美体验现象学》再版的序言里回顾道,正是"审美场"的研究"引导我走向审美'参与'的概念——挑战建立在非功利性基础上的传统美学的概念。审美参与,恰恰相反,表达感知的结合,超越艺术范畴延伸至更广阔的人类经验的研究"②。

柏林特总结出"参与"审美模式,是在其1991年出版的著作《艺术与介入》。他批判对象模式,提出"参与"审美模式,是艺术审美研究和环境审美研究的互相印证、相互促进的结果。他沿着《审美场:审美体验现象学》的艺术审美研究道路前进,研究当代艺术对象模式的消亡:"或明或暗,'艺术由对象所构成'的理论正受到挑战和破坏。过去的一个世纪里,艺术对象在审美情境中变得越来越不重要,有时甚至完全消失。就视觉艺术而言,从19世纪末到现在的一系列运动里这种变化越来越明显:印象派、立体主义、未来主义、达达主义、表现主义、抽象表现主义、欧普艺术、观念艺术、偶发艺术和表演艺术莫不如此。"③

---

① Arnold Berleant, *The Aesthetic Field: A Phenomenology of Aesthetic Experience*, Christchurch, New Zealand: Cybereditions Corporation, 2000, p. 159.

② Arnold Berleant, *The Aesthetic Field: A Phenomenology of Aesthetic Experience*, Christchurch, New Zealand: Cybereditions Corporation, 2000, p. 6.

③ Arnold Berleant, *Art and Engagement*, Philadelphia: Temple University Press, 1991, p. 20.

柏林特重点分析绘画艺术的审美对象的消亡。印象派绘画消解事物的实体性,如修拉的点彩画法,以色点或涂绘颜料构成画面,让欣赏者自行混合少量鲜艳的纯色;莫奈的教堂、塞纳河、白杨在阳光照耀下产生了稍纵即逝的万千变化,对象的稳定性和永恒性不复存在。"分析立体主义在一个绘画平面上同时呈现多重视角,将立体的事物变为平面;博乔尼、巴拉和塞韦里尼的未来主义则是通过对象分裂为动态的运动模式来描述世界。"①如朱利奥·保利尼(Giulio Paolini)的装置作品《假秘密》,将大量只是涂了底漆的画布稀松地摆放在一起,并在上面放着幻灯片,表现了意象从艺术对象中解放出来。柏林特还列举了马塞尔·杜尚(Marcel Duchamp)的《给予:1.瀑布;2.燃烧的气体》,证明许多当代艺术要求欣赏者的参与:"这件作品采用的是平淡无奇的主题:一片草地的逼真透视缩影上,一具充满了诱惑的女性裸体仰卧着——但是观众必须通过安装在黑暗角落的窥探小洞孔,才能看清楚。"②

柏林特最后分析了现代戏剧艺术如何突破了对象模式。在剧场设计方面有"三围剧场",去除了舞台前部的拱形结构,观众环绕舞台,演员出场和退场都要经过观众,打破演员和观众的距离。柏林特以约瑟夫·柴金(Joseph Chaikin)"开放剧场"的作品《蛇:一个仪式》为例:当表演夏娃屈从于苹果的诱惑时,舞台上突然出现了许多苹果,演员们都登场互相赠送苹果;接着演员们拿着苹果涌下舞台,来到观众中间赠送苹果,让观众感受夏娃面对的诱惑,消灭了演员和观众的区分。

"参与"审美模式是"审美场"理论的深化与提升,既保留了审美回归到经验这一基础,又避免审美对象化的主客二分,强调主客相融的一元论、审美与生活的连续性。"参与"审美模式在艺术审美活动中是欣赏者对艺术情境的介入:"艺术不是由对象构成的,而是由情境构成的。只有在情境中,经验才得以发生,情境经验然而却并非一成不变地包含可以确定的对象。"③艺术的本体由艺术对象转为艺术情境,提倡艺术与人的共同作用。"它主张连续性而非分裂、语境的联系性而非客观性、历史的多元化而非确定性、本体论的平等性而非优先性。"④柏林特也由此完成了从对象模式到"参与"模式的转变。

---

① Arnold Berleant, *Art and Engagement*, Philadelphia: Temple University Press, 1991, p. 21.
② Arnold Berleant, *Art and Engagement*, Philadelphia: Temple University Press, 1991, p. 23.
③ [美]阿诺德·柏林特:《美学再思考——激进的美学与艺术学论文》,肖双荣译,陈望衡校,武汉大学出版社 2010 年版,第 43 页。
④ Arnold Berleant, *Art and Engagement*, Philadelphia: Temple University Press, 1991, p. Ⅻ.

当然,柏林特的"参与"审美模式是更具普遍性的美学理论,也包括环境审美:"最后需要说明的,虽然书名使用的是'艺术'一词,实际上本书时常自由地探讨艺术和自然的审美经验,尤其是讨论风景、建筑和环境审美经验的时候。"①柏林特一再申明《艺术与参与》对环境美学与日俱增的兴趣:"在这本书出版之后,我的很多作品都研究了环境美学的问题,后来的论著既研究了审美介入的理论,也论及了它的应用。"②

二、"参与"审美模式的经验性与连续性

"参与"审美模式第一个特点是以审美经验取代审美对象的本体地位,没有所谓客观、独立的艺术作品或环境,创作者、表演者和欣赏者等主体因素和艺术、环境等客观因素一同构成审美经验。柏林特反对以审美对象为本体,继承了杜威的美学思想,将"艺术即经验"拓展为"美学即经验",提倡审美经验的本体地位。柏林特坦承杜威对自己的影响,认为杜威对于经验重要性的强调为其指明了正确的方向。因此柏林特认为美学应该放弃艺术本质、审美判断标准等普遍性问题,重点研究审美经验。

杜威以经验为方法、以连续性为宗旨,展现了人是自然发展的一部分、人如何认识和适应自然;人是社会的产物,个人的艺术、价值、智慧源于社会群体,是人参与社会其中而得。同时人因为经验而具有探索和评价的能力,直达关于人类繁荣和福祉的行动、信仰和目标。"'经验'是一个詹姆斯所谓具有两套意义的字眼。好像它的同类词'生活'和'历史'一样,它不仅包括人类做些什么和遭遇些什么,他们追求些什么,爱些什么,相信什么和坚持些什么,而且也包括人们是怎么活动和怎样受到反响的,他们怎么操作和遭遇,他们怎么渴望和享受,以及他们观看、信仰和想象的方式——简言之,能经验的过程。"③

而"两套意义"是杜威的一元论,指经验包含了动作与材料、主观与客观,并拒绝承认这种二元论,提出自然、艺术即经验的一元论哲学。杜威还认为,只有经验法才是有效地对待"经验"这个统一体的唯一方法,以其作为哲学思想的出发点,其他的方法都是以分裂经验对象和经验活动的反省为出发点的。所以经验是认识自然的方法,科学和哲学的经验源于自然,需要自然的验证,并作用于自然——或者是改造,或者是帮助我们更深刻地认识自然。

---

① Arnold Berleant, *Art and Engagement*, Philadelphia: Temple University Press, 1991, p. Ⅳ.

② Arnold Berleant, *Art and Engagement*, Philadelphia: Temple University Press, 1991, p. Ⅲ.

③ [美]约翰·杜威:《经验与自然》,傅统先译,中国人民大学出版社2012年版,第9页。

　　可见,杜威的经验概念,不是亚里士多德在《形而上学》中开篇所排列由感觉、记忆到经验、技术四个认知层次中的一个;也不是通俗意义上等同于感觉的经验,而是人由感知到思考的所有过程。杜威认为只有直接体验才是有效地对待"经验"这个统一体的唯一方法,并将这个统一的整体作为哲学思想的出发点,其他的方法都是以分裂经验对象和经验活动的反省为出发点的。

　　杜威回顾了从原始时期到古希腊时期、古罗马时期、中世纪再到19世纪、20世纪的艺术发展历程,指出艺术新的特性不仅仅是装饰性的增加,而是深入到艺术的结构,激发出一种更完满的新的审美经验,不断扩展欣赏者的感觉、同情和想象。所以无论是艺术家还是欣赏者自身,都是投入到这一活的文化长河中去,在其中展现自己、发现自己。艺术所蕴含的人性与道德,只有在文化中才得以具体地感觉与评判。由于记录与评判文明的艺术融入奔腾向前的文化长河,又孕育、诞生新的审美经验、艺术与思想。这即是艺术的结果、影响与意义。

　　杜威由此指出艺术的审美经验是一个整体性的经验;是融合旧的意义与新的环境产生的一个经验;人不能外在地将其视为手段展开观察,而是需要通过人的想象,把许多因素集合在一起,将无序的事物组织为有秩序。哲学所区分的"主体"与"客体",在艺术审美经验中得到了彻底的结合;艺术审美过程中是直接体验着的经验;艺术的想象是哲学所忽略的,但同时也是人的一种重要能力,这都是艺术向传统哲学发起的挑战。而艺术不但消除了主观与客观,还消除了理性与感性、个人与普遍。

　　柏林特认同杜威的经验重要性:"杜威对于经验的重要性的强调以及他对于作为审美的经验的宽泛范围的认识,都指明了正确的方向。杜威把人看成是生物的、社会的、文化的存在,并把人置于审美经验的核心。"①纵观柏林特的学术生涯,从前期的"审美场""审美参与"理论,到近年环境美学和生活美学的研究,都将审美视为一种欣赏性经验。

　　早在柏林特学术研究初期,就是以审美经验为核心,"审美场"被阐释为审美经验的语境:创作者、艺术作品、表演者与欣赏者联结起来,包括了生物、心理、技术、历史、文化和社会各方面因素,共同构成了审美经验。审美经验还是美学研究的基础:"我的意图是以审美经验独有的方式对其详细审查,发展出严密的美学描述科学。提出美学的科学性,并非意味着要贬低

---

　　① 李媛媛:《审美介入:一种新的美学精神——访国际美学协会前主席阿诺德·贝林特教授》,《哲学动态》2010年第7期。

和放弃美学与众不同的特性、审美经验的独有价值。"①

柏林特将这一特点延伸至"参与"审美模式:"参与"需要欣赏者积极的经验投入。它与杜威的经验美学理论一样,都是从"鉴赏者"的角度来讨论审美,而且都将审美欣赏集中于知觉经验之上。尤其在《感知力与意义:人类世界的审美转变》一书中,柏林特重申审美的经验本体:"本书的研究是关于'审美'这一概念,我以最严肃的态度展开思考,不是因为'审美'所传达的敬意的联想,而是它成为打开一个与众不同的、重要的经验领域的钥匙。"②而"经验是审美的中心,不仅因为经验是人类世界的根源,还因为经验的涵括的范围及其意义"③。

柏林特的美学以经验为本体,美学领域不再以审美对象为界定准则,审美领域也不再是艺术至上,环境审美的合法性得到认可。于是审美经验不仅包括艺术审美经验、自然审美经验,还包括环境审美经验甚至社会活动审美经验。柏林特指出,如果审美本质上是知觉经验,人类世界的所有事物都可以是审美的:"不排除任何事物和没有任何预定的界限,所有事物和所有情境都有可能成为审美经验。"④由此美学研究领域就海阔天空,无所不包,美学的疆域涵括环境、环境审美的合法性也是不言而喻的。柏林特是螺旋式上升地发展了美学理论,表面上是回到美学感知经验的学科的老路上,实际上是赋予美学新的领域和思路。

"参与"审美模式还研究审美经验的核心——知觉是社会、文化和身体所塑造,推翻传统美学的非功利性和静观等原则。柏林特的美学即经验认为美学不能像科学研究自然世界那样提供理性(逻辑)结构,但是美学能认识与正视当下生命的经验环境。审美经验有两个本质的方面,一是感知,二是体验到其意义。柏林特指出,要区别意义的认识与意义的体验,后者是复杂与模糊的。审美经验超越我们与世界事物之间的障碍,物我一体,我们更能体会其中显现的价值。

柏林特由此认为审美经验最大的特征是非认知的知觉性。柏林特认为

---

① Arnold Berleant, *The Aesthetic Field: A Phenomenology of Aesthetic Experience*, Christchurch, New Zealand: Cybereditions Corporation, 2000, p. 48.

② Arnold Berleant, *Sensibility and Sense: The Aesthetic Transformation of The Human World*, Charlottesville: Imprint Academic, 2010, p. 4.

③ Arnold Berleant, *Sensibility and Sense: The Aesthetic Transformation of The Human World*, Charlottesville: Imprint Academic, 2010, p. 36.

④ Arnold Berleant, *Sensibility and Sense: The Aesthetic Transformation of The Human World*, Charlottesville: Imprint Academic, 2010, p. 46.

美学词源学上的原义是"由感官所体验到的感知"①,即感知到的经验。知觉是审美的基础,而审美感知是以审美经验的方式所呈现。美学是一种建立在知觉基础上的感觉理论。知觉经验是审美的起点和中心,审美知觉经验的描述为美学理论的发展提供依据。柏林特重申了亚里士多德《形而上学》指出的知觉对经验的基础性,同时重新审视其核心作用。由于审美是感知经验这一事实,从而具有直接性和当下性,能够影响着人的体验,在人类的世界中具有举足轻重的地位。柏林特还指出,知觉具有身体、社会和文化等因素,并非纯粹的,这涉及他身体化的"参与"审美模式和审美的连续性理论。

柏林特以梅洛-庞蒂意义上的知觉取代了所谓客观、普遍性的感官感知。柏林特认为知觉有三个特性,知觉首先是生理上的感觉,正如梅洛-庞蒂所说的那样,知觉必须建立在感觉上。"纯粹的感觉应该是一种未分化的、转瞬即逝的点状'冲击'感觉。"②于是知觉是从感觉构建出现象,并且是在一系列背景中总结出图形、意义。其次是知觉的辨别能力具有差异性,教育、知识和实践等因素都会使人的知觉辨别迥然不同。最后是感知受情感影响,是人类生活世界的在场。柏林特无疑是认同梅洛-庞蒂对经验主义和理智主义的批评:前者以刺激人感官的物理和化学性质来定义人感知到的东西,忽略了人生活其中的"文化世界"或"人类世界",不知道人的文化、情感、习惯影响着人对事物、环境的感知;后者则是将人视为超越人世、理性的存在,高高在上、与世隔绝地直观、思考事物,所以不能达到活生生的知觉天地。而审美虽然是以知觉为基础,但是审美活动却是会形成审美体验——以经验的方式呈现。

审美作为一种经验是非认知性的——以知觉为基础和核心。因为知觉的决定性意义,使审美经验和伦理、政治、宗教等经验有相通之处,甚至能够对这些经验起基础性影响。于是非功利、静观等美学准则也不攻自破,审美应该在人类社会和生活中起到重要作用,而非偏安艺术一隅孤芳自赏,也为环境如何审美指出了方向——抛开审美对象的约束,专注环境审美经验。

因为"参与"审美模式的经验性,它的第二个特点是恢复审美与生活、世界的连续性。杜威从经验着手重提艺术与生活的连续性,生活由一个个经验构成,艺术是其中的一种特殊经验。这样艺术(审美)就不能与其他经

---

① Arnold Berleant, *Sensibility and Sense*: *The Aesthetic Transformation of The Human World*, Charlottesville: Imprint Academic, 2010, p. 4.

② [法]莫里斯·梅洛-庞蒂:《知觉现象学》,姜志辉译,商务印书馆2001年版,第23页。

验隔绝开来,顺理成章地强调艺术的连续性,即艺术与生活、高雅艺术与通俗艺术、非实用艺术与实用艺术的连续性。

杜威还从历史发展的角度阐述艺术是如何从原先作为生活经验的一部分,转变为被认为是脱离生活的超然存在。在原始时期,无论是装饰的羽毛、饰物还是歌唱、祭祀仪式,都与生活息息相关。古希腊时期,如雕塑、建筑等艺术就是实用工艺的一种,戏剧也富有现实影响力。但是在资本主义社会,就艺术品而言,首先是财富新贵们通过艺术收藏、建博物馆的方式来彰显自身的高贵和优越(消费主义的雏形);其次是世界性经济交流的增长,艺术品的流动使其丧失了文化之根,成为交易的商品(全球化的雏形),于是艺术品成为趣味的标志和特殊文化的证明。就艺术家而言,在工业社会他不能机械化地大规模从事生产性工作,脱离寻常的社会服务,于是通过独特的个人审美趣味来标榜自我和艺术;同时为了与经济力量相抗衡,特地夸大艺术和艺术家的独特甚至怪异。这些都最终使人们误认为艺术是孤立于生活之外的王国。

柏林特认同审美的连续性,认为美学并非人类世界无关紧要的点缀,而是处于核心地位,对人类所有感受到的经验有至关重要的影响作用:审美经验左右着人的认知、政治、宗教等活动经验。当然,也可以认为人的生活其他因素反过来也决定着审美经验,人类世界的经验有着许多的维度,审美经验是其中一个重要维度。经验分为审美的、认知的、宗教的、身体的、实践的,它们在某一时刻或许是某一种经验占据主导地位。审美经验在内容、领域、形成等方面影响其他经验。情境是艺术作品及艺术活动的基础,其实也是社会活动、实践活动的基础。

因此,"环境美学的意义不断提升,其领域随之不断扩大。环境美学不仅仅是研究几个公园或绿地,而是必须包括自然界的一切:城市和乡村、工厂和博物馆、人迹罕至的沙漠和冰川峡谷。于是环境美学除了影响到美学理论,还影响到整体的价值理论,即成为普遍性的哲学。扩大美学的疆域,不仅意味着更多对象纳入研究视野,还会随着审美意识的增强产生一系列的连锁效应。如果我们承认所有的'物体'都有美学维度,那么对它的体验同样如此。由于事物只有在体验时才对我们有意义,因此所有的感知经验都包括美学维度。于是,美学成为普遍性学科而非某个特定学科,美学无处不在并涉及所有的感知经验。"①柏林特的雄心是将美学拓展至感知的所有

---

① Arnold Berleant, *The Aesthetics of Environment*, Philadelphia: Temple University Press, 1992, p. 11.

领域,环境属于审美领域的合理性也是不言而喻的。

三、"参与"审美模式的身体化

"参与"审美模式的第三个特点是身体化。柏林特继承了梅洛-庞蒂的知觉现象学,主要体现在"参与"审美模式的身体化:一是身体对世界体验的本体论地位;二是知觉合作理论影响了柏林特将审美感官拓展至所有感知。"参与"审美模式的身体化消解了对象化,是身体参与到审美经验中,即所有感官还主动投入到审美情境中。

梅洛-庞蒂在《眼与心》中认为如果科学的思想、一般客体的思想忘记了它们是建立感知的世界,即人的生活及人的身体构建的世界之上的话,那就毫无意义。身体具有本体论的地位,人与世界、他人的关系都是以身体的感知所开始的。梅洛-庞蒂认为,被感知物是一个悖论,它只有被人可感知到时它才存在,他甚至不能片刻设想没有被感知而独立存在的物体本身。同时知觉也有一个内在性与超验性的悖论:内在性是被知觉物不可外在于知觉者;而被知觉者又具有超验性,即含有超出目前已知范围的东西。不过梅洛-庞蒂认为严格意义上这并不矛盾,他思考到透视这一概念:如果我们在头脑中再现透视经验,就会看到被知觉物的显现,要求将其既在又不在的情形分割开来。因此,世界不是包含不为人知的(如浩瀚宇宙中无数人类无法观察到的恒星)的客体,而是人类所感知物的整体。梅洛-庞蒂总结:"成为一个意识,更确切地说,成为一个体验,就是内在地与世界、身体和他人建立联系,和它们在一起,而不是站在它们的身边。"①

梅洛-庞蒂还意识到,知觉容易被误会为个人的、隐私的,所以他指出每个人知觉的交流是如何可能:如果将个人知觉看作简单感觉,便是属于个人的;当人们将知觉视为智性行为,知觉是精神的巡察、被知觉物是一个理念,于是每个人拥有的是同一个世界、进入了观念存在的世界(就像数学定理一般),人们便可以进行交流(人们拥有符号的语言)。当然,这都不能让别人完全知道我的知觉,正如我不能知道别人的知觉。

梅洛-庞蒂接着批评经验主义以人感官的刺激的物理和化学性质来定义人感知到的东西,忽略了人生活其中的"文化世界"或"人类世界",不知道人的文化、情感、习惯影响着人对事物、环境的感知。梅洛-庞蒂批评理智主义则是将人视为超越人世、理性的存在,高高在上、与世隔绝地直观、思考事物,所以不能达到活生生的知觉天地。而感知赋予性质一种生命意义,

---

① [法]莫里斯·梅洛-庞蒂:《知觉现象学》,姜志辉译,商务印书馆2001年版,第133页。

并首先为我们以及身体这个有重量物体的意义中,把握性质,感知也始终参照身体。我们的视觉被意义所占据,在世界景象中,我们生存的概念给了视觉——只有当世界是一个景象,身体本身是一个无偏向的精神认识机械装置时,纯粹性质才能向我们展现。世界是由人感知与建构的,这是"世界"的现象学还原,要做到这一点,要引入超越客观世界与主观世界的"现象场",世界正是在现象场所构成。

柏林特深受启发,因为他反对康德式的纯粹感觉将人与世界分离,追求一个超脱世界的观察者,所以他认同梅洛-庞蒂的身体—世界一体经验的现象学,人存在于世界之中,并以身体经验体会着世界,人的感觉、经验与其生活的世界密不可分,并相互影响。于是,身体现象学与美学有了共同的基础——经验。如果说世界与人的经验不可分,回归经验的美学便对人的世界经验的构成有着重要意义。身体现象学的方法由此能对美学展开发问。柏林特提出"身体化"一词,来阐述环境审美的"参与"审美模式。柏林特认为,在环境审美中,应该将"身体"改为"身体化",即人不是和环境对立的身体,而是难分彼此的状态;而且这个身体并非单纯的肉体,而是精神—身体的完整统一,不仅包含肉体感知,还涵括其生活世界的文化、历史经验与个人经验的混合。身体化可以说是知觉现象学在环境审美中的应用。

柏林特的"审美场"和"参与"审美模式在艺术领域里有一脉相承的地方:参与是创作者与欣赏者投入到四位一体的审美场域中,虽然审美场还有对象因素,但是柏林特已经是创造性地使用"对象",改二元对立为一元论。当柏林特在研究重点转为环境美学后,几乎完全用"参与"审美模式取代"审美场",就是因为"参与"审美模式的身体化,更专注于欣赏者身体感知在环境中的审美参与,凸显了身体感知参与在环境审美活动中的作用与意义,并体现了环境与人的独特关系——这是艺术审美与环境审美的本质差异。柏林特生成"身体化"(embodiment)一词,来源于"化"(in)+"身体"(body),是"导致成为身体的一部分;合并入身体"①。柏林特将其阐释为精神——身体的多层连续体,身体、情感、认知以及精神活动的统一体在"参与"模式活动中的积极出场,使(艺术)审美情境或环境与身体相融。

身体化是以身体对周围世界的感知为基础,这个身体是精神—身体的完整统一,不仅包含肉体感知,还蕴含着个人经验内部的生活世界的文化、历史经验。柏林特强调人是完整的整体存在,身体也是文化影响的结果,身

---

① [美]阿诺德·柏林特:《美学再思考——激进的美学与艺术学论文》,肖双荣译,陈望衡校,武汉大学出版社2010年版,第110页。

体化是非二元论的。文化的身体化在不同民族的身体行为模式可见一斑。审美的身体经过了文化的塑造,被嵌入一个复杂的关系网络,每一个身体都有其独特的个性,民族、文化、阶级、性别、地域、社会结构都反映在其中。"我们的身体不是纯粹的起点或中心。我们的身体成长与形成于文化、历史和环境。虽然说我们拥有身体,然而身体的发展取决于环境。"①

柏林特的美学以"身体化"为切入点,推翻美学感知的客观性和普遍性,重视实际审美经验的丰富性和不确定性。柏林特提出不同的思想纲领在新的方向对美学发问,最主要的是放弃传统美学从心理学那里继承的名词性范畴,代之以现象的形容词形式和副词形式,即"感觉"变成"感觉的","感知"变成"感知的"。"这就要求我们回到经验的流动状态,回到感觉的特性、想象性的推断和解释、记忆的朦胧回响以及呈现出无数差异的感觉气氛等等形成的流光溢彩之中。"②柏林特是从审美经验的含糊性、丰富性来否定审美的同一性。"身体化"的审美参与,使这些朦胧、混沌的审美经验被关注,替代实体化、概念化的感知(审美)。

柏林特将美学的重点由所谓的纯粹感知转向具体、鲜活的审美经验。审美的"身体化"是以身体对周围世界的感知为基础,这个身体并非单纯的肉体,而是精神—身体的完整统一,不仅包含肉体感知,还涵括其生活世界的文化、历史经验与个人经验的混合。

柏林特先是运用"参与"的身体化研究艺术审美,拓宽审美感官,得到有别于以往的审美经验。作为一位音乐家,柏林特对音乐审美的身体化有着独特的理解。他认为音乐不是存在于抽象之中或外在世界,音乐或许是最具体、最当下的艺术,如果离开了演奏者或者听众,就不能成为音乐。正是人们参与、投入到音乐的进程中,才拥有音乐的体验。柏林特回顾听众在欣赏音乐的过程,音乐是空气颤动的物理运动,而音乐的欣赏常常会涉及个人主观的、隐私的、内心的情感。这决定了音乐就不只是纯粹的物理运动,而是一个社会现象,涉及作曲者、演奏者与听众的共同参与,并拥有演奏实践与价值的历史。音乐由此是物理的、社会的、情境的甚至历史的艺术。音乐不只是主观的、情感的审美体验,而是社会—环境的艺术。

柏林特的音乐即经验理论更具丰富性与创新性的,是音乐经验不仅是听觉经验,还包括了身体各感官的经验。在对音乐的感知中,听觉与视觉、

---

① Arnold Berleant, *Living in the Landscape: toward an Aesthetics of Environment*, Lawrence: University Press of Kansas, 1997, p. 100.

② [美]阿诺德·柏林特:《美学再思考——激进的美学与艺术学论文》,肖双荣译,陈望衡校,武汉大学出版社 2010 年版,第 20 页。

味觉、嗅觉、触觉紧密地联结在一起。演奏者的经验也涉及多种感官,在投入到演奏活动中,他们与乐器合为一体,有着运功感官的经验甚至是内感官的经验。例如,管乐演奏是由呼吸和身体直接创造了声音,身体的内感官经验也越发强烈和明显。这是对音乐审美经验只专注于听觉、忽略了身体其余感官的有益补充。

　　而文学的审美身体化在于其不仅具有书面语言的特性,还具有言语的言说本质属性,只有通过言说将语言激活,文学才真的诞生。言语的形式之一是默读文学作品,这是文学描写的唤醒,也是读者包括身体记忆、身体感觉在内的身心参与投入。言语的形式之二是口头的文学表演,包括诗歌与戏剧,前者是通过声音的节奏、韵律、高低展开表演,后者除此之外还有行动的表演。柏林特认为文学像音乐一般,都需要身体的出场,远离抽象的王国,充满了生动的生命活动。而新的雕塑艺术打破了过往只能远观的传统,需要身体的参与。如有的雕塑艺术采用不同的质料,塑造出多样的表面,欣赏者能用触觉去感受;有的雕塑艺术创造出环绕着它的空间,欣赏者进入这个空间与雕塑发生动态的相互关系。

　　"参与"审美模式的身体化为艺术欣赏带来新的审美体验,更是环境审美切实可行、弥补对象模式不足的新模式。首先,"参与"模式的身体化提出人处于环境中,由内而外的感官都在与环境接触,是审美的基础。如嗅觉是与我们的时空意识保持着亲和性;味觉也为意识作出贡献,普鲁斯特的玛德琳蛋糕就是如此。所以柏林特在分析人在环境中的审美时,不仅仅是"看到"活生生的世界,还步入其中,与之反应,一同活动。把握环境不仅仅是通过色彩、质地、形状,还有通过呼吸、味道、皮肤、肌肉运动和骨骼位置,如清风、雾气、位置高低等。柏林特富有诗情画意地描述了五种知觉系统对环境感知的审美体验:"审美的环境除了视觉上的欣赏,还包括我们站立时的感觉,身体行走的肌肉运动,树枝拖曳外套、微风和阳光抚摸着皮肤的触觉,四周传来的声响。同时审美的环境不是知觉的泛化,具有鲜明的属性。如感受土地的质感、松针的气味和潮湿河堤的芬芳、在森林中的视觉质感、行走于小路的运动感觉、在伐木场和田野的空旷感等。"①

　　其次,"参与"审美模式的身体化首创地将运动知觉纳入美学领域。柏林特认同吉布森提出的五种知觉系统:基本定位系统(运动)、听觉系统、触觉系统、味觉—嗅觉系统、视觉系统。"运动感知包括肌肉感知、骨骼和关

① Arnold Berleant, *The Aesthetics of Environment*, Philadelphia: Temple University Press, 1992, p. 28.

节感知,因为这些感知,我们可以通过事物表面的软硬、利钝、坚硬或易折等阻力,判断它的位置和硬度。此外,我们还通过前庭系统来把握上升下降、翻转或旋转、阻碍或通行等身体运动。"①因此审美从静态转变为动态,不仅仅是一边行走一边看地欣赏风景,而是身体内部体验着地势的高低起伏,道路的崎岖、平坦、弯弯曲曲。如踩在柔软的沙滩上、行于茫茫大漠、走过草长莺飞的草原、穿越灌木丛生的森林、涉水而行以及攀登险峰,基本定位系统有着丰富的感受,给予人独特的审美体验。

再次,"参与"审美模式的身体化还深入发掘了触觉。英伽登等美学家论及触觉,主要指抚摸艺术作品表面产生的光滑、粗糙、笔直、弯曲、冷、热等感觉。柏林特指出触觉拥有一个感觉系统:"既包括触觉又包括对表面质地、轮廓、压力、温度、湿度、同感与内脏感的皮下感知。"②

"参与"审美模式的身体化然后提倡各种感官共同作用的"知觉联合"。柏林特的身体化借鉴了梅洛-庞蒂的"身体图示"理论:"'身体图示'不再是体验过程中建立联合的结果,而是感觉间的世界中对我的身体的整体觉悟,是格式塔心理学意义上的一种'完形'。"③于是身体化的感官是自然而然而非刻意的联合作用。柏林特屡次指出"参与"审美身体化的知觉联合,如他说:"在环境的感知中更需要通感,因为我们投入了全部的感知系统,它们相互作用。"④再如柏林特还说:"将知觉分类是生物学的划分,不符合实际体验。尤其是不适用于环境体验,因为它存在于鲜活的感性意识中,超越普通意义上的合并,是知觉的连续和一体化。这是真正的联觉,是感知模式的完全融合。"⑤

"参与"的身体化还是身体的积极参与——不是主观意识有意、主动地参与,而是身体感知、身体意识的积极参与。柏林特在《感知力与意义:人类世界的审美转变》中详细地阐释了身体如何主动参与审美中:"审美活动中真正的全身心的投入,会使观众、读者或听众完全放弃了独立的自我意识,投入到审美世界,如同沉浸在小说或电影的虚拟世界的体验一般。当人

---

① Arnold Berleant, *The Aesthetics of Environment*, Philadelphia: Temple University Press, 1992, p. 17.

② [美]阿诺德·柏林特:《环境与艺术:环境美学的多维视角》,刘悦笛译,重庆出版社 2007 年版,第 10 页。

③ [美]莫里斯·梅洛-庞蒂:《知觉现象学》,姜志辉译,商务印书馆 2001 年版,第 137 页。

④ Arnold Berleant, *The Aesthetics of Environment*, Philadelphia: Temple University Press, 1992, p. 17.

⑤ Arnold Berleant, *The Aesthetics of Environment*, Philadelphia: Temple University Press, 1992, p. 28.

们不被各种负面的期望误导时,可以培养出参与到各种艺术情境中的能力,即'审美参与'。当它达到最强烈最彻底的时候,就充满了审美体验的各种可能性。"①

因此柏林特没有过多地展开"参与"审美模式的理论阐述,更多的是描述参与过程中环境审美经验的感知、描述与评价。柏林特在《环境美学》中研究了记录审美体验的"描述美学",没有采用客观、理性、严谨的语言,而是散文般饱含情感、详尽地描述细节,引导欣赏者进入鉴赏体验。柏林特不惜大量篇幅列举了《泛舟班塔姆河》《车行春雨中》《盛夏午后的诺福克》《利奇费尔德林的秋日漫步》《湖上滑雪》这五个康涅狄格州的风景欣赏的描述美学个案来展现"参与"模式经验以及描写美学的笔法。

利奇费尔德林的秋日漫步

深秋的日子明媚而温暖。我穿过公路,发现宽阔的入口通往一条小径,设有长长的围栏防止车辆进入。我走上这条笔直的、铺满了松针和松果的小径,远离往来车辆的喧闹。突然,前方树干投下的阴影,犹如一道无形的护栏,使我犹豫了一下,然后跨过这片三维空间,走进光线柔和的树林中。

微暗的光线中涌现各种新奇事物:路面的各种蹄印,原先通道遗留的痕迹,小水坑的冰面上留下了水流经过所形成的奇妙 S 状花纹;在透过树丛的太阳照射下,田野分外明媚;流淌的小溪闪亮,天空为其镀上一层银色,而光秃秃的树枝却为其投下阴暗影像。沿着小路前行,脚下陆续传来踢踏石头和叶子的感觉,肌肉随着步伐而运动和放松,呼吸也急促起来,车辆的声音远去,唯有头顶大雁的鸣叫。

……

这片秋日的树林具有渗透性,深深地吸引着我,使我久久不愿离去。置身其中,我与树林完全融合,身体感应着树林。我抛开自我,心无旁骛地感受着林中的一切:光线的微妙变幻,静止的黑色树林,鞋子的沙沙声,空气中的气味和感觉,皮肤偶尔被阳光照射的温暖,所有的一切都激起了往日漫步的感知的和谐回响。通过感知参与到这个时间

---

① Arnold Berleant, *Sensibility and Sense: The Aesthetic Transformation of The Human World*, Charlottesville: Imprint Academic, 2010, p. 87.

和空间，我的记忆也融入其中，构成了一个独特的场合，如同一个独一无二的艺术。①

《利奇费尔德林的秋日漫步》中所描述的人置身于林地中，身体不由自主地适应树林的环境，感知树林的静默、各种声音、光线的变化、弥漫着的气味与情绪、阳光的暖意，并引发一系列的回忆与经验。这远远超出了主观意识所控制的感知，同时不是被动的参与，是身体意识被环境激发的积极回应。

最后，"参与"审美模式的环境审美不是个人主观体验，而是一种社会性的活动。在环境审美的过程中，社会、文化和历史决定着人的知识、态度和观点；并影响着人的注意力，关注或忽略某些因素，促使或阻止人参与到其中去，如人们对某一特定环境的审美会受到地形学、历史学的左右。而且环境审美的各种理论和解释都是社会制度、文化模式的体现；环境审美许多时候是在城市、乡村、景观或者是露营等公共场合进行的社会活动。这都使人的环境审美体验有其根源、有迹可循，并且在社会中产生共鸣。"参与"是个人体验和社会文化的共同作用，在肯定个性的同时也注意到了共性。

四、"参与"审美模式的环境邀请

如果说经验性、连续性和身体化都强调欣赏者积极主动地投入欣赏，那么"参与"还具有环境邀请的特性，注重环境对欣赏者的影响，研究两者之间的互动，真正达到了主客体的融合。在《环境的现象学美学》一文里，柏林特区分"活动模式"和"参与"模式，弥补偏重欣赏者的不足，研究环境对人的影响。

柏林特将"活动模式"定义为20世纪以来出现的新模式，其克服传统美学对象化、非功利性等理论，欣赏者不是与审美对象保持距离的旁观者，而是多种感觉投入、积极活动的主体。而"活动模式"的典型正是柏林特最推崇的两位导师——杜威和梅洛-庞蒂。杜威以审美经验的方式来阐释艺术活动、艺术作品，将生命放置在环境中展开活动；而梅洛-庞蒂以身体知觉的到场为原点，展开环境空间的审美。虽然说两人的理论有着巨大的差异，"但是它们有着相同之处，就是都认识到经典科学（古典科学）所描述的客观世界有别于人类所感知到的经验世界。因此人们所感知的空间，不同

---

① Arnold Berleant, *The Aesthetics of Environment*, Philadelphia：Temple University Press, 1992, p. 53.

于古典科学所坚持的客观空间。审美体验的理论必须植根于知觉空间而非客观空间,植根于人们参与空间体验的方式,而非将这种体验概念化、客观化的方式。"①

柏林特还指出奥托·弗里德里希·博尔诺(Otto Friedrich Bollnow)和卡沙文·沙里格(Calvin Schrag)的理论也是属于"活动模式"。博尔诺反对数学概念中以同质性为特征的空间——空间允许建立正交坐标轴系统,每个点都能成为同等的零位,每个方向都能成为坐标轴,所有点、所有方向都一样重要。博尔诺提出"有生命的空间",由人的归属场所来建构其空间世界的参照点,因此人的住房空间是一个私密和安全的空间,隔绝了危险的外部空间,具有特殊的意义。住房外面的世界是无垠的,陌生而遥远,世界的距离是根据人的生活状态、活动范围、社会关系来衡量。沙里格也是关注身体观念,以身体为人的空间体验的中枢,场所、器具、物体乃至与他人共处的空间,都是由身体所感知。"上述的各种现象学的空间研究观点,都考虑到空间和身体、环境的关系;都不是视空间为独立的数量,而是与感知者身体有关联的意向性对象。"②可见,"活动模式"实际上是经验性、连续性和身体化的"参与"模式。柏林特在自我批判的同时,反思如何改进,而"活动模式"和"参与"模式的本质区别,是后者涉及人与环境的互动关系。

随着环境美学研究的深入,尤其是建立起"参与"环境观后,柏林特赫然发现前期的"参与"审美模式的最大弊病:环境审美过分依赖欣赏者的身体感知,将环境视为欣赏者的单纯反映,使环境审美将对象化模式矫枉过正,走到了主体身体化的另一个极端。柏林特认识到环境并非被动地为人所欣赏,环境反过来会对欣赏者身体感知带来影响:"认识到特殊环境特征的影响,所以有必要拓展审美经验的'活动模式',使其包括环境特征的因素。必须考虑到自我意识、活生生的身体意识和空间意识,其方法是认识到环境对身体造成的影响,认识到环境对身体的空间感、运动感施加的影响,最终认识到环境对人的空间形成所带来的影响。"③

柏林特由此关注环境与人相互影响的互动关系:"上述观念引导我们产生了新的环境审美体验,即环境被理解为一个与生命体相连的力场,生命

---

① Arnold Berleant, *Aesthetics and Environment: Theme and Variation on Art and Culture*, Aldershot: Ashgate, 2005, p. 6.

② Arnold Berleant, *Aesthetics and Environment: Theme and Variation on Art and Culture*, Aldershot: Ashgate, 2005, p. 8.

③ Arnold Berleant, *Aesthetics and Environment: Theme and Variation on Art and Culture*, Aldershot: Ashgate, 2005, p. 9.

体影响着环境,环境也影响着生命体,两者是互动的关系,而且没有明显的界线将它们划分。这种形式可以设想为'参与'模式。"①柏林特指出,从欣赏者角度理解其身体感知比较容易,而理解千奇百态的环境形貌如何影响人的身体则会困难得多。不过柏林特发现,"当身体与环境相互作用时,'参与'模式就与'活动模式'区分开来,即环境特征会打动和回应欣赏者。这种现象并非新鲜,艺术家和建筑师早就在使用它。然而一直以来都被忽视的,是清晰地描述环境欣赏活动如何发生、如何在审美理论的架构下展开研究。"②

柏林特引用了心理学家莱温的"场域理论"和吉布森的"行为的环境赋使"概念来证明环境对人身体感知的影响。作为拓扑心理学的创始人,莱温的向量心理学提出"生活空间",指出个体环境的距离和方向等动态属性直接控制着人的行为,为了预测人的行为,必须关注人与场域的相互依存。虽然莱温的向量心理学是一种动机心理学而非环境心理学,但是其理论揭示了知觉与环境之间的渗透和影响;而且莱温还提出了"邀请性特征"的理论,指出环境形貌特征具有邀请功能,对人的环境感知起着重要作用。知觉心理学家吉布森也据此提出"行为的环境赋使"概念,分析环境形貌特征可以影响人的行为、引导人的行动方式。

柏林特指出许多环境设计都有着"邀请性特征"。如 17 世纪的建筑师贝尔尼尼设计的圣彼得广场,采用了圆柱四周环抱的开放风格邀请游人走进广场;蜿蜒小径诱导游人前行,观赏前面的景色;上升的小径邀请游人上去一探究竟。广场、公园、园林、建筑都可以是邀请性和排斥性的,激发游人的兴趣并吸引着他们。"这些邀请性特征并不类似于物理事物的基本属性,如固有的大小、重量和形状等。它们更像是事物的第二属性,例如颜色或气味等特征激发人们的感知回应。这些邀请性特征既不是事物原有也不是源于意识,更像是知觉意识乐于接受和回应的特征。它们只出现在亲密的融合中,而这正是审美参与的核心。"③由此,柏林特的"参与"模式从背弃对象化到强调主体,最后回归人与环境的共同作用,即由单向的"参与"发展为双向的"参与"。

① Arnold Berleant, *Aesthetics and Environment*: *Theme and Variation on Art and Culture*, Aldershot: Ashgate, 2005, p. 9.

② Arnold Berleant, *Aesthetics and Environment*: *Theme and Variation on Art and Culture*, Aldershot: Ashgate, 2005, p. 9.

③ Arnold Berleant, *Aesthetics and Environment*: *Theme and Variation on Art and Culture*, Aldershot: Ashgate, 2005, p. 13.

由此柏林特建构了完备的"参与"审美模式体系:审美是一种经验活动,这种经验活动使审美与生活、人与艺术、人与环境具有连续性;人与艺术、人与环境的连续性体现在社会和个人一同塑造、影响的身体感知上;审美不仅是人的主动投入参与,艺术和环境也有邀请性特征吸引着人投入。

第三节　"参与"审美模式的理论价值

一、"参与"审美模式的意义

"参与"审美模式融合了杜威的实用主义、庞蒂的知觉现象学、环境心理学的环境影响理论,是跨学科的理论创新。在美学领域,"参与"和海德格尔艺术是真理的自行解蔽、罗曼·英伽登(Roman Ingarden)和米盖尔·杜夫海纳(Mikel Dufrenne)的现象学美学、汉斯-格奥尔格·伽达默尔(Hans-Georg Gadame)的解释学一同动摇对象模式的地位;与韦尔施的"感知的重构"一同扩展审美感官。在人文地理学领域,"参与"和段义孚都强调人的情感、文化在环境体验中的作用。在建筑学领域,"参与"的环境身体体验比建筑现象学更为全面和深刻。

"参与"审美模式的意义首先是突破了对象模式、解决了环境如何审美的难题,是环境美学学科的理论根基;其次是柏林特尝试以"参与"模式建立一种新的美学,是当代美学重构的重要理论之一;再次是突破了传统审美感官,将审美感官从视觉、听觉拓展至人所有的感官;最后是身体化是知觉现象学在环境美学的新理论。正如柏林特所指出的,对象模式的静观等根源可以追溯到古希腊时期,无论是模仿说、宣泄说、移情说、距离说等美学理论,还是象征主义、现实主义、形式主义、表现主义、达达主义、未来主义、结构主义、后现代主义等美学流派都跳不出其窠臼,将艺术作品视为对象。

当然,20世纪的西方美学也有不同于对象模式的审美思考,如海德格尔的存在主义美学反对图像式的世界表象,指出艺术对存在的解蔽,侧面地挑战了对象模式。海德格尔并不认同西方建立在主客二分的理论上、将世界把握为图像的观念,提出以此在的存在来守护物的本真。于是艺术不是艺术家对事物的模仿或对思想感情的表达,也不是娱乐的方式与教化的工具,而是真理的发生方式之一。海德格尔还批评主观符合客观、实用主义的有用即真理两种真理观,提出存在者的自行解蔽的真理观。前两种真理观是把存在者当作已然向人敞开、可供人认知的事物,都是以此为基础来思考真理。海德格尔则认为存在者本来是遮蔽着的,人对事物的一切知觉与认识的产生,都是以存在者对此在的敞开为前提。

艺术首先解蔽构成作品的存在者。雕刻家、画家、音乐家和作家的艺术创作,没有消耗掉构成作品的物,反而揭示了它们的解蔽状态:岩石的承载和金属发光而坚硬、颜色五彩缤纷、声音铿锵琅琅、词语可以命名。这个时候,构成艺术作品的物回复到其休憩于自身、不受人的逼迫的状态,"使它出现在作品的敞开世界中。"①艺术其次解蔽作品中的存在者。海德格尔的《艺术作品的本源》以凡·高的《农鞋》为例,揭示了农鞋的解蔽,其如何呈现农妇的世界:农鞋伴随着农妇一年四季、从早到晚的劳作,见证农妇的喜怒哀乐、生老病死,昭示着大地对农妇的馈赠。

海德格尔的艺术解蔽是向此在敞开,要求此在的在场和参与,而且艺术审美是存在的本真状态,其实已经是间接地否定对象模式。海德格尔后期提出天地神人思想,终有一死的人守护着大地、天空、诸神,共同构成四方游戏,更是彻底抛弃了对象模式。

自海德格尔之后,西方美学更多地关注欣赏者在审美活动的参与,英伽登与杜夫海纳的现象学美学、汉斯·罗伯特·尧斯(Hans RobertJauss)的接受美学、伽达默尔的解释学正是这一潮流的代表。这些美学流派扭转了完全以艺术家或艺术作品为中心、忽略欣赏者的偏颇,强调欣赏者参与的重要性,艺术需要欣赏者的投入才能完整。英伽登指出文本不是完成的作品,而是有许多未定点、空白式结构,召唤着读者进行阅读,需要读者运用丰富而具体的想象,确定文本中的未定点,填补空白结构。杜夫海纳在艺术审美中发挥现象学的意向性,认为欣赏者的审美意识使艺术作品转变为审美对象,审美知觉得以形成。审美对象不是作为物的存在或艺术家的表演,而是它们在欣赏者的知觉中所呈现的东西,是欣赏者知觉与艺术作品的融合。这看起来与柏林特的"参与"模式极为相似,都是以审美经验为本体,都强调主客体的合一共同作用,但是两者的哲学基础有着本质的差异——杜夫海纳依然以二元对立为基础,欣赏者与艺术作品横亘天堑,楚河汉界泾渭分明,柏林特却是一元论,主客水乳交融。

伽达默尔的解释学在研究欣赏者时,认为艺术游戏有了欣赏者才是完整的,欣赏者是舞台的三堵墙之外的第四面墙,构成了游戏的封闭性。在伽达默尔这里,欣赏者分为公众游戏的有形的欣赏者,以及只有游戏者在游戏的时候无形的欣赏者。游戏中的观赏性游戏,本质上需要有形的欣赏者的在场。伽达默尔以戏剧为例:戏剧并非自我封闭,而是向欣赏者敞开,更是

---

① [德]马丁·海德格尔:《林中路》,孙周兴译,上海译文出版社2004年版,第32页。

把欣赏者纳入游戏的世界,在欣赏者那里游戏才赢得完全的意义。如果没有了欣赏者,这些观赏性游戏就失去了意义,欣赏者的作用是让这些游戏得到了完整性。

遗憾的是,伽达默尔认为欣赏者比艺术家优越的地方,正是他们能保持距离静观:"事实上,最真实感受游戏的,并且游戏对之正确表现自己'意味'的,乃是那种并不参与游戏、而只是观赏游戏的人。"①因为在观赏性游戏里,欣赏者可以从整体上把握游戏,领悟游戏蕴含的意义,所以他们比游戏者专注于游戏。这些美学家在研究欣赏者的地位时,都具体、细致地描述了欣赏者是如何参与到审美活动中,可惜他们尚未有意识地反思对象模式,提出新的审美模式。

总的来说,只有"参与"审美模式能够挑战对象模式的地位,解决环境如何审美的难题。《利奇费尔德林的秋日漫步》所描述的参与审美,是充满感情与诗意地漫步于秋日利奇费尔德林,所见所感、所想所忆参与到林地的欣赏中,相互共鸣和相融;欣赏者被景致所吸引、打动,身与物化、景我不分、感触汇通。"参与"审美模式也因此破解以往环境审美"不识庐山真面目,只缘身在此山中"的困境,赋予环境审美有别于艺术审美的审美途径——"识得庐山真面目,只缘身在此山中"。欣赏者走进建筑、城市、景观、乡村、自然,全身心感受美景的奇妙,而非像画家或摄影师在外部远观。审美模式研究是环境美学的热点和主要成就之一,而"参与"模式是众多新的模式的前提:正是"参与"模式从哲学基础层面批判对象模式,撼动对象模式在美学中的统治地位,引发学术界百花齐放,形成了审美模式研究的浪潮。

"参与"审美模式颠覆了现代美学的主客二分,使环境美学的审美经验、审美感官、哲学基础、审美价值、实践追求都有别于艺术美学,建立一个全新的美学学科。"参与"审美模式还将美学回归审美经验和知觉,张开双臂迎接环境乃至整个人类世界,打开了环境美学和日常生活美学两扇大门,为美学开辟广阔天地。

美国学者大卫·E.W.芬纳(David. E. W. Fenne)肯定"参与"审美模式对环境审美的意义:"柏林特的环境美学是一种'参与'美学,它消融了人类与自然之间的界限。因此,包容主客体、相互联系的'参与'模式要胜于传统非联系、非交流的对象模式。努力与自然建立紧密联系的态度能够产生

---

① [德]汉斯-格奥尔格·伽达默尔:《真理与方法——哲学诠释学的基本特征》,洪汉鼎译,上海译文出版社 2004 年版,第 143 页。

更真实、更深刻和更激荡人心的体验。"①英国学者撒曼塔·克拉克高度评价"参与"模式:"柏林特'参与'美学的特征是用身体化和现象学的方法研究审美体验……其理论不是将自然作为审美的特殊领域,而是将审美体验拓展至人类所有体验领域,突破了传统美学的局限性,更加灵活、可以包容一切。更重要的,是柏林特没有将人类(及其文化)从环境中分离出来,而是以自然的审美体验为开端,建立一种普遍性的美学理论。这是非常明智的,回顾美学的历史,人们是先会欣赏环境并由此激发艺术创作,而不是艺术创作来激发环境欣赏。"②

"参与"审美模式的第二个意义是审美感官的突破。西方传统美学追求理念或者形式美,超越现实功利性,因此界定视觉与听觉为审美感官。美学实际是戴着枷锁的舞者,美学成为逃避现实的理想国,远离生活。审美体验缺少了嗅觉、味觉和触觉等感官的参与,丰富性大打折扣。因此文学、音乐、绘画、雕塑、建筑、舞蹈等艺术实际上是视觉与听觉的艺术。"参与"模式推翻了传统美学的非功利、形式美以及直观的审美方式,转变为全身心参与自然与景观的整体之美,将审美回归到精彩丰富的生活世界。身体化的"参与"模式突破传统美学专注视觉和听觉的局限,提出审美感官应该包括基本定位系统(运动)、听觉系统、触觉系统、味觉—嗅觉系统、视觉系统。

西方美学推崇视觉与听觉的传统可以追溯到柏拉图,其《大希庇阿斯篇》将审美感官划定为视觉与听觉,因为视觉和听觉最小程度地涉及官能快感,是"最纯洁无瑕的、最好的快感"。③普罗提诺、奥古斯丁、托马斯·阿奎那等美学家深以为然,认为美的根源是现实世界之外的"理念"或者神的光照,视觉与听觉最接近精神、离人的欲望最远,能够欣赏真正的美。

审美感官是视觉和听觉的观念被康德强化:康德界定审美感官为视觉与听觉,因为视觉和听觉的美没有任何利害——无论是感官的利害还是理性的利害。嗅觉和味觉具有口腹之欲,触觉使人产生快感,被视为有功利性的功能感官,自然不属于审美感官。这已经成为美学的基本原则,为后世美学界所信奉。

相比听觉,视觉涉及文学、绘画、雕塑、建筑、园林等艺术,是最重要的审

---

① David. E. W. Fenner, *Art in Context: Understanding Aesthetic Value*, Athens, Ohio: Swallow Press, 2008, p. 141.

② Samantha Clark, "Contemporary Art and Environmental Aesthetics", *Environmental Value*, 19 (3), 2010, pp. 351-371.

③ [古希腊]柏拉图:《柏拉图文艺对话集》,朱光潜译,人民文学出版社 1963 年版,第193 页。

美感官。20世纪鲁道夫·阿恩海姆(Rudolf Arnheim)更是将视觉的地位抬高到无以复加,这直接反映在其著作的书名上——《视觉思维:审美直觉心理学》《艺术与视知觉》《建筑形式的视觉动力》《色彩论》。阿恩海姆以视觉意象的概念来阐释视觉与直观思维的关系,指出认识世界的直观思维主要由视觉意象构成,而视觉意象有思维的介入,观看活动本身就包括了对事物的认知。于是视觉是构成人的所有思维活动的必备因素,我思即我视——哪怕是闭目沉思,也包含人观看、观察的过程。阿恩海姆掀起了视觉审美研究的一股热潮,视觉在审美感官一家独大的情况越发严重。

世界平面设计大师、日本"战后派"的核心人物杉浦康平,提出"五感说",即设计是视觉、听觉、嗅觉、味觉、触觉的共同参与,是人全身心的创造活动。设计不但要造成视觉上的冲击,还要激发人精神上的感应。如杉浦康平设计的"时间轴地球仪"不是表面光滑的球体,而是把到达各地的时间在地球的表面以凹凸的形式表现出来,如东京、纽约等交通发达的大都市到达的时间较短,在地球仪的表面就凹下去,而交通不便的撒哈拉沙漠需要较长的到达时间,在地球仪的表面就凸出来。于是反映了交通时间(也是反映生活节奏)的地球仪就有了触觉上的表达。杉浦康平还以柱状突起设计了气温差地球仪、人口地球仪,都贯彻了他的"五感说"。不过,这只是杉浦康平在设计实践中获得的感性经验总结,没有能够上升到理论层次,探讨如何做到五感共通及其意义,更谈不上理论体系。

民族音乐家安东尼·西格尔(Anthony Seeger)深受民族美学破除美学的西方中心主义,以当地的审美标准来衡量其艺术与审美活动的思想启发,研究亚马孙流域的苏亚人的音乐演奏、歌唱与欣赏时,身体各感官参与其中及背后的文化内涵。如苏亚人用动物蹄子、葫芦、果核等制成他们唯一使用的乐器拉托,将其悬挂在头发、脖子、后背、腰间等可以悬挂的部位,然后扭动着身体使拉托撞击发出各种音高、节奏。这种演奏方式除了听觉的参与外,身体的触觉感受也非常重要。苏亚人的音乐还与味觉相关:他们尽可能不吃美洲豹、树懒等动物,因为它们出现在治疗疾病的歌曲中,他们的味觉抗拒食用这些动物。这是从多元化的角度瓦解西方美学的审美感官统治地位。

美学界还有韦尔施关注审美感官,其《重构美学》一书思考"感知的重构",也抨击了视觉的霸权地位。他借用福柯分析的"圆形监狱"——使四周一切尽收眼底,没有什么能逃得过它的监视——这其实也是视觉的最佳诠释。韦尔施呼吁:"对传统感官等级的日益偏离,不再以视觉高高在上,接着是听觉然后是嗅觉。感觉的牌被重新洗过。根深蒂固的等级制不再流行,人们倾向于要么一切感官一视同仁,要么建立以效果分类的不同等级(我倾向于此)。"①韦尔施接着却是以听觉代替视觉,建立新的感官等级制——提倡《走向一种听觉文化》。韦尔施比较视觉与听觉的类型学差异,证明听觉文化的必要与优越;可见在时间中持续,可听在时间中消失;视觉与事物保持距离,倾向支配世界,听觉专注于世界;视觉可以不动声色,听觉是被动的;视觉是个性的感官,听觉是社会感官。尽管韦尔施希望重构感官,其实他依然是在传统美学中打转转,漠视视觉与听觉之外的感官,重建新的感官制度。

审美感官是美学理论体系中不可或缺的一环,它的界定基于美学的本质与目的,决定着审美方式与审美态度,以及审美感知、审美情感、审美联想等美感,是确定审美对象、区分艺术与非艺术的重要依据,还影响着审美与现实的关系。"参与"模式的身体化使嗅觉、味觉甚至运动知觉都纳入艺术欣赏的范畴,艺术审美体验是多感官的共同作用;同时环境审美的经验尤为全面、丰富,由外在的观赏到沉浸其中,鸟语花香、阳光虫鸣、清风拂面、高低迂回——纳入环境审美研究的范畴。这将会改变人们对环境、景观的审美评价方式与方法。

人文地理的最初的专家景观评估是建立在视觉欣赏基础上的,而定量评估也是以地区的绿地和园林覆盖比例、地形变化为标准,远远不能反映真实的景观情况。如美国农业部科学家戈比斯特就指出,乡村使用重型机械、化肥与杀虫剂,营造出一排排笔直的树木、一块块匀称的绿地、一片片无草的农作物这样优美的视觉景观,会造成水土流失、水质污染。本来在河道和陡坡上种植野草可以减轻生态危害,却因为有损整齐划一的视觉效果而遭到反对。戈比斯特还指出,许多城市种植单一物种,建造景观,实际会危害生态的多样性,导致生态环境的破坏及退化。可见片面地衡量景观,更会误导改善环境、创造美的环境只是满足视觉与听觉的人造林与人工绿化。多感官的评估正是遵循自然规律,有利于保护生态系统,建立真正的优美环境。由此,审美感官的拓宽,无论是艺术领域还是环境领域,将会促成美学一次意义深远的变革。

"参与"审美模式的第三个意义,是其对身体理论在环境美学的发展,展开环境审美实践的理论探索,而且也改造或借鉴梅洛-庞蒂的身体现象学理论的,还有与环境美学同时期出现的人文地理学和建筑现象学。开创人文地理学的段义孚将研究的视角从单纯的地方转移到地方与人的关系,

---

① [德]沃尔夫冈·韦尔施:《重构美学》,陆扬等译,上海译文出版社2006年版,第118页。

关注人性、人情及其对人与环境关系的影响。他的人文主义地理学的焦点是人和人的情况，最终目的是求得人和人的情况的更好了解；研究的内容是地理知识、领域与地方、群体与个体、生活与经济、宗教；基本研究方法是人生经历、人的意识与知识。段义孚是从上述五个方面把握一个地方的本质的区域地理，对其展开生动的描述，展现人在其中的生活、人类在世界所处的地位。作为旅居欧美的华裔学者，段义孚深深体会到文化的影响力，指出爱与怕是人类情感的基本内容，不同的文化会将其转化为多种形式。

段义孚最大的启示，或许是人对环境的感受与建构的关键作用，环境不是冷冰冰的客观现实，地方不是不变的冷漠空间，环境、地方都带着人的情感、文化、生活的印记。在《恋地情结》一书中，段义孚分别从生理学、进化论的角度介绍和分析了人的视觉、触觉、听觉、嗅觉：它们的感受范围、为什么会这样以及给人的感知带来的影响。接着分析人接受各种感官综合得到的感知，视觉更为抽象，视觉的领域比其他的感官更宽广，但是容易使人保持距离地观察；听觉更激动人心，容易打动人，嗅觉更微妙。虽然人生来各种感官感知原先是大致一样的，但是由于文化对不同感官的侧重，造成了感知发展的不同。如南安普顿的因纽特人，生活在一片茫茫雪地上，地貌标志不明显，他们的空间不同普通民族那样具有区域界线，可以靠视觉来分辨。他们必须学会感知风向、感知脚下的冰雪来分辨方向，他们的语言有 12 个词汇来表达不同的风。

段义孚还发现，人体的姿态和结构，人与人的关系——人以其身体及对其他人的亲密经验来组织空间。因此空间支持人的生物性需求和社会的关系。熟睡的人继续受环境影响但却失去了世界，只是一具占据空间的身体。醒来的人重获世界而把空间置于自己系统之内。人以垂直与水平、顶部与底部、前方与后方、左方与右方，以自己身体为坐标原点推演空间位置。如地标和重要位置等空间许多客观的参照物，都在人体意象督导下成为一体。同时时间也和身体坐标相关——未来在前上方，过去在后下方。身体坐标的空间方位有着文化基础，在黑暗困顿时，人们勇往直前，抛离背后的黑暗空间；在许多社会，右方代表高尚、神圣力量的象征，左方是卑微、不敬、有害与可怖的；直立是果敢、严肃、卓越的，卧下是服从性的，代表着人为生物性条件所限制；高低也有着社会地位的寓意。这些价值模式分别体现在建筑、住宅上。

段义孚与柏林特岁数相仿，思想有许多相似之处。首先都是运用现象学的研究方法，研究的重点是人在环境中的体验。其次，段义孚的"世界""环境"与柏林特的"环境"有异曲同工之妙，不是纯粹客观或纯粹主观的世界,而是以人为中心主客观合一的世界。于是外在环境、世界的构成有人的爱与恐惧的一席之地。

而且两人都重视人背后的文化因素,环境欣赏都是全身感官的投入。只不过段义孚是以情绪(爱、恐惧)阐明人与环境的关系,柏林特则是以身体为媒介,参与到环境中,得到审美体验。可以说,柏林特的身体包括灵肉合一、种族、文化、时代等因素,比情绪要全面。柏林特的感官感知较为模糊,只是论述审美中各种感官的参与,或许这是因为他将更多的注意力放在对传统审美感官的局限性的批判上。段义孚却是细化各种感官由于人的身体的、性格的内部原因,以及文化的外在原因而有巨大差异。段义孚着力从文化心理结构这一视角描述文化在人融入环境中起到的关键作用。柏林特没有进一步分析文化对环境审美的影响。

建筑现象学学者肯特·C.布鲁姆、查尔斯·W.摩尔的《身体,记忆与建筑:建筑设计的基本原则和原理》,是身体现象学在建筑研究中的应用。他指出,人对建筑的感知是"身体—中心",不同于设计的以视觉为中心。一直以来将建筑看作艺术,源于关注人类经验、个性以及秩序与美构成的感觉的发展,因此注重建筑的立面、剖面与平面。从19世纪末开始,几乎所有涉及三维形式的美学问题都被机械地当作视觉问题来对待。身体被视为大脑不值一提的附属物,必须服务于高贵的精神。

摩尔认为,人们不是通过侵略性的搜寻建筑的形式,而是通过居住其中,从而在建筑中体验到满足感。个体拥有无意识、变化着的身体——意象,是无意识地将自我身体置身于一个三维的边界内,"是一种虚构的封套形式的身体延伸,通过放大或压缩影响我们的心理效果,它修正了我们对那些力的感知。"[1]人基本的、正面的方向感逐渐发展成为心理坐标矩阵,分为上下、前后、左右、中心七种坐标。摩尔描述一个心理坐标,是直角相交的前与后、左与右的坐标系(以身体为中心、由头部导向),它与身体—中心等同但严格垂直的上下坐标相关联。

摩尔分析人身体方位被赋予的不同道德象征,向上象征着奋斗、幻想、超然态度,向下象征着沮丧和坚实,向前意味着力量与美德,向后意味着隐私与低下,左右分别意味着抑制与力量。由此可以设想一个丰富与敏感的身体意义模型。主张对建筑的感知,应该关注被忽略的体内细节:韵律的感觉、硬的和软的边界的感觉、巨大和微小元素的感觉、开放与封闭的感觉、无

---

① [美]肯特·C.布鲁姆、查尔斯·W.摩尔:《身体,记忆与建筑:建筑设计的基本原则和原理》,成朝晖译,中国美术学院出版社2008年版,第49页。

数的标志物与方向的感觉。身体空间性,标志物和身体记忆(反映了与外界事物相遇的生命及其精神上的身体边界)围绕在四周。身体意象依赖于人的生活经历与观念(与段义孚相似,但是更详细和专业化),建筑设计家和山村的农民对一个建筑环境的感知也是千差万别。感觉是社会性的,人类身体的情感空间性(身体边界、中心、心理坐标表现的意义)也是社会的。

可见摩尔建筑现象学对"身体"理论的运用,主要是研究各种感官在建筑中的体验、人的身体坐标及其体验建筑的经验,注重身体在建筑体验中的实践应用。摩尔对身体坐标、身体空间性、身体回忆的研究,无疑可以为参与美的身体化作有益的补充。

不过,柏林特"参与"审美模式的经验本体与连续性使身体化具有更深层次的内涵,作为体验时的身体与环境相互融合,身体可以延伸为环境,而从身体又是环境的观照:"景观是一个环境,甚至是一个具体化的体验。与此同时,它也是我们的肉体、我们的世界乃至我们自己。这个环境是我们的场所,实现的程度越大,越是完成我们自己的意义。"①

这正如观山则巍峨高峻,观海则浩瀚澎湃。一方水土养育一方人,水土,即是时时刻刻被人体验、影响着人的环境。环境的身体体验有着丰富性、直接性与表现性,这就使柏林特的身体化具有环境美学的当下意义与终极意义。身体化的环境美学当下意义,是质问一方水土被工业社会的技术、消费社会人们的欲望所毒害,从天空到大地,从水源到空气,都弥漫着毒害,人的身体是否能正常与健康,身体的审美体验是否也变得扭曲,以丑为美?这是从身体的角度呼吁人们应该降服消费欲望与工业技术"两头毒龙",保护人类的环境和身体。

"参与"审美模式的终极意义,是人的身体与环境的和谐相处相融——环境钟灵秀丽,人的身体清朗神秀。具有连续性、身体化的"参与"模式,使人与环境的关系有别于人与环境对立,人只是压榨、利用环境——如同海德格尔的摆置,保护环境就是保护身体、保护人类自己。

二、"参与"审美模式的不足

无可否认,柏林特的"参与"审美模式也存在着许多不足。首先是过分强调参与,完全否定对象模式,忽略了审美活动是一个复杂的过程。其次是"参与"审美模式注重人文性,忽视科学性和生态性。

---

① Arnold Berleant, *Living in the Landscape: toward an Aesthetics of Environment*, Lawrence: University Press of Kansas, 1997, p. 109.

　　柏林特的"参与"审美模式非常适用于山丘、河流、树林、草地、沼泽、园林、乡村、城市和建筑等环境,即具有空间并且人可以进入其中的环境。天空环境无法进入其中,只能采用对象模式;再如大多数学者认为环境美学的审美对象还应该包括动物,如卡尔松研究鱼类和水獭的美,对象模式无疑比"参与"模式更合适。"参与"模式是审美的一种重要模式,但不是唯一的审美模式,静观审美在环境审美中也有其价值,或者说许多审美活动既要入乎其内,又要出乎其外、从外在旁观。如有时候是"识得庐山真面目,只缘身在此山中",但是"日照香炉生紫烟,遥看瀑布挂前川。飞流直下三千尺,疑是银河落九天"的对象模式审美也可以并行不悖。

　　卡尔松、斋藤百合子和卡地亚·曼多奇(Katya Mandoki)都指出柏林特的"参与"审美模式是矫枉过正,走到了另一个极端。赫伯恩是较早统一"参与"模式和对象模式的学者,他在《美学的论据和理论:基于哲学的理解和误解》一文中,简要地列出美学的基本原理,如整一性、形式、多样性、交流和表达、真理等。其中是以"超脱和生动"分别对应对象模式和"参与"模式,认为两种模式应该是在审美活动中共存。赫伯恩指出,长期以来作为审美准则的静观模式受到了批判,柏林特的"参与"审美模式要求审美投入作品中,而不能消极地旁观,这是美学的新发展。但是赫伯恩也为对象模式辩护,认为对象和参与,即对于平静的爱与对于生动的爱,在审美中共同起作用。

　　赫伯恩以约翰·罗斯金对《风景照摄影》里描述的山谷里落叶松秋日景象的描述为例,指出这是对象和参与(平静与生动)的统一:"两个对立面的完全实现:平静与激动……戏剧性和安闲。"①赫伯恩认为,自然审美在外表上看是静止的(静观),但是又有生命力参与其中,人们通常以为静观就等于减少参与,或者参与就摒弃静观,"但是这两种具有高度价值的经验模式常常同时存在,而两者完全充分的联系至少可以看作一种理想模式"②。

　　其次,"参与"审美模式对科学性的重视不足。卡尔松认为环境审美离不开科学知识:"既然在艺术欣赏新模式前提下,艺术中严肃的、适当的审美欣赏是通过艺术史传统和艺术批评实践这些知识在认知层面上加以塑造的;那么与之相类似,在自然中为了实现严肃的、适当的审美欣赏,它也必须通过自然史知识和自然科学知识在认知层面上加以塑造。因此,我认为在

---

① 〔美〕阿诺德·柏林特:《环境与艺术:环境美学的多维视角》,刘悦笛译,重庆出版社2007年版,第36页。

② 〔美〕阿诺德·柏林特:《环境与艺术:环境美学的多维视角》,刘悦笛译,重庆出版社2007年版,第37页。

自然审美欣赏中占据中心位置的知识应是如地理学、生物学还有生态学所提供的知识。"①

虽然说卡尔松的设想——以客观的科学知识为基础就能得到客观的环境审美经验——并非正确,但是环境审美甚至艺术审美有时候也需要科学知识的参与。如晚上观赏头上灿烂的星空,即使没有多少宇宙和星星知识的人也会震撼和痴迷于星空浩瀚;然而掌握相关知识能够帮助人们将密密麻麻、看似杂乱无章的星空划分出 88 个星座,得出不一样的审美体验。如春天可以看到从西到东横跨天空、最大的长蛇座,欣赏大熊座由七颗亮星组成一个勺子状的北斗七星;夏天则可以看到天蝎座和人马座一带白茫茫的银河,可以欣赏到圆冠一般的北冕座。再如阅读相关文献、通过天文望远镜观察月亮,知道月亮形成了地球的潮汐,并因此减慢了地球的公转和自转,减少了地球的昼夜温差;表面的阴暗部分实际上是月亮的广阔平原;月亮的环形山带有美丽壮观的辐射纹,最引人注目的是以丹麦天文学家第谷·布拉赫命名的第谷环形山的辐射纹。可见某些环境审美场合中,知识的作用至关重要。

"参与"审美模式还有一个缺陷是忽视了生态性。环境美学涉及的自然、园林、城市审美,相比起艺术审美多了一个生态维度,即环境的美不仅是外在形式美以及内部的结构、物质、气味等具有美感,还应该符合生态规律,有利于维护环境的生态完整。如上文戈比斯特所指出的追求视觉效果的景观容易破坏生态的多样性和自然性,柏林特虽然并非如此,但是一味推崇人的美感也不是以生态性为基础。

当然,柏林特也意识到"参与"审美模式不能完全取代对象模式,他谦虚地说:"我从来没有说过'审美介入'提供了一个关于审美经验的完整的、最终的说明。更恰当地说,它明确表达了与无利害的静观这样一个主流传统完全不同的选择,它明确了欣赏者在审美过程中的必要性和补充性的贡献。"②

"参与"审美模式解决了如何欣赏环境这一重大难题,不仅吹皱环境美学一湖春水,更是一石激起千层浪,其重要意义很快就为学者们所认识,纷纷采纳与借鉴,进入了百家争鸣时代。环境美学的理论研究分为人文主义与科学认知主义两大流派,主要是根据审美模式来划分:前者以柏林特的"参与"审美模式为代表,注重环境审美的历史文化、社会和个人经验;后者

---

① ［加］艾伦·卡尔松:《自然与景观》,陈李波译,湖南科学技术出版社 2006 年版,第 9 页。
② 李媛媛:《审美介入:一种新的美学精神——访国际美学协会前主席阿诺德·贝林特》,《哲学动态》2010 年第 7 期。

以卡尔松的自然环境模式为代表,注重环境审美的科学知识,而"参与"审美模式的影响却是超越了人文与科学认知之争。

卡尔松在《环境美学——自然、艺术与建筑的鉴赏》中分析了自然审美的十种模式,分别是对象模式、景观模式、自然环境模式、"参与"模式、激发模式、神秘模式、唤醒模式、后现代模式、多元模式、形而上学的想象模式等。"参与"模式最广为学者所接受,也是最具现实操作意义。卡尔松承认"参与"模式"将艺术欣赏塑造成敞开的、参与式的、创造的欣赏,从而使自然欣赏变得容易起来"①,并意识到"参与"模式能扩展到整个环境领域。这应该是众多环境美学学者接受"参与"模式的根本原因。

三、"参与"审美模式对环境美学的理论价值

"参与"审美模式对环境美学的影响主要有四种情况,第一种是罗尔斯顿、斋藤百合子和史蒂文等或者是否定了自己之前的传统审美模式全盘接受,或者是认同"参与"审美模式并将其具体化;第二种是卡尔松、卡罗尔、海德等提出其审美模式,都是建立在"参与"审美模式的基础上;第三种是调和"参与"审美模式与其他模式,如赫伯恩认为环境审美是"参与"模式与静观模式并存,或者是福斯特统一"参与"模式与自然环境模式;第四种是瑟帕玛这样在理论阐述时虽然不认同"参与"模式,但是环境审美实践却是采用了"参与"模式。

"参与"审美模式的第一种影响是被认同和接受。罗尔斯顿对环境审美的认识,经历了从传统静观审美到"参与"模式的转变过程。罗尔斯顿是美国科罗拉多州立大学哲学系终身荣誉教授、环境伦理学的开创者之一、国际环境伦理学会与《环境伦理学》的创始人,美国国会和总统顾问委员会环境事务顾问。其环境伦理学与环境美学紧密相连,近年来活跃在环境美学领域,撰写了《森林审美体验》《洛基山脉——自然主导下的环境之美》等文章。在其开创的环境伦理学学科奠基之作——1988年出版的《环境伦理学》中,他还是恪守传统美学理论。他将环境划分出14种价值,审美价值是其中一种,他是这样阐释的:"纯科学和自然艺术的敏感性可以帮助我们超越实用需要而扩展我们的视野。人们从这两者当中获得的是一种对万物的静观。"②因此罗尔斯顿在探讨如何欣赏环境中的审美价值时,还是将艺术的形式美套用到环境中:自然景观中的冲突与和谐、榆木的线条与边角、

---

① [加]艾伦·卡尔松:《自然与景观》,陈李波译,湖南科学技术出版社2006年版,第7页。
② [美]霍尔姆斯·罗尔斯顿:《环境伦理学:大自然的价值及人对大自然的义务》,杨通进译,中国社会科学出版社2000年版,第14页。

砂岩方山的色彩、叶子的各种形态等。而自然的审美价值的意义,罗尔斯顿认为只是用来丰富人的精神世界。

在《对大自然的审美评价》一节,罗尔斯顿思考自然环境审美价值的本质时,从人与自然为一个整体的环境价值出发,否定其审美价值是主观的:"环境价值论提出的是一种更为根本的、以生物学为基础的美学理论"①。即审美需要客观地存在于大自然的景观,也需要人能欣赏的审美能力,但是这种审美能力也是建立在对自然的生理学认识上。虽然罗尔斯顿偶尔也指出不能将人视为从某个原初位置环视一切的完美观察者,而是作为周围生命故事的活生生的参与者,但是这也是以生物学知识为基础对自然万物进行参与体验。

罗尔斯顿1986年出版另一部重要著作《哲学走向荒野》的最后篇章《体验自然》,更能体现其审美方式。罗尔斯顿歌颂人在自然中的各种丰富体验:孤独或宁静、对自然的敬畏、对自然神秘或美的体验。这些包括了"自然中的各种气息、景观、声音和令人惊奇的事物"②,不局限于视觉与听觉而是涉及其他感官,看似与他后来审美实践中推崇的"参与"模式方式极为相似。但是这与"参与"模式有着本质的区别,人深入到自然中所产生的,是一种有着主观价值的体验,人始终是超越于自然之上。《索利图德湖:荒野中的个人》这一节对其荒野体验的描述无疑是此思想的典型体现。罗尔斯顿描述了他行走在索利图德湖畔,听着湖水流淌,震撼于谷底的巨石,为紫色的凤仙花欢呼雀跃,与啄木鸟打招呼,伏在湖边喝水感受着湖水成为身体的一部分,感受着自己与松树吸纳彼此的气息,人是环境的一部分。不过罗尔斯顿强调的却是人对环境的超越:"我对它们的支配——虽说这是一种极温柔的支配——使我孤立出来,让我超拔于它们之上。有了权力,我就与它们有了一种无法逃避的分离。我是大地的君主,可那是什么样的孤独啊!我高居在上,故我独在。(Praesum, ergo sum solus)"③可以看出,罗尔斯顿虽然呼吁哲学走向荒野,但是人与自然、环境不是真正地参与相融,其审美方式还是对象模式,人高居自然之上。

罗尔斯顿21世纪以来思考自然环境审美实践的文章,则是完全运用柏

---

① [美]霍尔姆斯·罗尔斯顿:《环境伦理学:大自然的价值及人对大自然的义务》,杨通进译,中国社会科学出版社2000年版,第317页。

② [美]霍尔姆斯·罗尔斯顿:《哲学走向荒野》,刘耳译,吉林人民出版社2000年版,第403页。

③ [美]霍尔姆斯·罗尔斯顿:《哲学走向荒野》,刘耳译,吉林人民出版社2000年版,第415页。

林特的"参与"审美模式方式，如其在《森林的审美经验》以"参与"模式为理论基础，强调森林审美超越景观欣赏"对于森林与山水这些自然景观的欣赏，要求欣赏者全身心地参与、融合和奋争。我们一开始或许会认为森林只是视觉欣赏的景观，但这是一个错误，森林是融入的，而不是观赏的……只有完全融入森林，才能真正参与到森林中去。"①

在森林中的审美体验，有闻到松树或玫瑰的芬芳，站在下风口闻到麋鹿的气味；有听到鸟鸣与各种声音；有感受到风的力量，因为刮起大风而收紧上衣，享受阴凉和阳光；有随着行走而感受的动感，边走在森林中边划分森林的区域。人不再是超越自然、成为自然的主人，人参与到自然中。

罗尔斯顿在《洛基山脉——自然主导下的环境之美》中更进一步地对比森林中的审美与自然油画审美的差异，更能体现出他对"参与"模式的接受。谈论洛基山脉审美时，罗尔斯顿是以森林审美的理论展开分析——需要欣赏者所有感官的参与，然后罗尔斯顿比较纽约国际艺术博物馆中珍藏的阿尔伯特·比尔斯达特名画《洛基山脉》的审美经验。罗尔斯顿说，这幅名画展现的是洛基山脉保持荒野的土地与壮观的风景，为人们带来了无限的幻想与满足，但欣赏油画的游客的美感与身处山中的游客截然不同。真正经历旅途奔波的游客，看到洛基山脉的原始美景会将长途跋涉的疲倦一扫而空，这是真正身处自然中的人得到的切实感受，同时也使人体会到人身体真实的存在、最真实的自然。罗尔斯顿也是真正走向荒野。

斋藤百合子针对卡尔松自然环境模式提出包容性较强的多元模式，希望纠正自然环境模式的偏颇，更全面地阐释环境审美活动。她既承认自然环境模式的合理性，也接受地方传统、民间文化、神话等阐释自然的模式的地位。斋藤百合子的多元模式体现了自然环境审美的多元性与开放性，但是她的自然审美也还是建立在"参与"审美模式上："我们对环境和环境艺术的审美体验的参与并不局限在发挥想象力和创造力上，还包括通过我们整个身体的介入而体现的切实参与"②。她特地批判照片观赏式的审美，虽然照片式的观赏是审美体验中必不可少的构成，但是这并不是审美体验的全部。③

---

① Allen Carlson and Arnold Berleant ed., *The Aesthetics of Nature Environments*, New York: Broadview Press Ltd, 2004, p. 189.

② ［美］阿诺德·柏林特：《环境与艺术：环境美学的多维视角》，刘悦笛译，重庆出版社2007年版，第206页。

③ Allen Carlson and Arnold Berleant ed., *The Aesthetics of Nature Environments*, New York: Broadview Press Ltd, 2004, p. 143.

　　斋藤百合子肯定柏林特"参与"审美模式对环境美学的意义——"质疑在现代西方美学占统治地位的旁观模式的合法性"与"挑战艺术中心美学观的适用性"。[①] 多感官参与,抛开艺术中心,为艺术实践提供新方向,在艺术与环境之间创造丰富的相交成果。斋藤百合子结合当代艺术阐释"参与"模式的可行性与必要性,如沃尔特·德·玛利亚(Walter de Maria)的《纽约泥房》,弥漫着泥土与炭灰的气息;玛丽·米斯(Mary Miss)的作品具有独特的空间设计,会要求观众走进、穿行甚至爬过作品内部,体验到与众不同的空间体验。

　　史蒂文·布拉萨则是在接受柏林特"参与"审美模式之后,研究欣赏者如何切实可行地参与到环境中去。史蒂文是美国路易斯维尔大学城市与公共事务学院院长,他在《景观美学》中的环境美学思想也体现了"参与"审美模式。他看到了柏林特对杜威的审美经验与生活连续性、现象学的人对世界的意向性的发展,主张"参与"审美模式是环境或景观欣赏唯一合法的审美模式。他的《景观美学》在阐明景观美学的基本概念后,便从"参与"审美模式出发研究生物法则、文化规则、个人策略这个三分的景观美学理论框架,从这三个角度来论述景观审美的范式,明确反对各种客观主义的景观量化评估模式。史蒂文·布拉萨(Steven C. Bourassa)的生物法则、文化规则、个人策略三分理论框架,即是在"参与"审美模式的人与环境融合、环境具有"自然—文化"因素的实用性发展,为柏林特理论提供更切实可行的操作性。

　　"参与"审美模式影响第二种情况,是学者们虽然不完全接受,但却以其为基础,发展出自己的审美模式。这其中包括了卡尔松、卡罗尔等学者。卡尔松较早前的论文——1993年收录于科马尔与加斯克尔合编的《景观、自然美与艺术》一书中的《鉴赏艺术与鉴赏自然》,对自然审美还没有完全否定非功利性。卡尔松受柏林特"参与"审美模式的影响,先是搁置艺术审美的对象模式是否正确的争议,但是在自然领域,明确反对将自然对象化。他认为自然对象化将其与对象分离:"对象模式要求这样的分离,以便从开始就能明了欣赏审美和如何欣赏。"[②]在自然欣赏上,卡尔松与柏林特一样,觉得自然无法与环境分离,两者实际是一体的。卡尔松在研究环境美学的过程中,发现非功利性已经不能适用于环境审美——人生活在建筑、城市、

<hr />

① Saito, Yuriko, "Future Directions for Environmental Aesthetics", *Environmental Values*, 19 (3), 2010, pp. 373-391.

② [加]艾伦·卡尔松:《从自然到人文——艾伦·卡尔松环境美学文选》,薛富兴译,广西师范大学出版社 2012 年版,第 45 页。

农村、自然等环境中,与环境融为一体,难以完全跳出环境来欣赏环境,而且有现实的功利要求。

在《自然与景观》中,卡尔松回顾环境美学的历史根源时,也对非功利性展开批判:"无利害性直接促成 18 世纪合成美学(Aesthetic Synthesis)的兴起,后者将无利害性作为核心概念,而将景观作为审美欣赏的范式,并且在欣赏模式中极力推崇形式主义与如画性。"①卡尔松介绍了柏林特的"参与"审美模式后,在此基础上反思,希望可以超越"参与"审美模式——不再拘泥于感官与形式,提出以科学知识为审美主导的自然环境模式。不过卡尔松并没有抛开或否定"参与"模式,在分析环境美学这一新兴领域的性质的时候,他认为第一要点是"这个领域倾向于达到一种结合,一种参与途径与认知途径的结合。"②在薛富兴对卡尔松的访谈中,卡尔松也承认:"我一直认为:阿诺德·柏林特以为对自然环境审美欣赏(同时也包括对人类环境与艺术作品的欣赏)很关键的参与意识,确实是我们自然审美欣赏中十分重要的因素。"③

以"参与"审美模式为基础提出新模式的,还有卡罗尔。卡罗尔是美国威斯康星大学麦迪逊分校罗·C.比尔兹利艺术哲学讲座教授、当代著名艺术哲学家。卡罗尔反对自然环境模式将科学知识置于自然审美中心的偏颇,提出了人向自然敞开自身而激发出美感的激发模式。卡罗尔承认有时候科学知识的确在自然审美中起到重要作用,不过许多时候却未必如此,如儿童不一定要了解月球的科学知识才能欣赏明月。于是卡罗尔提出纯粹是由自然所激发美感的激发模式。

卡罗尔虽然反对自然环境模式,但是他的激发模式与自然环境模式有共同点,就是都以"参与"模式为基础,因为传统自然审美的如画模式,难以激发人的激荡情感与美感。当然,卡罗尔没有像卡尔松那样明确指出以"参与"模式为理论根基,而是在阐述激发模式的时候表露:"欣赏油画的对象模式直接是视觉上的注视,但激发模式是包括气味、感觉、温度等全方位感受自然;风景画要求我们与自然保持距离,而我们是处于自然之中对其欣赏;风景画是二维的,自然是三维的,要求我们参与进去而不是在外面理解

---

① [加]艾伦·卡尔松:《自然与景观》,陈李波译,湖南科学技术出版社 2006 年版,第 2 页。

② [加]艾伦·卡尔松:《自然与景观》,陈李波译,湖南科学技术出版社 2006 年版,第 11 页。

③ [加]艾伦·卡尔松:《从自然到人文——艾伦·卡尔松环境美学文选》,薛富兴译,广西师范大学出版社 2012 年版,第 223 页。

欣赏。"①

激发模式要求人向自然敞开、拥抱自然,激发出类似宗教情感般的激情,这是人对自然扩展的回应,实际上也是一种参与:"激发模式没有必要置我们于欣赏的自然之外,这将会是我们在自然中被触动从而使我们感受到自身的模式。"②托马斯·海德是加拿大维多利亚大学教授,与卡罗尔如出一辙的是,他提出后现代模式反对卡尔松的自然环境模式时,也离不开柏林特的"参与"模式。海德指出科学知识对自然审美不具有决定性地位,反倒是如何丰富我们的感知经验和激发我们的想象力的功能性问题更重要,这就需要研究自然故事的多样性及其意义。海德分析在欣赏奥利匹斯山景色时,科学知识有时候反倒会妨碍美感的产生:"如果当我欣赏奥林匹斯山、延绵流水或者是我身处的草莓丛中时,地理学、化学、植物学等学科的知识只会将我的注意力偏移于我观赏的自然事物与场所,妨碍我参与到自然环境中去。"③

布雷迪曾任纽约市立大学布鲁克林学院教授,2005 年加入英国爱丁堡地理研究所,以柏林特的"参与"审美模式为出发点,提出更具包容性与广阔视野的整合模式。埃米莉·布雷迪的整合模式无疑是以消除审美主体与客体对立的参与为开端,她与柏林特"参与"审美模式的差异,是她觉得非功利性有助于欣赏者面对环境散乱的审美特征时,能够聚焦注意力与感知,发掘环境的审美潜在维度。在强调自然与人的连续性时,她还强调自然与人的差异。欣赏者保留着其文化特性,而自然有着自身生命,以有别于人类生命、人类价值的方式自行其是地生存。这是她对柏林特"参与"审美模式有益的补充,修正了柏林特只讲参与,完全否定距离说的偏颇,并提醒人们注意到自然自身的存在方式与规律,避免用人的文化强加于自然。

布雷迪指出"为了使审美体验在环境公共行动中发挥出更加积极的作用,美学家必须化解与景观和环境相关的审美体验、审美判断以及决策中的一系列对立性要素,诸如审美主体与客体的对立、非人类与人类的对立、个体与群体的对立、地方民众与专家的对立。"④这是对柏林特"参与"审美模

① Allen Carlson and Arnold Berleant ed., *The Aesthetics of Nature Environments*, New York: Broadview Press Ltd, 2004, p. 92.

② Allen Carlson and Arnold Berleant ed., *The Aesthetics of Nature Environments*, New York: Broadview Press Ltd, 2004, p. 95.

③ Allen Carlson and Arnold Berleant ed., *The Aesthetics of Nature Environments*, New York: Broadview Press Ltd, 2004, p. 272.

④ [美]埃米莉·布雷迪:《走向真正的环境审美:化解景观审美经验中的边界和对立》,程相占译,《江苏大学学报》2008 年第 4 期。

式的推动,参与是个人与公众、地方民众与专家的共同参与。于是环境审美体验就不只是个人的、主观的,而是融合的、可交流的,更具公共性与实践推动意义,有助于打破人与环境的界限,促进环境与人的和谐关系。

罗德岛大学的卡内基哲学教授谢丽尔·福斯特(Cheryl Foster)以"参与"模式调和卡尔松的自然环境模式,认为两种模式并行不悖,可以互相补充。在《环境美学的叙事与环境》一文,福斯特比较自然环境的两种审美价值维度。一是叙事维度,是那种认知性的、能够理性表达的"审美知识",卡尔松强调的自然史知识与科学认知便是叙事维度的一种形式。二是环绕维度,指的是自然审美中不能理论化、知识化,难以运用语言表达,"它暗示一种被环绕、或被融合的包围、参与的可察觉感,但这种环绕的所有形式拒绝语言的表达"①。这也正是自然环境的非认知性审美模式与自然环境模式的本质区别。科学知识是自然审美的基础之一,但是真正的审美过程需要人在自然中的参与,福斯特认为环绕维度才是本源性的,一切审美的科学知识与认知途径,都离不开环绕维度。

福斯特在回顾环绕维度的时候,在更广泛与稍微含糊的意义上借用柏林特的"参与"审美模式,认为许多美学家都采用了"参与"模式,从叔本华、杜威到当代的学者巴什拉与豪沃尔。福斯特引用杜威阐释审美经验的思考——审美经验为大量未明确的日常经验所围绕,人们感觉这像是自我的扩张,但这并非不能为真实与价值定标准的自我主义;而是表明了人们是形成其经验与观念的世界的一部分,在审美中愉悦于重新投入其中。

福斯特认为叔本华在论及审美感知的时候完全不同于他研究别的命题。当人在观赏大自然的时候,自然的丰富多彩使人摆脱了意志的奴役性,忘记了情欲与愿望的折磨。人的感知到达顶点,他忘记了他是个体的人,而是意志的微弱表象;在摆脱了一切痛苦后,人作为认识的纯粹主体和自然合一,超脱了个人与所有的欲求,意志的世界消失了,只剩下表象的世界,自然恐惧的抗争只是他内心的情景或陈述。

在福斯特看来,叔本华与杜威等学者其实都强调了自然环境的环绕维度,也正是柏林特所说的"参与":"审美参与,是叔本华、杜威、巴什拉、豪沃思将个人表述世界的模式与对这个表述宁静沉思(凝视)紧密联系的方法。这样的表述像利用认知一样利用感官,因此这是自然审美环绕维度的强大价值来源,使我们鉴赏自然环境时纠正将世界完全理论化的渴望,并鼓励我

---

① Allen Carlson and Arnold Berleant ed., *The Aesthetics of Nature Environments*, New York: Broadview Press Ltd, 2004, p. 206.

们以更分散与统一的方式来体验自然。"①

学者唐纳德·W.克劳福德(Donald W. Crawford)在《景观与自然美》中分析将景观排除在自然美的三种观点时,其中一种正是柏林特的"参与"审美模式。其认同柏林特"参与"模式,审美观并非被动的,而是需要人的主动参与,还认同审美是所有感官的投入:"环境审美不仅仅是被动的,而是与环境主动的、双向的参与……审美不只是视觉的活动,而是身体感官参与到审美领域中。"②当然,克劳福德不完全同意柏林特以此否定景观是自然美,因为参与是重要的审美模式,不能完全否定传统视觉景观式的审美模式。

瑟帕玛则是选择性地接受柏林特的"参与"审美模式。瑟帕玛是卡尔松的学生、芬兰约恩苏大学教授,并担任多所国际知名大学特聘教授,第13届国际美学学会主席,连续五届国际环境美学会议主席。瑟帕玛是运用分析哲学展开环境美学研究,曾对柏林特的"参与"审美模式不以为然,在评论柏林特《环境美学》时,瑟帕玛调侃其理论正是柏林特所批判的主客两分模式,即欣赏者与环境分离的模式。其修正柏林特的理论,指出:"参与"模式之后的下一步是保持距离的分析——"这里我们回归到传统审美的心理距离说"③。

在其代表性著作《环境之美》中,首先是环境美学的本体论研究,即作为审美对象的环境是怎么样的? 他以对象化的传统美学观来看待环境,将其视为环境美学研究的材料,将欣赏者视为审美的主体:"环境是对于某个人来说的环境"。④ 因此在考察环境审美模式的时候,瑟帕玛只提及对象模式、景观模式、环境模式,并区分了只有在完整的艺术品与环境相区分的时候才适用对象模式。艺术品与环境可以形成一个整体的时候,能适用于使之与其他环境相区分的景观模式;将整体环境视为隐喻意义上的艺术品(如泉水),能适用于具有丰富文化内涵、情感体验与生活经历的环境模式。这是瑟帕玛主要考察环境艺术缘故,还没有涉及意义上的环境审美。

不过瑟帕玛接着分析环境欣赏与艺术欣赏的种种差异,尽管也总结了环境欣赏不是静态的而是动态的、多感官的、无边界的、与人直接接触的,他

① Allen Carlson and Arnold Berleant ed., *The Aesthetics of Nature Environments*, New York: Broadview Press Ltd, 2004, p. 207.

② Allen Carlson and Arnold Berleant ed., *The Aesthetics of Nature Environments*, New York: Broadview Press Ltd, 2004, p. 264.

③ Yrjö Sepänmaa, "Reviews of the Aesthetics of Environment", *Environmental Ethics*, 16(4), 1994.

④ [芬]约·瑟帕玛:《环境之美》,武小西译,湖南科学技术出版社 2006 年版,第 37 页。

却刻意地极力回避提到"参与"审美模式。但是涉及环境审美实践的具体分析，如城市环境的时候，瑟帕玛则是完全采纳参与式审美：人不能站在城市之外，保持距离地静观。在城市中是运动的，审美体验也是动态的，一切活动都与环境、他人互动，城市的"审美体验不仅是被动的观赏，还是成为其中一部分并在其中发生"。[1]　而且他也接受柏林特的全感官的参与："那么环境呢？我们这样来看一片风景：辨别它的各部分和色彩，倾听声音，感受空气中的温润，触摸物体，闻空气中的味道。"[2]这都与他所阐释的环境对象化所背道而驰。

瑟帕玛出于分析哲学的主客两分立场，需要对环境进行客观化的研究，因此难以完全接受柏林特的"参与"审美模式，但是在环境审美实践的研究时，分析哲学的方法不能适用，他不得不接受"参与"审美模式。他的自相矛盾也证明了，"参与"审美模式是最合适环境美学的审美模式。这是因为柏林特的"参与"模式，是审美过程中不可或缺的一环，人为地割裂审美对象与生活、欣赏者与环境，本来就违反了环境审美实践活动。而大多数环境审美模式或多或少受到了"参与"审美模式的影响、启发，由于审美模式的创新是环境美学的重要理论成就，由此奠定了柏林特的环境美学主要创立者的地位。

四、"参与"审美模式的论战

柏林特的"参与"审美模式为众多学者所接纳，但因其颠覆性和创新性也为部分学者所非难。对"参与"模式抨击最为猛烈的，来自勒妮·康罗尼（Renee Conroy）和卡尔松。《伦理、场所与环境：哲学与地理杂志》2007年开辟柏林特环境美学评论专栏，卡尔松和康罗尼分别撰文评论柏林特的环境美学与"参与"模式，后面则是柏林特的回应文章，通过这种论战的方式深入地评价和展示了柏林特的"参与"模式。

康罗尼的《参与柏林特：对〈美学与环境——一个主题的多重变奏〉的批评》，直接点出了柏林特环境美学最鲜明的特色是"参与"审美模式，先是肯定其对环境审美、日常生活审美有着特殊价值。康罗尼作为分析美学家，始终无法舍弃主客对立的立场，将环境视为审美、分析的客体，也奉康德的非功利性为审美的金科玉律，因此她批评柏林特无法区分参与环境的审美经验与其他经验，反对否定非功利性。

① Arnold Berleant and Allen Carlson, ed., *The Aesthetics of Human Environments*, New York: Broadview Press Ltd, 2007, p. 97.

② ［芬］约·瑟帕玛：《环境之美》，武小西译，湖南科学技术出版社2006年版，第139页。

在康罗尼看来,柏林特的环境美学一以贯之:"参与"模式,因此她一语双关地以《参与柏林特》为文章的题目,并将评论的焦点放在"参与"审美模式上。康罗尼指出,在信息化的时代,人们常常与他们的环境和情境处于疏离的状态,"参与"模式有助于人们回归到当下、他们的实际生活中去。而且康罗尼也以自己接受柏林特"参与"模式后环境审美的转变为例,肯定其价值。由于分析美学立场根深蒂固,康罗尼坦承很难认同柏林特的现象学方法论,因此刚开始阅读柏林特的论著时虽然有所启发,但总是有所抵触。直到康罗尼到卡斯卡特山脉度假时,白天漫步于山坡上,晚上欣赏山川的夜色,身体感受着山川之美、各种感官参与到山川的欣赏活动,领略到了许多以前视而不见听而不闻的审美体验,才豁然开朗,明白了"参与"审美模式的价值。

康罗尼首先批评"参与"审美模式不能清楚地指出有哪些因素共同参与、如何参与,将"参与"模式与其他审美经验区分开来。康罗尼批评柏林特对"参与"模式的阐释较为含糊,或者是"身体所有感官体验的融合"①,或者是"对环境欣赏中所有因素的完全感知"②,缺乏一个步骤明确、操作清楚的阐述。她认为这种过分强调参与、近乎禅宗顿悟的审美体验很难与其他类似体验——如迷幻药使人产生的所有感官参与体验相区分,并指出如果要做到这一点,就需要有审美知识的认知作为基础,而非强调审美时欣赏者的瞬间参与。

由此康罗尼引发了第二个批评,即日常中参与的经验不计其数,却不全是审美经验,所以参与不能称为判断审美经验的标准,还是要以非功利性区分审美活动和其他活动(包括其他参与性活动)。康罗尼以儿童和成年人不同的感知世界的方式为例,相比于成年人,单纯儿童更专注于其感知的事物,更多是参与性的体验;而成年人因为思维更复杂、知识更丰富和处理的问题更多,参与性体验不如儿童。但是许多时候不能以儿童的参与性体验来否定成年人,因为后者的知识和界定更为重要。于是康罗尼认为审美要学习儿童参与世界的惊奇和能力,而非其"参与"模式。而且有些审美活动既是参与性的,同时又是非功利性的,这都证明了非功利性才是划分审美活动的标准。

康罗尼最后批评"参与"审美模式因为太过含糊、缺乏知识性因素,无

---

① Renee Conroy, "Engaging Berleant: A Critical Look at Aesthetics and Environment: Variations on a Theme", *Ethics, Place and Environment*, 10(2), 2007, pp. 217-227.

② Renee Conroy, "Engaging Berleant: A Critical Look at Aesthetics and Environment: Variations on a Theme", *Ethics, Place and Environment*, 10(2), 2007, pp. 217-227.

法运用环境保护知识阐释欣赏者与环境的连续性,激发人们拯救热带雨林、濒危动物等环境保护的责任感。这首先是因为康罗尼将环境"参与"模式与"家园感"的体验紧密联系起来,并误解了家园感是不惜以牺牲自然环境为代价来追求人的舒适、愉悦,而不是将自然视为人的家园,将环境的"参与"模式与环境伦理对立起来。其次是康罗尼只注意到认知对环境伦理的促进,却忽略了审美与环境伦理的相互推动。

专栏的第三篇文章是柏林特的《对康罗尼和卡尔松的回应》,既是回应两位学者的质疑,也是全面地阐述"参与"审美模式的立场和思考过程。柏林特首先回应康罗尼对"参与"模式无法作为判断审美标准的质疑。他说:"某种程度的参与是审美经验所必需的,但是参与并不足以使经验成为审美经验。"①

柏林特首先指出不应该将审美经验画地为牢,使其客体化和固化:满足了这些条件就是审美经验,否则就不是。他认为参与环境的经验有实践经验、科学经验、宗教经验、幻想经验和审美经验,审美经验只是其中之一;某种经验在不同的情境中占据主体地位,并和其他经验并存。而且审美经验和其他经验并非泾渭分明,像电视频道那样可以清楚呈现、精确地解释,许多时候就是较为模糊,和其他经验混合在一起。这才符合环境体验的实际情况,同时因为审美经验和不同的经验共存,会使审美经验多元化。因此审美中的参与过程不能简单和清楚地解答,并非"参与"模式的理论缺陷,而是审美经验的感性、多样混合的特点所造成的。

柏林特也和康罗尼一样反对完全自我的参与,参与是欣赏者与环境的融合,是两者的互动,因此以沉迷于迷幻药的参与来类比"参与"模式是不当的。不过柏林特也坦承,自己对"参与"模式中知识因素的思考不足,他认为知识能够融入"参与"模式中,成为参与的前提和基础,并扩大、增强了审美的参与,"参与"模式的过程中知识发挥着潜移默化的作用。其实康罗尼对"参与"模式的掌握没有足够深入,这也是许多"参与"模式的批评者的通病,只关注呈现于表面的参与,没有认识到身体化的概念:身体化是社会、历史、文化、个人经历等的综合体现。如果理解了身体化包含了知识的作用,就不会认为参与仅仅是瞬间的感觉,还有着深刻的知识和文化背景。

柏林特其次回应康罗尼对非功利性的辩护,承认有非功利性的参与。但是他认为以非功利性作为判断审美的标准,与其说是审美的考虑,不如说

---

① Arnold Berleant, "A Response to Conroy and Carlson", *Ethics, Place and Environment*, 10(2), 2007, pp. 236–244.

是认知和伦理上的考虑;功利性与否对于审美来说并不是决定性因素,有许多非功利性态度的活动却不属于审美,例如纯粹追求知识的科学实验。柏林特是以子之矛攻子之盾,康罗尼认为参与并非判断审美的关键,柏林特则指出非功利性也不是判断审美的关键。两人的理论各有道理,也表现出各种美学理论试图从某一角度展开阐释和界定,都不能涵括审美的丰富性和复杂性,但有助于更深入地思考审美。

柏林特最后否认康罗尼对参与使环境审美与环境伦理对立的批评,指出参与的环境审美和环境伦理紧密联系甚至互相渗透,只是想要证明和展现它们的相互作用并不容易。柏林特也承认有时候追求环境的美会为自然带来不利的一面,造成环境审美和环境伦理的冲突,这就取决于人们会倾向于选择哪一方。不过柏林特还是坚持环境审美使人们更好地理解环境,对环境的喜爱能激发人们保护环境的责任感,在环境保护、城市设计和景观设计等方面发挥着重要作用。

卡尔松虽然不属于分析美学流派,但是以科学为审美的基础和准绳,使他在主客二分、非功利性、科学认知等立场和康罗尼是殊途同归。所以在《论阿诺德·柏林特的环境美学》中,卡尔松在肯定"参与"审美模式一体化解决了艺术审美和环境审美的审美模式难题、避免了使其变为两个互不相干的审美领域的贡献后,便和康罗尼出奇地一致地诘难"参与"模式无法区分审美经验其他经验。卡尔松也是以宗教、科学、畏惧、苦难甚至死亡等参与性经验为例,证明参与性不能成为判断审美的标准。卡尔松同为审美非功利性的信徒,坚信"参与"模式失去了非功利性,审美经验就不能在众多经验中脱颖而出。

柏林特对康罗尼的回答,其实也是适用于卡尔松的批评。卡尔松的第二个批评是"参与"模式过分主观,不能为景观审美提供标准,这将会在本书后面有详细的阐述。卡尔松最后批评"参与"模式不能达到赫伯恩所说的"严肃美的直觉的认识"的要求。赫伯恩在《当代美学与自然美的忽视》中将自然美分为两种,一种是"肤浅的""容易的"美,一种是"困难的""严肃的"美。赫伯恩以天上的云彩为例,单纯欣赏云彩的幻变多彩、千姿百态,是感觉的愉悦,是肤浅的、容易的美;如果欣赏者可以了解云彩中气体的状态,以及其内部和周围的气体是如何影响着云彩的结构和形式,这需要相关的云彩和气体知识,是困难的、严肃的美。卡尔松批评"参与"模式更多是个人或情感层面,是肤浅的、容易的美,而不是困难的、严肃的美。

柏林特对赫伯恩和卡尔松以知识为标准的审美划分不以为然,他虽然认为知识能成为审美的前提和基础,有时候知识还能成为审美经验的构成部分,但是他并不认同知识应该成为审美经验的主导部分,更反对将知识作为定量的衡量标准。柏林特指出审美不是明确无误的活动,个人的知识和体验的参与也独一无二,即使运用相同知识获得的审美经验也千变万化,因此是否运用知识来审美不能成为划分标准。柏林特最后总结道,他和康罗尼、卡尔松的理论分歧巨大,但是这是一次极有价值的讨论交流:"我很感谢他们深思熟虑的批评,提升了这次论争——或者是'参与'的——中心观点。"①

康罗尼、卡尔松与柏林特这场关于"参与"审美模式的论战,实际上是环境美学领域科学主义与人文主义的交锋。而赫伯恩和卡尔松将美划分等级的做法,是精英对大众的歧视,也是自然科学对人文科学的歧视。如果他们阅读了朱光潜那篇著名的文章《我们对待一棵古松的三种态度》,一定会认为对大树的感性审美只是肤浅的、容易的美:"苍翠的颜色,它的盘屈如龙蛇的线纹以及它的昂然高举、不受屈挠的气概"②。他们或许会为文中的植物学家所辩护,指出植物学家也有着审美的态度,而且建立在对客观和理论的古松植物学知识上的审美才是严肃的自然美:会知道古松是显花植物,属于松科松类,它和别的松树有不同之处,思考松树一般寿命是多少,哪些因素使其可以存活如此长久,等等。

赫伯恩严肃的自然美无疑是卡尔松自然环境审美模式的源头之一,他们提倡科学认知在审美活动中的作用,弥补了自然审美和环境审美因为忽视科学知识的不足。欣赏古松的美,除了形象上的美,还有意蕴的美。伦理上的,如古松在中国文化中具有长寿、孤高、坚贞、坚韧的意味,中国有着大量欣赏古松的意蕴美的诗词、散文、绘画。科学知识虽然不是意蕴美,但有助于更好地欣赏松树。以往学术界关注的是审美对科学认知的作用,也有张世英这样思想敏锐的学者意识到了"从自然美的这个特点(多样性的统一、和谐)不能离开人的鉴赏能力这一点来说,科学家看到了电子显微镜下和太空中的自然之美,并对这种美产生了特别的审美兴趣,这的确从一个角度显示了科学家的审美能力,显示了科学与审美的相通之处。"③但是在环境美学领域,科学认知对审美的作用清晰地凸显出来。

赫伯恩和卡尔松的科学认知打破了康德"审美不涉及概念"的信条,赫伯恩肤浅的美和严肃的美是有的放矢:康德提出了自由美和依附的美,前者

---

① Arnold Berleant, "A Response to Conroy and Carlson", *Ethics*, *Place and Environment*, 10(2), 2007, pp. 236-244.

② 朱光潜:《朱光潜全集》第二卷,安徽教育出版社1987年版,第9页。

③ 张世英:《从科学到审美》,《江海学刊》2004年第4期。

不以审美对象应当是什么的概念为前提,后者将审美对象依附于一个概念并有其目的。康德认为鸟类和海洋贝类的美是自身的,与人将其划归为哪一个种类无关,是自由的美。康德将审美和认知截然分开,追求纯粹、自由的美,赫伯恩和卡尔松是反其道而行之,以科学认知的美为尊贵。赫伯恩的自然审美等级划分、卡尔松的自然环境审美模式,从漠视科学知识走到科学知识至上的另一个极端。他们都没有很好地理解到认知与审美的差异:认知追求客观和理性,审美虽然建立在客观和理性之上,但本质上还是感性、经验的。因此,无论是"千里暮云平""白云回望合",还是"云想衣裳花想容""云破月来花弄影",比起气象学家单纯从云彩的结构知识展开的审美活动,更触及了云彩审美的核心,引起共鸣。因此赫伯恩的肤浅的美和严肃的美的划分并不科学,卡尔松对柏林特的批评也站不住脚。

第二章　物我合一的"参与"环境观

"环境"作为环境美学的基本概念,并非不言自明,而是内涵最多、最为复杂的术语之一。环境虽然是近代才出现的术语,但是因为它和"自然"一词的渊源,历史可以追溯到古希腊时期。而"环境"和"自然"的这种说不清道不明的关系,又为环境概念的研究带来很大难度。如学术界公认环境美学的萌芽是赫伯恩的《当代美学与自然美的忽视》一文,而赫伯恩使用的是"自然"而非"环境"。许多时候,不少学者甚至包括柏林特都将"自然"等同于"环境",或者是同一篇文章里将它们交替使用。还有,哲学基础的二元对立和一元论之分、方法论的多样化以及知识论在文化或生态层面的侧重,使环境内涵丰富多样。因此厘清"环境"概念的发展历程与内涵变化很有必要。

正如"文艺美学"的"文艺"内涵有"艺术""文学""以艺术为依托的文学"等,反映了学科背景和学科定位的差异,研究过程中必然对其研究范围、研究方法、研究目标有着重要影响。而西方 20 世纪初的美学对"艺术"一词也有过持续深入的探讨,如克莱夫·贝尔(Clive Bell)的"有意味的形式",苏珊·朗格(Susanne K.Langer)的"人类情感的符号形式的创造",罗宾·乔治·柯林武德(Robin George Collingwood)的艺术表现说,莫里斯·韦兹(Morris Weitz)的"开放性结构"等,分属形式主义、表现主义和分析主义流派,其"艺术"内涵表现了各自美学体系的根本性差异。可以说,无论是文艺美学、艺术美学还是环境美学,"文艺""艺术""环境"这些基本概念是其学科建构的必经阶段和重要组成部分。

柏林特"参与"审美模式解答了环境如何审美,同时也以"参与"建构其环境观,即人与环境具有连续性、人与环境相互影响和塑造的社会—文化—环境综合体,解答了环境何以审美的难题。柏林特从"参与"审美模式的环境与人同生共存、相互渗透、相互塑造来反思"环境"概念,否定二元对立与人类中心主义的客观环境观,提出"参与"环境观。"参与"环境观以"参与"审美模式的连续性为基础:人与事物、人与人之间相互交织,构成交互影响、呈现出它们特有属性的环境循环系统。只有全面认识到这些环境循环系统,才能充分理解环境的意义,意识到没有人能置之度外,每个人都由环境所塑造,环境也是由人构成——"我并不是生活在我的环境中,我就是我自己的环境。"①

　　"参与"环境观理论来源非常丰富,有杜威的一元论、斯宾诺莎的一体自然观、海德格尔的"世界",还有自古希腊而始的自然观。回顾西方的自然观念史和环境观念史,就会发现西方的"环境"是由"自然"演变而来,或者说,在概念的使用上"环境"逐渐取代了"自然"。而在这一取代过程的同时,自然的许多丰富意蕴消失了,环境获得了新的内涵。"参与"环境观恢复自然内涵,恢复到人与自然或环境的和谐关系。

　　"参与"环境观证明环境审美的合法性,而这个"环境"不是主客二分、可以对象化的"环境",而是"参与"、物我相融的"环境"。"参与"环境观也因此将环境迎回美学的国度。"参与"环境观有别于环境学科、哲学学科以及日常使用意义上的环境,由于纠正了客观环境概念的偏颇,先后为卡尔松、罗尔斯顿等众多学者认同和接受,成为环境美学的主流环境观,影响甚至扩大到环境伦理学、环境哲学等领域。"参与"环境观决定着柏林特对景观、城市、建筑等环境审美活动的研究,影响其环境批评、环境崇高、环境审丑等理论的探讨,并与"参与"审美模式互为基础、相辅相成。

第一节　"参与"环境观:环境何以审美?

一、从"自然"到"环境"

　　传统的客体环境观,通常认为环境就是"周围"(setting),意味着环境在人之外,是一个供人在其中活动的大"容器"。人们更多的是假定环境是一个"东西"(thing),而且它由物质的周围组成;哲学家则倾向于将文化与心理的因素纳入进来。这都是将环境视为独立于人的客体,是被征服与开发的对象。

　　《韦氏高阶词典》"环境"(Environment)词条的解释较为权威和具有代表性:"环绕着人或物的条件"②。还有一个被人们忽略的问题:"环境"一词直到18世纪才出现,在环境出现之前,西方是用"自然"来指代人之外或者包括人在内的万事万物的总和。而《韦氏高阶词典》里对"自然"(Nature)的解释是:"1.a:物质世界以及其中的所有非人造事物(例如植物、动物、山川、大海和星星等);b:控制世界事物发生的自然力量。2.人或动物

---

① Arnold Berleant, *Art and Engagement*, Philadelphia: Temple University Press, 1991, p. 103.
② 《韦氏高阶词典》,中国大百科全书出版社2012年版,第556页。

所独有的行为方式。3.事物所具有的基本属性。"①

可见自然虽然也有"外在世界的总和"的意思,但是内涵远远要比环境丰富得多。当然,当代的自然与古希腊时期而始的自然也有着不小的变化——不仅是指内涵的变化,还有对这几种内涵侧重的变化,都折射出近代以来西方不再敬畏自然,奉自然为生命以及一切的起源,不再受到自然的约束,而是视自然为控制、利用的外在资源,由此肆无忌惮地破坏自然。梳理自然的历史,并分析自然是如何被环境所替代,可以看清人与自然(环境)关系的异化,对思考自然(环境)大有裨益。

柯林武德在《自然的观念》一书中梳理了自然观念的变化,他指出"自然"一词在古希腊除了指自然事物的总和,还有更原初层次的意义:"即它指的不是一个集合(collection)而是一种原则(principal)——这就是这个词的固有含义,是 principium。"②

亚里士多德在《政治学》里阐述致富的方法时,论及人与自然的关系:自然生长丰美的植物供动物食用,又繁衍出丰富的动物供人食用或使用,如动物的皮毛可以制作人的衣履、骨角可以制作工具等。这看似是人类中心主义的起源,但是如果结合上下文,看到亚里士多德感慨"自然任由动物各按照觅食营生的便利而养成各自的生活习性"③,以及"这类赖以生养的财货(食料),一切动物从诞生初期(胚胎),迄于成形,原来是由自然预备好了的。"④亚里士多德或许认为人是万物之首,万事万物都是为人类生活所备,与此同时也赞颂自然是万物诞生与生存的源泉,人与万物都是它的一部分;因此人不能任意妄为,应当遵循自然自身的运行规律。

因此,柯林武德指出古希腊人认为植物和动物不仅有着物理属性,还有着理智和灵魂:"由于自然界不仅是一个运动不息从而充满活力的世界,而且是有秩序和有规则运动的世界,他们因此就说,自然界不仅是活的而且是有理智的(intelligent);不仅是一个自身有'灵魂'或生命的巨大动物,而且是一个自身有'心灵'的理性动物。"⑤

柯林武德梳理西方自然观在文艺复兴时期发生了根本的转变,哥白尼、特勒西奥、布鲁诺等学者开始抛弃了古希腊认为自然有着生命和理智的观念,而笛卡尔的身心二元论更是彻底否定了古希腊的自然观。古希腊的自

---

① 《韦氏高阶词典》,中国大百科全书出版社 2012 年版,第 1078 页。
② [英]柯林武德:《自然的观念》,吴国盛译,北京大学出版社 2006 年版,第 52 页。
③ [古希腊]亚里士多德:《政治学》,吴寿彭译,商务印书馆 1983 年版,第 22 页。
④ [古希腊]亚里士多德:《政治学》,吴寿彭译,商务印书馆 1983 年版,第 24 页。
⑤ [英]柯林武德:《自然的观念》,吴国盛译,北京大学出版社 2006 年版,第 4 页。

然对于个人来说,个人是协调操控身体运动的心灵,是一个"小宇宙",自然则是整体协调运动的心灵,是一个"大宇宙"。机械自然观将人与自然相类比,人的身体是可供控制、利用的机器,而自然也是一台大机器。

对自然进行详细考究的还有海德格尔。海德格尔为了阐述其解蔽的真理观,考究过亚里士多德的"自然"的本质和概念,指出自然揭示了存在的本质:"存在的本质乃是自行解蔽、涌现、显露在无蔽域中。"①即自然原先是处于遮蔽状态,由于人的存在、人与自然的照面,使自然处于敞亮的状态,为人所感知、体验。这是人与自然的原初状态,人认识、考察、利用自然都是建立在这个基础上。这未必是亚里士多德的自然观,却一定是海德格尔所推崇的自然观:自然是自行向人显现,并非工业时代的工具理性对自然的计算、控制和利用。

雷蒙·威廉斯(Raymond Henry Williams)也指出:"自然或许是语言中最复杂的词汇。我们很容易区别三种意涵:(1)某个事物的基本性质与特性;(2)支配世界或人类的内在力量;(3)物质世界本身,可包括或不包括人类。"②威廉斯还指出,在英语世界,第三种含义——物质世界本身,是出现在 17 世纪。

于是,自然不再是有着心灵的敬畏之物,不再是人类应该遵循的规律之源,而是外在于人的他物,是可供利用的物资。这种主客对立、机械主义与人类中心主义的自然观的形成,与随后出现的环境渐行渐近,最终合二为一并且发展为环境取代自然。

而环境概念的形成经历了词汇上由"周围环境"简化为"环境"、使用范畴从生物学到地理学再到社会学的发展过程。首先是布封、拉马克等进化论学者在思考影响生物发展的因素时提出"周围环境"的概念;接着实证主义哲学家、社会学创始人孔德将之简化,从词汇上确定为"环境";后来地理学家将其引入地理学,已经与后来的"环境"意义相近;最后是将进化论运用到社会学的赫伯特·斯宾塞(Herbert Spencer),将"环境"引入社会学后,"环境"才广为人知。"19 世纪以后,环境'environment'被译为'surroundings'(周围的环境),被广泛地使用。"③而环境替代自然,与近代的自然观息息

---

① [德]马丁·海德格尔:《海德格尔文集·路标》,孙周兴译,商务印书馆 2004 年版,第351 页。

② [英]雷蒙·威廉斯:《关键词——文化与社会的词汇》,刘建基译,生活·读书·新知三联书店 2005 年版,第 326 页。

③ [英]雷蒙·威廉斯:《关键词——文化与社会的词汇》,刘建基译,生活·读书·新知三联书店 2005 年版,第 140 页。

相关："驯化的自然,所谓的环境。谈到这个问题,人们往往相信并主张自然在人之外,在人周围并独立于人。"①当自然已经成为人类驯化的对象时,科学性、专业性、针对性更强的环境取代自然,便顺理成章了。

环境与自然的这种有趣关系,还表现在西方自然美学、生态主义、环境哲学的经典——《瓦尔登湖》《沙乡年鉴》这些赞美自然的著作中,有的只是自然、大地,没有环境;卡逊、罗尔斯顿、卡尔松、柏林特等环保主义和环境哲学、环境美学学者的著作中,绝大多数时候将自然与环境交替使用。

梭罗的《瓦尔登湖》通篇不见"环境"一词,只有与人共存共生的"自然"。当然,《瓦尔登湖》出版于 1854 年,还没有普及"环境"的概念,不过即使"环境"已经成为专业和流行用语,崇尚回归自然的简朴和自由自在的亨利·戴维·梭罗(Henry David Thoreau)必定会弃之如敝履。利奥波德的《沙乡年鉴》就是一个很好的证明——1949 年出版的《沙乡年鉴》以"自然""荒野""大地"取代"周围事物"的"环境"。这当然与奥尔多·利奥波德(Aldo Leopold)个人语言使用习惯、时代文化及专业背景有关,但无可否认,传统环境观的人类中心主义、工具主义色彩有悖于大地伦理学,才是他避免使用的根本原因。利奥波德的"自然""荒野""大地"都是与人休戚相关的,不是人征服、利用的对象:"当 Home Sapiens(人)仍然扮演着征服者的角色,他的土地仍然处于奴隶和仆人的时候保护主义便只是一种痴心妄想。"②

蕾切尔·卡逊在写《寂静的春天》时,更多的是揭示与抨击 20 世纪 60年代"环境污染"这一切实的严峻危机,是从环境学科的专业角度出发,所以频繁地使用"环境",将其等同于自然。基于同样的原因,环境哲学领域里的罗尔斯顿、卡尔松包括柏林特都是在大多数时候将两者更替使用。

柏林特在提出"参与"环境观时,也考察了西方的自然观、环境观,触及西方由自然到环境的演变,并说:"20 世纪之前的环境美学史,是自然美学的历史。"③

不过柏林特以包容性与实践性的眼光看待自然和环境,指出在人类社会与科技高度发展的今天,自然以各种方式打上人类的印记,不再有真正意义上的自然,自然也即环境。同时,柏林特接受斯宾诺莎的整体秩序、海德

---

① [法]塞尔日·莫斯科维奇:《还自然之魅——对生态运动的思考》,庄晨燕等译,生活·读书·新知三联书店 2005 年版,第 295 页。

② [美]奥尔多·利奥波德:《沙乡年鉴》,侯文蕙译,吉林人民出版社 1997 年版,第 216 页。

③ Arnold Berleant, *Living in the Landscape: toward an Aesthetics of Environment*, Lawrence: University Press of Kansas, 1997, p. 25.

格尔的存在主义生活环境和诗意栖居,认为自然包含一切,在这个意义上自然与环境并没有差别,只有与城市、建筑、景观等对应时,自然才是非人工创造的大自然景观。柏林特反对的是这演变过程中人与自然、环境关系的异化,呼吁环境回归自然的原初地位,重建人与环境的共生关系。

二、被美学放逐的环境

西方美学经过两千多年的发展,直到 20 世纪 60 年代才将环境审美纳入美学研究的领域。其实,这并不符合人类审美活动的发展史,始于原始时代的人类审美活动,最先的审美对象是自身的装饰与居住的环境,然后才是处于文明社会所形成的艺术。西方古代的审美活动并不排斥自然审美。瓦迪斯瓦夫·塔塔尔凯维奇(Wladyslaw Tatarkiewicz)研究西方古代究竟是自然还是艺术更美的时候,介绍了古希腊认为美是自然的属性,而这一传统源远流长,斯多葛派西塞罗、奥古斯丁、阿尔伯蒂都推崇自然的美。

塔塔尔凯维奇区分了三种美的概念,区分出三种美的范畴:一是最广义的美,包括了道德上的美,是古希腊原始的美的概念;二是纯粹审美意义上的美,只涉及引起美的体验的东西,包括了色彩、声音和人创造的物品,是现代美学的核心;三是审美意义上的美,但是只局限于视觉,即只是线条和色彩。在总结西方美的领域两千多年的演进方向时,塔塔尔凯维奇认为是从广义的美的概念到纯审美的概念、从世界之美演变为艺术之美。

在西方美学发展的早期,并没有驱逐自然。如凯·埃·吉尔伯特和赫·库恩合著的《美学史》谈到古罗马时期对自然的欣赏,如芝诺的学生、斯多葛派学者"就以孔雀羽毛之美为例,论证美是大自然的一种财富"[①],并提及罗马皇帝奥勒留对自然美的赞美:"如果一个人对宇宙中产生的事物有一种感觉和较深的洞察力,那些作为其结果出现的事物在他看来几乎都是以引起某种快乐的方式安排的。所以,他在观察真正的野兽张开的下颚时,并不比看画家和雕刻家模仿的少一些快乐"[②]。

然而美学一直存在着推崇艺术、轻视自然的传统,这个传统可以追溯到苏格拉底和柏拉图,《裴德罗篇》苏格拉底和裴德罗一同离开城市到小溪和山林间漫步,裴德罗一路赞美清澈的溪水、高大的梧桐、盛开的贞椒、清新的空气、鸣奏的知了和郁郁葱葱的草地。苏格拉底却对自然环境的美视而不

---

① [美]凯埃·吉尔伯特、[德]赫·库恩:《美学史》,夏乾丰译,上海译文出版社 1989 年版,第 140 页。
② [古罗马]马可·奥勒留:《沉思录》,何怀宏译,生活·读书·新知三联书店 2002 年版,第 19 页。

见、听而不闻:"你必须原谅我,亲爱的朋友,我爱好学习,树木和田园不会教我任何东西,而城里的人可以教我。"①即苏格拉底之所以会和裴德罗到城外散步,是因为他想和裴德罗讨论吕西亚斯关于爱情的思考,并非他对自然环境感兴趣。这实际也是柏拉图对自然的看法。从古希腊和古罗马的亚里士多德、贺拉斯、朗基努斯、普罗提诺等美学大家,到中世纪的圣奥古斯丁、圣托马斯等神学美学家,再到文艺复兴和启蒙运动的布瓦洛、霍布斯、洛克、夏夫兹博里、休谟、博克等人,都是将美的焦点放在艺术上。

鲍姆加登提出建立美学学科的时候,感性学即艺术研究:"美学作为自由艺术的理论、低级认识论、美的思维的艺术和与理性类似的思维的艺术,是感性认识的科学。"②而且鲍姆加登为成立美学的必要性辩护时,比较了美学与修辞学、诗学、批评的差异,也将美学的重要研究领域限定于艺术。

康德通过非功利性将美与善、快感截然分开。虽然说三者都会带来愉悦,但是善、快感带来的愉悦是与功利性相结合的,美则是非功利性的。"快感对某个人来说就是使他快乐的东西;美则只是使他喜欢的东西;善是被尊敬的、被赞成的东西,也就是在里面被他认可了一种客观价值的东西。"③就这样,康德把快感、善赶出了美的王国,实际上是人为地把日常生活的众多活动、人的品德行为无缘于审美,将审美活动集中在非功利、可以保持距离观赏的艺术和自然。

即使是自然的崇高,也并非仅仅因为自然自身,而是因为人被自然所激起的勇气和情感,战胜自然强大的力量。即是说崇高的本源不在于自然,而是在于人的文化和心灵。自然界的美不在于自然自身的合目的性,而在于人对其的接受,评判为合目的性。因此康德说:"自然是美的,如果它看上去同时像是艺术;而艺术只有当我们意识到它是艺术而在我们看来它却又像是自然时,才能被称为美的。"④康德为了推崇艺术独一无二的地位,认为艺术不但不同于自然,还不同于科学和手艺。

黑格尔以理念的显现为标准,将自然划分为无机物、植物、动物、人几个层次。如一堆乱石理念直接沉没在物质中,只是单纯的物质在起作用,缺乏生命或灵魂,而没有美可言。而有生命的有机物是观念性的统一,灌注生气于其整体的每一部分,没有沉没于物质中。于是"作为在感性上是客观的理念,自然界的生命才是美的,这就是说,真实(即理念)在它的最浅近的自

---

① [古希腊]柏拉图:《柏拉图全集》第二卷,王晓朝译,人民出版社2003年版,第136页。
② [德]鲍姆嘉登:《美学》,王晓旭译,文化艺术出版社1987年版,第13页。
③ [德]康德:《判断力批判》,邓晓芒译,杨祖陶校,人民出版社2002年版,第44页。
④ [德]康德:《判断力批判》,邓晓芒译,杨祖陶校,商务印书馆2002年版,第150页。

然形式(即生命)里直接地存在于一种个别的适应于它的实在事物里。"①
而动物生命的美不是为了自身,是为了人的心灵,即自然只有通过心灵的美
的反映,其形态通过艺术的方式表现出来,才能得到完满。艺术美要远远高
于自然美。因为艺术美是由心灵产生和再生的美,无论是从艺术的形式还
是内容来说,经过了人的心灵都要超出自然;而且只有心灵才是真实的,唯
有像艺术这样的美涉及心灵这种较高境界,才是真正的美。而且艺术到了
最后阶段会终结,发展为哲学。可见黑格尔并没有将自然美逐出美学的领
域,只是将其贬为美学王国里的"二等公民"。

康德和黑格尔对自然美的蔑视不但是二元对立的产物,还是人类中心
主义的典型表现:人的心灵就像是一道神圣的光芒,使艺术熠熠生辉,而只
是余晖投射自然就黯淡无光。由于康德和黑格尔在哲学、美学中举足轻重
的地位,他们偏爱艺术、轻视自然的思想影响了两百年来的众多学者。

李斯托威尔在《近代美学史评述》中也认同自然需要通过艺术来表现
的观点,他认为自为自在、荒无人烟的自然无所谓美或不美。"只有通过艺
术的媒介来观看自然时,它方才第一次获得了一定的审美价值,获得了为人
所选择并加以修饰过的'虚拟的美学意义上的'美。只有艺术,方才具有真
正的、合格的'美学意义上的美'。"②

鲍桑葵在《美学史》中也分析了自然与艺术的区别:"两者都存在于人
们的想象或知觉这一媒介中,只不过,前者存在于通常心灵的转瞬即逝的一
般表象或观念中,后者则存在于天才人物直觉中,这种直觉通过提高固定下
来,因此,可以记录下来,并加以解释。"③即艺术高于自然是因为它是感知
最为敏锐的天才人物所感觉、并为他们所记录下来的。"因此,为了哲学研
究的目的,把美的艺术当作美的主要代表,不但实践上是必要的,在理论上
也是合理的。"④

克罗齐的《美学原理》认为审美即直觉、即表现:"我们已经坦白地把直
觉的(即表现的)知识和审美的(即艺术的)事实看成统一,用艺术作品作直
觉知识的实例,把直觉的特性都付与艺术作品,也把艺术作品的特性付与直
觉。"⑤即审美专注于艺术作品,而审美源于人的直觉活动,区别于人的概念
活动、经济活动和道德活动;而美不属于物理事物,属于人的心理活动。于

---

① [德]黑格尔:《美学》第一卷,朱光潜译,商务印书馆1984年版,第175页。
② [英]李斯托威尔:《近代美学史评述》,蒋孔阳译,安徽教育出版社2007年版,第120页。
③ [英]B.鲍桑葵:《美学史》,张今译,中国人民大学出版社2010年版,第3页。
④ [英]B.鲍桑葵:《美学史》,张今译,中国人民大学出版社2010年版,第4页。
⑤ [意]克罗齐:《美学原理》,朱光潜译,上海世纪出版集团2007年版,第19页。

是克罗齐在第十三章"自然与艺术中的'物理的美'"中否定青葱树木、暖暖阳光等自然美,认为只有用艺术家的眼光来观赏自然,使自然以意象的方式进入人的直觉活动,才有所谓的自然美。因此自然美实际上从属于艺术,是人的心灵(直觉)所赋予的美,首先是需要艺术家般的眼光去发掘,从而影响后来的观赏者;其次是所有的自然美被艺术家欣赏时,都会被加工润色、增添光彩。克罗齐否定自然美既是为了批判模仿自然说,确立表现说的地位,也是当时美学界对自然美观念的体现。

认为自然美要低于艺术美的,还有柯林武德。柯林武德发展了克罗齐的思想,认为从理论上来看,艺术是想象;从实践上来看,艺术是对美的追求;从情感上来看,艺术是作为美的享受的艺术。尽管柯林武德承认自然美,但是他认为自然美是直接的、原始性的美,没有经过艺术家的想象,是美的初级阶段。柯林武德做了一个比喻,自然美就像人性本善的本能,艺术美则是人面对种种诱惑还能保持善心,后者毫无疑问要优于前者。

就连讴歌大地、推崇天地神人四方游戏的海德格尔,也是通过艺术之镜来观照自然和大地,而非直接观赏;其《荷尔德林的天空与大地》只是借诗歌中的天空和大地阐释存在的澄明、人对存在的守护,通篇不见天空与大地之美。在海德格尔眼中,艺术是真理呈现的方式,具有特殊的地位。他是得意而忘象、得鱼而忘筌,天空和大地只是手段,无关美丑;这只是荷尔德林诗歌中而非现实中的天空与大地。因此,海德格尔的诗意的栖居,不是中国文人的纵情山水、沉醉自然,而是通过艺术体悟和认识存在的真理——对存在物的观照,使自然万物自成其身,摆脱人的功利与工具理性的计算,回归诗意的世界。艺术对美学的绝对统治力可见一斑。

阿多诺的《美学理论》倒是赞颂自然美,批评黑格尔对自然的贬低。他还将"自然美"的章节放在"艺术美"之前,一是自然美比艺术美更重要,二是自然美先于艺术美。阿多诺认为自然美具有不确定性、不和谐性,因此是不可捕捉、不能描述的,模仿和复制会丧失自然原有的美。然而,阿多诺最后还是回归艺术,认为自然美还是要通过艺术来表现。富有批判性的阿多诺,其自然美却是始于艺术、终于艺术,艺术为自然美立法,艺术拯救自然美,真是一个莫大的讽刺!

传统美学的影响是如此的强大,以至于当代不少美学家即便接受了环境美学迅猛发展,在思考美学的领域时仍然是惯性地专注于艺术。例如美国著名的美学家柯提斯·卡特(Curtis Carter)在为比厄斯利的《西方美学简史》写续篇《美学:从1966到2006》时,即便注意到了柏林特和卡尔松的环境美学,在最后总结的时候,依然认为:"美学研究领域将随着艺术世界中的实践的变化,以及这种实践的所处的文化的变化而继续发展。"①这或许代表了美学家的主要观点:允许和肯定在实践中对美学领域的开拓,但是在美学理论研究时,还是墨守成规。而卡罗尔的《超越美学》更是置艺术于美学之上,认为不能以审美经验作为艺术的定义,要从审美经验之外的其他经验来定义艺术;不能以审美经验来解释艺术,要以政治、经济等现实经验来解释艺术。

　　与此同时,审美活动的实际情况与美学研究存在隔阂,人们在家居装饰、园林修剪、城市规划、乡村修建、自然旅游等生活实践中展开审美活动,但是美学研究只局限于艺术,自然欣赏只是艺术美学的点缀。随着时间的推移,这种失衡的状态越来越难以为继,美学家们采取了以艺术包纳环境的策略:对自然、建筑、园林、城市等环境的审美,或者是以艺术欣赏的角度、眼光与理论来欣赏自然和城市,或者是将建筑、园林和城市纳入艺术领域。海德格尔在《艺术作品的本源》中曾经回溯西方"艺术"的概念与范畴,指出古希腊的"艺术"原来主要指工匠技艺门类,如与人们生活息息相关的陶瓷、木工、编织等。但是即使艺术的"壶"中天地再广阔,也无法容纳环境的朗朗乾坤。

　　环境美学的出现改变了美学研究的这一失衡状态。赫伯恩1966年发表的论文《当代美学与自然美的缺席》指出了西方美学中自然美的缺席,呼吁要关注自然美,对自然美展开了初步的研究,被公认为环境美学的先声。卡尔松在20世纪70年代开始打出了"环境美学"的旗号,使环境美学正式登场亮相,并另辟蹊径提出科学知识是环境审美不可或缺的一环。然而直面环境审美合理性难题并深入思考的,却是稍后展开环境美学研究的柏林特。

三、"参与"环境观:环境何以审美

　　柏林特认识到"环境"概念的重要性——环境的欣赏、环境的改善和改造、人如何认识环境都以此为基础。柏林特认为环境范畴的哲学思考本应是环境的美学、伦理学、社会学、政治学、技术以及实际政策与实践的指导,但现实中环境的哲学思考却是远远落后于上述研究与实践,因此环境概念的研究无法回避,而且应该是研究的重点。所以柏林特没有人云亦云地接受既有的环境概念,而是对各种环境观与自然观深入审视一番,得出"参

①　[美]门罗·C.比厄斯利:《西方美学简史》,高建平译,北京大学出版社2006年版,第405页。

与"的环境概念。

柏林特首先审视流行的环境概念。第一种环境概念认为环境是人周围的自然(大自然)。柏林特指出自然环境已经是人类生活场所的一部分,在高度城市化的当代社会,大部分人不是生活在自然环境中。所谓独立于人之外、与人无关的环境不复存在。在工业化的 21 世纪,人类在地球的每一个角度都打上了烙印:如采矿、造林等人类活动,影响了地球的每一个角落。在这一点上柏林特认同马克思的自然是人化的自然,环境是人化的环境。

第二种环境概念认为环境就是"周围"(setting),认为环境是人身体外部一个供人在其中活动的大"容器"。许多环境学者认为环境是一个物质性的"东西"(thing);哲学家则倾向于将文化与心理的因素纳入进来。柏林特批评其将环境视为独立于人的客体,是被征服与开发的对象,是心身二元论和人类中心主义的残余思想在作祟。柏林特质疑:"对于划分出'某个'客观环境的概念,将环境视为人们可以思考、处理的外在客观对象。然而,哪里可以划分为'一个'环境? 哪里是人的外面? 是我站立处的四周,是窗外的世界,是房间的墙壁,是我身上的衣服,是我呼吸的空气,还是我吃的食物?"①于是,环境与人的生活、活动息息相关,不能分离。

批评当下两种流行环境概念的谬误后,柏林特将目光投向西方广阔的自然概念,从中寻找有利于建立正确环境概念的理论资源。柏林特总结出四种自然观,第一种认为自然是指人类领域之外的一切,把自然看作一个迥异于人类领域的空间,是黑暗、危险和未知的世界。于是人们将自然视为征服的对象,人类的文明根本上是抗衡自然,以征服自然为文明程度的标准。柏林特指出,这种人与自然水火不容的自然观今天看起来难以接受,却有着悠久的传统:发端于中东地区的宗教,再辐射古希腊哲学、普罗提诺主义和新柏拉图主义,然后由中世纪的基督教神学体系化,再到近代哲学的二元对立,不断发展壮大。

第二种是分离自然与人的自然观,认为自然与人本质上不同,但是并不对立,能够和谐共处。"自然与人分离的观念还有第二种方式,比起第一种方式持更柔和、更合作的姿态。它虽然认为人与自然本质上有所不同,却并不对立。自然的含义更像是我们平常所说的环境:生活的背景。"②这种自然观倡导生活在自然中的人类在满足自身各种需要的同时,不能破坏和危

---

① Arnold Berleant, *The Aesthetics of Environment*, Philadelphia: Temple University Press, 1992, p. 4.

② Arnold Berleant, *The Aesthetics of Environment*, Philadelphia: Temple University Press, 1992, p. 7.

害自然的平衡。于是人与自然是同存共亡的关系,为了保证人类的持续发展,不得不关心和保护自然。柏林特指出许多环境保护思想是建立在这种自然观的基础上,但这是远远不够的。因为这种自然观是出于满足利益的角度,只是视自然为人的利益共同体,人与自然有着本质的差异,忽略了人与自然的同根同源、彼此渗透。

第三种是柏林特所推崇的印第安居民万物有灵论的自然观,并指出19世纪英国的浪漫主义诗歌、新英格兰的超验主义、身与物化的中国古典山水画,都表达出类似态度。这些思想或艺术品都把自身理解为自然的一分子,尊重自然的法则,同时也实现着自身目的,人与自然相融为一。

第四种是柏林特认为最好的真正的一体自然观,即一切事物都是自然的一部分:包括人类城市、建筑、社会、文化、人自身以及大自然在内,自然之外再无他物。柏林特认为斯宾诺莎的理论正是这一思想的代表,"在斯宾诺莎的世界模式中,没有外在性和异质性。自然就是存在的所有事物,是包容一切的整体,不可分割并持续发展。"①柏林特对此推崇备至,尤其肯定一体自然观认为人类与所有事物处于普遍联系的整体中,一切事物互相影响,不能只承认某些事物而否定其余事物。柏林特由此认为,一体自然观不区分人与自然,是包容一切、普遍联系的整体,在这个意义上,环境也就是自然。诚然,斯宾诺莎的一体自然观认为,自然包容一切,自然之外再无他物:"自然是一个永恒的统一体,通过其自身而存在的、无限的、万能的等等,那就是:自然是无限的并且在其中统摄了一切;而它的否定我们称之为无。"②

柏林特只是借用了斯宾诺莎自然观的整体性、一元论,丝毫没有涉及斯宾诺莎自然、神、实体的三位一体神学思想。柏林特坚持整体性与连续性原则,改进了斯宾诺莎的一体自然观,提出"参与"环境观,认为环境既包括人类生活、文化、艺术、情感、观念等人类社会因素与历史的总和,又包括其他一切事物,而且它们是互相影响、普遍联系,共同构成环境这个整体:"环境是一个物质—文化领域,包含了人类所有行为及其反应,构成人类生活的历史、文化模式。"③柏林特认为一体的"参与"环境观才能更好地阐释人与环境、万事万物的整体关系,避免环境概念陷入二元论的陷阱。

---

① Arnold Berleant, *The Aesthetics of Environment*, Philadelphia: Temple University Press, 1992, p. 8.

② [荷]斯宾诺莎:《神、人及其幸福简论》,洪汉鼎、孙祖培译,商务印书馆1987年版,第149页。

③ Arnold Berleant, *The Aesthetics of Environment*, Philadelphia: Temple University Press, 1992, p. 20.

柏林特的环境观整体性实质与杜威的连续性相一致——这是柏林特"参与"环境观第一个特性。杜威的艺术连续性指出,生活由一个个经验构成,艺术是其中一种特殊与重要的经验。这样艺术审美经验就不能与其他经验隔绝开来,顺理成章地强调艺术的连续性,即艺术与生活、高雅艺术与通俗艺术、非实用艺术与实用艺术的连续性。杜威由审美是经验而提出连续性需要人们的投入,不过杜威只是为了证明艺术与生活无阻隔,不能将艺术视为高高在上、脱离日常经验。因此,艺术审美经验不是个人的而是整个社会文化的,审美经验有记录、评判与赞颂文明的功能;艺术将主体与客体、理性与感性、个人与群体融合起来。相比之下,柏林特的环境的连续性无疑更强,环境包含了人生活的每一个场所,人接触环境产生了经验,同时环境也涵括所有经验。

杜威的自然观展现了人是自然大发展而成的一部分、人如何认识和适应自然;人是社会的产物,个人的艺术、价值、智慧源于社会群体,不是个人凭空创造,人是参与社会其中而得。同时人因为经验而具有探索和评价的能力,直达关于人类繁荣和福祉的行动、信仰和目标。柏林特曾承认杜威是其重要老师,看来"参与"环境观也是受到了杜威自然观的影响。而杜威自然观中的环境与人的关系,也对柏林特有所启迪:"生命是在一个环境中进行的;不仅是在其中,而且是由于它,并与它相互作用。……一个生命体的经历与宿命注定要与周围的环境,不是以外在的,而是以最为内在的方式作为交换。"①

于是柏林特认为,环境与人的密不可分,体现在人构成环境,当下的环境是事物与人类历史、人的生存共同构成;环境是人生活的场所与情境,个人的形成与发展时时刻刻受到环境的影响。当人与环境成为一个和谐的统一体时,环境其实是人自身的延伸。当然,柏林特也承认,连续性不等于仅仅是人与环境的和谐统一,完全否定环境不断变化发展、新环境带来的暂时陌生感与冲突,但是在根本上两者是一体的。

柏林特尝试深入细化人与环境的连续性,提出"人类—环境联合体"的概念:人与事物、人与人之间相互交织,构成交互影响、呈现它们特有属性的环境循环系统。如"人类—环境联合体的特征是连续性而非分离性,连续性是其根本特征,因此任何一个部分都不能被单独思考。环境包括了所有人类生存条件,既有自然地理条件也有人为的生存条件。环境不仅是物质性的,人类生活的文化基质也是环境的基础构成:土地使用模式以及人类的

---

① ［美］约翰·杜威:《艺术即经验》,高建平译,商务印书馆2005年版,第12页。

发展改变了景观;这些改造对气候的影响;居住的人们的语言、制度、信仰和行为模式;大多数的居住者等。"①只有全面认识到这些环境循环系统,才能充分理解环境的意义,意识到没有人能置之度外,每个人都由环境所塑造,环境也是由人构成。这实际正是环境体验的社会性,柏林特指出,环境审美是一种社会行为,我们对环境的创造、改造乃至审美体验,都是社会的历史发展进程中所形成的,社会和历史决定着人的环境审美喜好:"环境及景观并非我们所处的地理环境,也不仅仅是我们对生活环境的感知、我们关于环境的观念或活动、社会和文化赋予环境的秩序,而是它们的总和。作为一个整体,环境是相互联系、相互依赖的人群和地方共同作用形成的联合体。"②

柏林特通过"环境的连续性"将身体延伸到社会文化的领域。身体不是纯粹的、有着感知的有机体,还具有文化的因素:各时代的文化思想、科学技术、生产方式和生活方式等社会文化塑造着人的身体。身体是环境的产物和文化的建构,忽略了文化、历史和环境来思考身体是片面的。而且身体也不只是静态的,它还与周围环境进行动态互动,与社会文化相互影响。

处于环境中的身体蕴含文化、历史和社会等维度,作为一个通过身体而感知的"经验的连续体",环境必须通过身体来呈现。时代的历史条件、文化、科技等因素共同塑造了人们的身体和环境,不同时代的身体和环境,也是受上述因素所决定和制约。就人与环境的当下性、直接性而言,"参与"审美模式更是体现了环境的连续性。环境是参与的媒介,在环境感知、辨别、思考的实际情况中,所谓的观察者与被观察者融为一体。

这样,柏林特的"参与"环境观包括了所谓的生活环境、社会环境、文化环境等范畴。柏林特还从心理学角度研究人与环境的连续性。柏林特最先介绍勒温的向量心理学,环境的属性中的正引拒值(valence)具有邀请的性质,如小径吸引人穿越,道路指引人前行。接着柏林特认同吉布森的"可利用性",主张人与环境是互相补充的,当人作用于环境特征的时候,环境特征反过来也塑造人的独特行为模式。如穿过河流、攀登高峰,人会改变这些环境有利于达到目标,但是它们也激发形成人独特的穿越、攀登方式,与行走平原时大相径庭。正如柏林特的描述性散文《利奇费尔德林的秋日漫步》中所描述的那样,人置身于林地中,身体不由自主地适应树林的环境,感知着树林的静默、各种声音、光线的变化、弥漫着的气味与情绪、阳光的

① Arnold Berleant, *Living in the Landscape: toward an Aesthetics of Environment*, Lawrence: University Press of Kansas, 1997, p. 161.

② Arnold Berleant, *Living in the Landscape: toward an Aesthetics of Environment*, Lawrence: University Press of Kansas, 1997, p. 14.

暖意,并引发一系列的回忆与经验。这正是一个绝佳的例子:既是身体意识被环境激发的积极回应,也是秋日林地这种特定的环境塑造着人的体验方式。

连续性还包括事物之间的连续性,即环境内部的整体性,或者也可以说是生态系统中事物之间的连锁反应。柏林特以造围栏试图隐藏汽车报废场、开发房地产和建公园试图掩盖有毒土地的痕迹为例,指出前者只是暂时遮挡,不可能让它消失;后者只是表面掩盖,却不能减少有毒土壤依然悄悄地挥发,毒害着其他事物甚至人。柏林特希望环境的这种连续性能使人保持谦卑,认识到人与事物、事物与事物之间有着整体联系,顺从环境的自身规律而非任意妄为。这实际就是通俗所说的尊重自然规律、生态系统规律。

柏林特"参与"环境观第二个特性是环境需要意向性的投入,包含着人的各种因素的参与。每一个具体环境的分析依赖于个人的实际体验,并有着现象学的意向性:"环境是一系列感官意向的结合、意识到的和潜意识的意蕴、地理位置、身体在场、个人时间及持续性的运动。"①"参与"环境观由此与"参与"审美模式紧密结合,相互呼应。正如柏林特对传统美学普遍性、客观性的批判相一致,环境体验具有个人性、当下性、丰富性。

柏林特的环境意向性对环境空间和时间的界定,受到梅洛-庞蒂知觉现象学的影响。梅洛-庞蒂认为人的身体"寓于时间和空间中"。时间不是外在于人的、一成不变的客观时间;时间与人紧密联系,当下的我在知觉时,包含着过去的知觉背景与影响,并指向将来的知觉。人的身体知觉将人的过去、现在、将来的关系都呈现出来,身体把时间连接在一起。空间也是依靠物体的存在,由物体的连接、排列能力组成了空间,而且空间的各种关系需要通过描述它们和支撑它们的主体才得以存在。这是感知的角度的转变,空间、物体不是客观存在,使人的感知被动地去感觉,人是空间的原点,人的感知本身就是构成空间的过程。这样一来,感知的地位与意义就迥然不同。梅洛-庞蒂还研究知觉体验与身体、存在的关系。物体大小、远近等知觉,受人身体的标准、与身体距离、身体位置、身体感知角度等因素所决定;而且动机、决定等人的主观因素也对人的体验起到重要作用。

于是柏林特以人的感知体验作为检验标准,并且以人的身体在特定场所中的感知和行动的范围来决定环境的边界。也就是说,环境是由人"生成"的,一个具体的环境的出现及其范围是由人的活动、当前的兴趣和感知

① Arnold Berleant, *The Aesthetics of Environment*, Philadelphia:Temple University Press,1992, p. 34.

所决定的。柏林特举例,人思考日常的生活环境时,身处的国家、地区、城镇、街道分别根据它们与生活的联系,以感知和行动界定一个个层次的环境;当在家中研究的时候,书房里的桌椅、电脑、书本、墙壁等物体以及当时的行动和感知汇聚成环境;还有驱车外出、参加舞会、听音乐会等动态环境。"显然,这个环境不时在变化,根据我的活动、我与他人相互作用的活动而变更。总而言之,以我为中心的多重环境确定了我的生活空间。"①于是,平常所说的社会环境、文化环境也属于多重环境。

柏林特"参与"环境观的第三个特性是环境不只有空间性,还具有时间性。环境变动不居,环境是人类历史的产物,但是环境并非结果或终结,它也是一个持续发展的过程。环境包含着人的存在,人的生存以时间为轴展开,同时由于环境需要人的意向性的投入,以人的活动为中心所确定的多重环境也具有时间性。与此同时,当场所、景观体现出了时间的痕迹——如一栋建筑物,通过人的参与感受,得到环境的时间体验。因此环境具有不确定的形式,环境是不断生成,变化不居——这一刻有这一刻的环境。柏林特的好友卡尔松对环境时间性的描述也可以挪用到这里:"无论从短期而言,还是就长期论之,各种环境都在持续不断的运动之中。如果我们止步不前,风依然吹拂面庞,云彩掠过眼前。时间流逝,变化不断,永无止境:黑夜降临,日光飞逝,季节轮回。"②

从宏观角度来看,柏林特在论述环境是物质—文化领域的时候,环境是跳跃着历史浪花的人类生活的汪洋巨流,必然也会体现出时代差异,一代人有一代人的环境。雕梁画栋会变为残垣断壁,广袤无垠的草原会沦为茫茫沙漠,所谓斗转星移、沧海桑田正是体现了环境的时间性。宏观时间性原本可以是柏林特"参与"环境观的最大亮点,可惜柏林特只是一笔带过,没有深入研究。

"参与"环境观的最终目标是家园感。柏林特指出,对环境的政治、经济和伦理等角度的批判和研究都非常重要,"各种其他利益都是为了最终实现某种价值:人类的美好生活和内在的满足感是生存经验的中心目标。"③这个目标不只是包括人类的物质生活的丰富,还包括人与人之间友

---

① Arnold Berleant, *The Aesthetics of Environment*, Philadelphia: Temple University Press, 1992, p. 133.

② [加]艾伦·卡尔松:《环境美学——自然、艺术与建筑的鉴赏》,杨平译,四川人民出版社2006年版,第5页。

③ Arnold Berleant, *Living in the Landscape: toward an Aesthetics of Environment*, Lawrence: University Press of Kansas, 1997, p. 10.

爱的社会关系,人对自然的敬畏以及人与环境的和谐关系,人以审美的态度实现自己的人生。可以说,"参与"环境观的最终目标涵括了人的社会关系、自然关系、自我的实现。

总的来说,柏林特提出一个与人休戚相关、血肉相连的环境,虽然是以人的活动为中心来界定,但是也强调人与环境的同根同源、互为根本、彼此塑造,环境伴随着人乃至人类的存在。这并不是标新立异的环境理论,而是恢复传统自然观的原有含义——自然是一切的根源,自然还是一切的动力,将人与自然的关系回归到和谐相处的状态。当然,柏林特是在吸收环境的动态发展、恢宏的社会历史视野、自然界的生态系统思想的基础上,使环境回归传统的自然观。动态性的环境观改变以往对象化静观的环境,环境不是一成不变的,会因时间、人所处位置而变化,使环境审美体验更为丰富全面。从历史变迁的宏观角度思考环境,赋予环境深刻意味,斗转星移、沧海桑田是环境的本质,环境一直处于恒久变迁的过程,人可以改造、利用环境,但更要顺应环境。结合人文主义与科学主义,环境既是文化的产物,也是自然生态的产物,环境的优美宜人必须遵循生态规律,生态思想在环境观中必不可少。

与此同时,柏林特的"参与"环境观在现实研究应用时也不是铁板式的整体,也根据需要划分为生活环境、文化环境、城市环境等大环境,以及建筑环境、景观环境等具体环境。在审美模式上,除了强调连续性的参与外,还可以采用对象化的静观模式。或者说,"参与"环境观是本体论意义上的环境观,而实际中可以根据情况灵活运用客观的环境。这看似矛盾,但更符合现实。正如主客二分的身体观已经不合时宜,梅洛-庞蒂的"我即身体"的灵肉合一身体观本体论为人们所接受,但是伊格尔顿提出的"我有一个身体"、将身体作为工具使用的身体观在某些场合也有其合理之处。

有学者认为柏林特的环境美学是文化美学,但从柏林特的"参与"环境观包纳一切来看,其远远不只是专注于文化,还有历史、人类的一切活动。柏林特独到的"参与"环境观影响了环境美学的不少学者,改变了他们的环境观。戈登·J.贾尔斯(Gordon J. Giles)在国际权威刊物《英国美学杂志》发表《环境美学》书评,肯定了柏林特"参与"环境观的价值:"柏林特详细地阐述了将'环境'视为外在于我们的事物的危险,然后总结出他的最后结论,即环境是没有'界限'的、并包括了我们,人不是环境的旁观者,而是环境的参与者。于是环境美学实际上成为了所有事物的美学。"①

---

① Gordon J, Giles, "The Aesthetics of Environment", *British Journal of Aesthetics*, 34(3), 1994, p. 291.

第二节 "参与"环境观与"人化自然"

柏林特提出"参与"环境观并非偶然,当代环境伦理学批判二元对立、人类中心主义的环境观,认识到环境与人是一个有机联系的整体。其实早在一个半世纪前,马克思就提出了他的"参与"自然观——"人化自然"。

马克思在《1844 年经济学哲学手稿》中论述"异化劳动和私有财产"时,提及了"人化自然"的观念。首先是确定了自然为人提供物质基础,是人存在的前提:"没有自然界,没有感性的外部世界,工人什么也不能创造。"①但是自然不是独立存在、与人无关的外部世界:"作为自然界的自然界,这是说,就它还在感性上不同于它自身所隐藏的神秘的意义而言,与这些抽象概念分隔开来并与这些抽象概念不同的自然界,就是无,是证明自己为无的无,是无意义的,或者只具有应被扬弃的外在性的意义。"②

因此马克思提出了"人化自然"的概念,指出人按照自己意愿和力量改造自然,"人化自然"是人实践力量的展示:"通过实践创造对象世界,改造无机界,人证明自己是有意识的类存在物,就是说是这样一种存在物,它把类看做自己的本质,或者说把自身看做类存在物。"③即人改造自然的生产活动,是全面而非片面的,不受肉体需求的影响,可以再生产整个自然界,可以自由面对改造的产品,能够按照任何种类的尺度、内在的尺度和美的规律展开生产。

而"人化自然"是人的现实世界,是人本质的体现与生活的场所:"因此,正是在改造对象世界过程中,人才真正地证明自己是类存在物。这种生产是人的能动的类生活。通过这种生产,自然界才表现为他的作品和他的现实。"④于是,马克思从人的实践活动出发证明了人与自然的融合,自然不是纯粹的外部世界:"从理论领域来说,植物、动物、石头、空气、光等等,一方面作为自然科学的对象,一方面作为艺术的对象,都是人的意识的一部分,是人的精神的无机界,是人必须事先进行加工以便享用和消化的精神食粮……在实践上,人的普遍性正表现为这样的普遍性,它把整个自然界——首先作为人的直接的生活资料,其次作为人的生命活动的对象(材料)和工具——变成人的无机的身体。人靠自然界生活。这就是说,自然界是人为

---

① 马克思:《1844 年经济学哲学手稿》,人民出版社 2014 年版,第 48 页。
② 《马克思恩格斯全集》第 3 卷,人民出版社 2002 年版,第 336 页。
③ 马克思:《1844 年经济学哲学手稿》,人民出版社 2014 年版,第 53 页。
④ 马克思:《1844 年经济学哲学手稿》,人民出版社 2014 年版,第 54 页。

了不致死亡而必须与之处于持续不断的交互作用过程的、人的身体。所谓人的肉体生活和精神生活同自然界相联系,不外是说自然界同自身相联系,因为人是自然界的一部分。"①

因此也不存在稳定不变的自然,"人化自然"随着社会的历史发展而变化:"在人类历史中即在人类社会的形成过程中生成的自然界,是人的现实的自然界;因此通过工业——尽管以异化的形式——形成的自然界,是真正的、人本学的自然界。"②"人化自然"是以人为主导,自然是改造的实践对象,使其成为人身体的延伸。同时"人化自然"具有社会性,单独的个人无法对抗自然,只有构成一定的社会关系、发展至一定的历史阶段,具有相应的生产技术、文明水平才能改造自然,使自然成为人无机的身体。

"人化自然"和"参与"环境观都反对二元对立的客观环境观,提倡整体的自然观或环境观。前者是以劳动实践、社会属性统一人与自然,后者是以人的历史文化、个人经历和身体体验统一人与环境。"人化自然"的实践活动也是一种"参与",而且是深层次的"参与":人与自然的相互交换、相互改造,将自然转变为人无机的身体。

"参与"环境观也涉及"人化自然",指出环境无时无处不受人类实践活动的影响,所有的环境都打上了人类的烙印;而且环境由人的活动所界定。"人化自然"的实践主要是人的劳动实践,强调人对自然的改造,属于传统人类中心主义。"参与"环境观属于弱式人类中心主义,摒弃人对自然改造的宏愿,是退回到从社会文化、人的身体认识和界定环境。

"人化自然"是从实践所推动的社会历史进程这一宏观视野出发,考虑人与自然的相互渗透,阐释它们是如何被工业时代的资本主义社会异化。"人化自然"本来是人自由自主的本质力量、人与人协作的和谐关系的体现,然而在工业时代被工业和商业活动所控制。尤其是机器工业具有改造自然的巨大力量,极大地推动了社会生产力和商业活动的发展。这进一步加强人的劳动的异化,夺去人的劳动的对象,将人自主、自由的活动贬低为维持肉体生活的手段。人因为他的努力劳动而成为奴隶:"异化劳动使人自己的身体同人相异化,同样也使在人之外的自然同人相异化,使他的精神本质、他的人的本质同人相异化。"③"人化自然"的最终目标是为了批判工业时代、资本主义社会的异化现象,呼吁建立合理、公平、公正的社会制度,解放人与人之间的关系、人与自然的关系。

---

① 马克思:《1844 年经济学哲学手稿》,人民出版社 2014 年版,第 51—52 页。
② 马克思:《1844 年经济学哲学手稿》,人民出版社 2014 年版,第 86 页。
③ 马克思:《1844 年经济学哲学手稿》,人民出版社 2014 年版,第 207 页。

"参与"环境观结合社会维度和现象学的方法,研究人与环境的本质关系、现实具体环境的界定,希望为环境美学乃至环境哲学奠定理论根基,以及推动城市、建筑和景观等具体环境的审美活动。柏林特的"参与"环境观是对西方近代开始发轫、当下仍占统治地位的环境观的拨乱反正,以整体性弥合二元对立造成的鸿沟;以连续性与生态思想吹散人类中心主义的迷雾,以连续性将矫枉过正的生态主义拉回正轨。"参与"环境观对如何看待环境、欣赏环境、创造环境、改善环境,提出新的角度和要求。在环境美学领域,对反思环境美的定义、构成、分类与价值,探讨环境审美的具体活动,人如何参与到环境中去,有着很大意义。

"人化自然"和"参与"环境观都超越个人,关注背后的社会历史因素,它们可以互相补充、相互促进。首先是社会维度和文化维度的互补,"人化自然"的社会维度从经济基础、社会运行机制分析环境,环境概念具有历史的动态发展、人与人之间的整体联系等属性。"参与"环境观注重人与环境相遇的共时性、个人具体活动的动态变化。

其次是劳动实践与审美实践的互补,以劳动实践为审美实践的基础,以审美实践为劳动实践的指导和目标。"人化自然"指出人通过劳动实践将自然改造为生活资料、劳动和审美的对象,深刻揭示了"参与"环境观的审美前提——若非社会阶段、生产劳动能力发展到一定阶段,外在的自然是人的压迫力量,无法展开审美欣赏。与此同时"人化自然"的理想状态是人自由自主的生命活动,在劳动实践中充分感受到个人的自主力量,这就进入了审美的领域,"参与"环境观就有助于感知、界定日常环境。

最后是人的解放与环境保护的互补,要在人与人的关系平等、个人自由的状态下追求环境保护才是真正的伦理正义。发达国家对贫穷国家的环境侵害,发达地区对矿产、污染工业生产的落后地区的压迫,实际上是资本主义社会人的异化新形式。即使发达国家和地区的环境保护得很好,就地球环境而言也是一种环境破坏。"人化自然"的异化理论揭示了发达国家、发达地区的蓝天白云,却是以落后地区和国家的环境污染为代价,是虚假的优美环境。因此仅仅是治理环境的科学技术、环境保护意识的探讨和宣传难以解决本质问题,实现人的解放才是环境问题的根本。

"参与"环境观从环境感知的基础性和重要性提醒人们,环境保护也是人的解放,即便实现了人的劳动实践的解放,人可以自由自主开展各种活动,如果没有优美、适合人类生存的环境,人沦为环境的受害者,也不是真正的解放。在转变经济基础和社会制度的过程中,除了消灭人的奴役、回归其自由自主的活动,也要遵循人的环境感知需求。即尊重人的环境感知需求、切实地保护我们的环境可以和消灭人的异化并行不悖。

"参与"环境观和"人化自然"与利奥波德、克里考特、泰勒、罗尔斯顿等学者的环境观相似，都属于整体环境观，而前两者的社会维度和文化维度可以弥补环境哲学众多整体环境观的不足。整体环境观以范畴划分，可以分为生物整体、生态整体、地球整体以及宇宙整体的环境观。哲学家马瑞埃塔则以切入角度为标准，将环境伦理学的环境整体划分为科学的整体、价值的整体、义务的整体。虽然也有整体环境观是从多角度展开思考，不能使用泾渭分明的标准来划分，但是这种划分总的来说还是比较可行的研究方法：利奥波德的土地共同体、克里考特的生态共同体、泰勒的生物共同体、拉伍洛克的"盖娅假说"属于科学的整体环境观，罗尔斯顿的"自然价值论"是价值的整体环境观，布伦南的生态人道主义是义务的整体环境观。

利奥波德是生态主义的整体环境观的首倡者之一，他的大地伦理学强调整体的自然——土地共同体，遵循自然规律、尊重生命，将人类从自然的主宰和征服者回归到土地共同体的一员，自然的各种元素是平等的："土地伦理是要把人类从征服者的角色，变成这个共同体中平等的一员和公民。它暗含着对每个成员的尊敬，也包括对这个共同体的尊敬。"①利奥波德使用了生命金字塔的概念，即所有生命构成一个能量循环流动的金字塔，互相转变、生生不息，保持着自然的平衡，人类是其中的一种生物。利奥波德将完整、稳定与美丽列为生命共同体的三大原则："一件事情，当它倾向于生物共同体的完整、稳定与美丽时，它就是正确的；反之，它就是错误的。"②

利奥波德从其专业知识出发，以生物学与生态学的角度来思考土地共同体，思考自然与人类历史的相互影响。他以独立战争后密西西比河流域为例，指出当时的不稳定形势使移民进入肯塔基的野藤地，使用犁、牛、篝火和斧头将之改造为蓝草地。正是肯塔基具有改造为蓝草地的可能，才有可能发生大批移民的涌入，美国总统杰斐逊从拿破仑手中购买路易斯安那，使美国发展为横贯大陆的新州的联合。

因此利奥波德总结道，人类的历史不应该炫耀为人的力量的结果，只不过是土地共同体发展进程的体现，相比于土地共同体，人类的力量是渺小的："总而言之，这种植物的更替就是一个历史的进程。拓荒者只是证明了——无论好心或恶意——在这片土地上，是什么植物在更替着。历史是否以这种精神被讲授着？一旦土地是作为一个共同体的概念被深刻地融会

---

① ［美］奥尔多·利奥波德：《沙乡年鉴》，侯文蕙译，吉林人民出版社1997年版，第194页。
② ［美］奥尔多·利奥波德：《沙乡年鉴》，侯文蕙译，吉林人民出版社1997年版，第213页。

在我们的理智中,它就会以这种精神被讲授。"①

克利考特是当代美国的环境哲学家,曾担任国际环境伦理协会主席。克利考特捍卫与发展了利奥波德的整体环境观,更强调环境整体中个体的平等性,指出利奥波德的重要贡献在于把土壤、水、植物和动物等非人类的自然纳入土地共同体,赋予人的权利价值、道德情感。克利考特认为动物、植物乃至生态系统都具有自身的价值,每一种事物在自然的整体中都有独特的作用,都在维护着生物圈的完整性。克利考特在认同整体环境观的同时,也折中地突出人的地位。他提出一个同心圆模型,由大地共同体这个大圆圈以及人类社会的"人类家庭"这个较小的圆圈组成,人是前者中的平等一员,也是后者的一员。当两者发生冲突时,人会先考虑离圆心更近的社会圈的利益,然后再考虑离圆心较远的大圈的利益。

而保罗·W.泰勒(Paul W.Taylor)的生物共同体整体环境观认为人与其他生物在同等意义和同等条件下,都是生命共同体的一员;包括人类在内的所有物种一同构成互相依赖的环境体系,每一物种的生存依赖自然条件以及它与其他生物的关系;所有的生物都是生命的中心;人类不会天生优越于其他生物。于是,人只是生物共同体的普通一员,与其他生物共享地球的资源,各种生物是一种平等的种际关系,人类必须尊重自然以及各种生物。泰勒不但否定人类在生物中的核心地位,甚至认为人类的存在会损害环境与其他生物,"从生命共同体及其现实利益的角度来看,人类在地球上的消失无疑是一件值得庆幸的大好事"②。

英国科学家詹姆斯·拉伍洛克(James Lovelock)在《盖娅:地球生命的新视野》一书中,以古希腊神话中的大地之母盖娅为名提出"盖娅假说",认为所有的生物——从鲸鱼到病毒、从橡木到海藻,甚至包括了地球的大气、海洋、地表岩石等物理环境——是一个完整的生物系统,是一个生物有机体,即生存了35亿年的大地女神。这个"盖娅"自身有着自我调节的能力,在应对环境恶化时遵循控制论规则,能够调节自身气候及其构成,使地球上所有生命体保持着恒定的生存条件。后来拉伍洛克还在《盖娅:行星医学的实践科学》一文中,更是运用生理学的理论,把地球视为一个活着的完整生理系统,盖娅假说发展为地球生理学。

价值的整体环境观主要是由罗尔斯顿在早期的《环境伦理学:大自然

---

① [美]奥尔多·利奥波德:《沙乡年鉴》,侯文蕙译,吉林人民出版社1997年版,第197页。

② Paul W. Taylor, *Respect for Nature*: *A Theory of Environment Ethics*, Princeton: Princeton University Press, 1986, p. 115.

的价值及人对大自然的义务》与《哲学走向荒野》中提出。罗尔斯顿整体环境观的内涵特别丰富，首先继承了利奥波德的生态主义整体环境观，将自然视为一个完整的共同体；并且也将人的义务拓宽到自然整体；但是其最与众不同的是自然的整体价值论。由于自然是统一的共同体，看似主观评价的价值其实是源于整体的自然："评价主体本身是在这环境中进化出来。评价者所有的器官和感觉——身体、感官、手、脑、意愿、情——这些对价值起中介作用的东西，都是自然的产物。作为主体的经验者，正如被当作客体经验的这个世界一样，都是自然投射的产物。"①探究了价值的来源整体性之后，罗尔斯顿还将系统赋予最高层次的价值——系统价值。

罗尔斯顿将价值划分为内在价值、工具价值与系统价值。内在价值是能在自身中发现价值的事物，而工具价值则是自身没有价值，只能用来实现某一目的的手段的事物。传统伦理学认为只有人类才拥有内在价值，自然只有工具价值，而罗尔斯顿却指出自然也有内在价值，每个有机体都是价值的中心。罗尔斯顿进一步提出，自然创生、养育万物的生态系统属于系统价值，远远超出了内在价值和工具价值。

合理的整体环境观应该拥有社会、文化、生态、伦理四个维度。"参与"环境观以文化为根基，也是以美学为目的，而美学作为感性学，必然是以人类的感性、理性乃至历史文化为立足点。相比于人不是自然界的核心、赋予动物和人一般平等权利的生物共同体的整体环境观，"参与"环境观是基于人类社会历史进程、文化发展，重点思考的是人对环境景观的体验，是文化整体环境观。

"人化自然"是社会化的整体自然观，以人的社会劳动实践为客观的自然打上人的印记，将其作为人的劳动要素——生活条件资源和生命活动的对象及工具，达到自然与社会的统一。只有从社会属性出发，才能很好理解"人化自然"，理解自然是如何成为人的无机身体，如何呈现人与人之间的关系——劳动是一种自由自主的活动还是为了维持生存的被奴役行为。自然的存在形式为劳动和实践等社会形式所规定。

"参与"环境观、"人化自然"固然有文化维度、社会维度的优势，可以弥补生态主义整体环境观的不足，但是后者的生态维度和伦理维度也是前两者所欠缺的。因此"参与"环境观的第一个不足，正是欠缺生态视野，只是重视文化对自然的改造，忽略了自然对人提出的准则和要求，因此展开研究

---

① ［美］霍尔姆斯·罗尔斯顿：《环境伦理学：大自然的价值及人对大自然的义务》，杨通进译，中国社会科学出版社 2000 年版，第 171 页。

时将环境局限于人造环境或者是与之靠近的环境,只是文化上的"参与"环境观,不是范畴上的"参与"环境观。在审美实践中,更多的是以博物馆、建筑、园林、城市、乡村等人造环境为主,即使是河流、海滨、树林等所谓自然环境也是人化的环境,都打上了人的烙印。

"参与"环境观第二个不足是欠缺环境伦理学的视野,即缺乏人类与其他生物之间种际关系的思考,忽略了生存在环境中种类繁多、千姿百态的大多数野生动物。柏林特将环境视为山川、河流、山峰、峡谷、草原、森林、沼泽、沙漠、大海等地理环境,即使偶然提及动物,也只是鸟、虫、鱼等小动物,老鹰、豺狼、熊虎等大型兽类几乎难觅踪影,其实它们是一同构成环境的重要生物,是组成完整生态系统中的重要环节,如果缺少它们,生态不能称之为生态,环境也不能称之为环境。但是"参与"环境观有意或无意地遗忘了环境的伦理思考。

环境美学与环境伦理学互为基础、互为补充。环境美学必须以环境伦理学为引导,遵循环境伦理学的信念和律令。首先,审美的非功利性准则已经被摒弃,尤其是环境美学原本就是实用美学,从创造、改造景观到环境美育,都具有现实意义,需要环境伦理学的介入。其次,环境审美涉及人与其他生物的种际关系、人与环境的关系,这是以往审美活动尚未涉及的,需要环境伦理学的思量。而"人化自然"想要与时俱进,在当代环境哲学领域发挥着更大作用,需要补充、完善生态维度和环境伦理学的维度。

第三节　"参与"环境观与深层生态学

"参与"环境观鲜明的文化维度,使其可以与环境哲学的各种整体环境观所互补,同时也被少数生态中心主义的学者批评。如伽德洛维奇就批评柏林特的"参与"环境观没有极力保护正在消失的自然,漠视其神圣的意义、独有的价值被人类所驯化,有人类中心主义的嫌疑。大力提倡以生态中心主义代替人类中心主义的,主要有挪威哲学家阿伦·奈斯(Arne Naess)的深层生态学。

奈斯在1970年的《问题的深层性和深生态学概论》一文首次提出"深生态学"的理论,1972年在第三届未来调查大会上宣读论文《深层、长期的生态运动》,逐步形成其深层生态学思想。斯宾诺莎的天地自然一体、万物有灵、众生平等的思想,影响了奈斯的生物圈所有生命平等的思想,反对人类中心主义,倡导生态中心主义。奈斯将自然甚至宇宙视为整体的生态系统:"在深层生态运动里,我们实行的是生物中心主义或生态中心主义,对我们而言,整个星球、生物圈、盖娅系统是一个统一的整体,这其中的每个生命存在物都有平等的内在价值。"[1]

奈斯强调这个生态系统的多样性和共生性;并将这两个原则拓展至人类社会,以生命形式和文化形式的多样性为社会进步的标准。由此为准则,人类的自我实现是生态平等的实现,经历了自私的"本我"到追求尽可能道德完美的"社会自我",再到将道德、义务扩展到整个生态系统的"生态自我"。这是人类不断扩大认知、完善自我,超越狭隘的本我,将道德伦理和义务应用到其他生命形式,达到生态整体平等、和谐相处的过程。

深层生态学思想对环境美学甚至美学有着重要意义。一直以来,美学对自然科学持有疏离甚至抗拒的态度,一方面是因为自然科学有着主客对立、工具主义等诸多不足,为人类社会带来进步的同时也带来了巨大灾难。另一方面是因为美学局限于艺术领域,无论是文学、音乐还是绘画、雕塑等艺术审美,都能够与自然科学保持一定的距离,因此近代以来罕有美学家在其理论中引入自然科学。但是环境美学所研究的环境,就不可避免要以生物学、生态学等学科为基础,还涉及地理学、化学、物理学等自然科学。这是环境美学为研究者带来的学科背景和学科知识上的挑战,仅仅是关注哲学、文化、艺术等人文领域,已经无法满足环境美学深入发展的需要。

环境审美除了审美体验,还有改善环境的实用目的。改善环境不仅仅是外观上的优美或者富有文化内涵,还必须以符合生态规律、改善生态条件为前提,这就有生态学知识的实际要求。即使是追求人类利益最大化的人造工程,也必须考虑保护生态环境的优先权利,以审美为目的的人造环境更是要以生态规律、生态知识为准绳。环境审美过程中,环境科学的知识不可避免要渗透,如现代人欣赏森林,森林的生物知识、生态知识、地理知识会伴随着审美过程,或者成为审美活动的底色,违反这些科学的规律的景观、活动都会妨碍审美活动。如森林里的违建别墅,即使外形设计得再优美,装潢得再美轮美奂,这种破坏生态环境的行为也很难让人体验到美。

深层生态学环境观与"参与"环境观的对立,实际就是生态中心主义与人类中心主义之争。在今天,深层生态学批判人类中心主义,希望在环境伦理学、环境美学乃至环境科学、生态学等领域都全盘否定人类中心主义,认为以生物中心主义、生态中心主义代替人类中心主义才是正途。而柏林特以人为环境的中心和展开界限,环境是文化所造就的环境,的确是人类中心

① Arne Naess, "The Selected Works of Arne Naess, Edited by Harold Glasser, with Assistance from Alan Drengson", *Springer-verlag Gmbh*, 10(18), 2005.

主义立场,自然会为深层生态主义所反对。但是环境概念是否必然要否定人类中心主义,或者说,应该要否定什么样的人类中心主义,才是合理的?还有就是,环境是否只是文化整体的环境,生态等维度在环境概念中应该具有什么样的地位。

虽然环境与生存息息相关,但是不能以人为中心,应该以人与环境的相遇、相互构造、相互影响为核心。不能秉持人类中心主义,但也不能走向生态中心主义。西方的"生态"一词就有强烈的生态中心主义意味,生态至上,甚至不惜破坏、损害人类的正常生产活动与生活行为,从一个极端到另一个极端。正因为如此,深层生态学被不少学者批评为生态法西斯主义。

如果回顾柏林特人与环境的关系的理论来源——海德格尔的此在与存在者、存在之间的关系,实际上与生态整体主义环境观有着殊途同归的理想,就会发现"参与"环境观并非人类中心主义。因为人只能立足于自身的存在和自身的视野来感知、认识、思考世界,这是人的出发点和目的地,在哲学层面不得不坚持人类中心主义。人不可能脱离生活的时代、个人知识和情感等前提存在,从康德到胡塞尔的现象学再到海德格尔的存在主义,都证明了这一点。然而,在伦理学层面,在面对种际关系、人与自然的关系时,则不能坚持人类中心主义。

其实,人类中心主义是一个多层次、不断变化发展的概念,不能一概而论,只有意识到这个概念的多样性和复杂性,才能有全面、清晰的认识。可以说,人类中心主义对人与自然关系的观点也不是一成不变的,从古希腊到中世纪,人类中心主义还是对自然保持了一种敬畏,只有到了近代技术理性运用主客二分看待自然,将人与物划分开来,人作为主体利用,控制作为客体的物。即将自然视为可供利用和使用的资源,人也异化为技术理性驱使的人力资源。

而且生态中心主义与人类中心主义之分,是片面、肤浅的二元对立论,人类中心主义又分为传统人类中心主义、现代人类中心主义、弱式人类中心主义、开明的人类中心主义、现代社会实践的人类中心主义。作为现代人类中心主义的代表,默笛为其辩护:"所谓人类中心主义,就是要高度评价使我们成为人类的那些因素,保护并强化这些因素,抵制那些反人类的因素,它们威胁要削弱或毁灭前一种因素。人之外的自然不会采取行动保护人的价值:这只能是我们自己的责任。"①默笛的这种具有代表性的"现代的人类中心主义",也能够作为柏林特"参与"环境观的辩护,不能一概否定。

---

① W.H.默笛:《一种现代的人类中心主义》,章建刚译,《哲学译丛》1999 年第 2 期。

国内环境伦理学学者杨通进对人类中心主义的分析较为深刻中肯,他区分三种意义上的人类中心主义,分别是认识论意义上的、生物学意义上的、价值论意义上的人类中心主义。认识论意义上的人类中心主义是指人类认识环境、提出的任何一种环境道德,都是属于人的认识和道德,必然打上人的烙印,人不可能脱离自身的认识提出环境道德,这种意义上的人类中心主义是无可避免和无法反对的。生物学意义上的人类中心主义是指人作为一个生物,必定要生存和发展,如果人类的生存发展和其他生物的生存发展产生冲突时,人类一定会优先考虑自身的生存发展,因此也不应该反对生物学意义上的人类中心主义。而价值论意义上的人类中心主义认为人的利益是道德利益的唯一因素、人是唯一的道德代理人、人是唯一具有内在价值的存在物,完全漠视其他生物的价值和利益,这种人类中心主义才应该反对。

柏林特的"参与"环境观,更多的是属于认识论意义上的人类中心主义:以人的身体感知、社会文化界定环境,并没有认定人的利益是道德利益的唯一因素、人是唯一的道德代理人和唯一具有内在价值的存在物。柏林特的游记散文《康涅狄格州的风景:描述美学的四个个案》完全是利奥波德《沙乡年鉴》的文风和情感;柏林特在《建立城市生态的审美范式》中提出教堂审美范式的神圣感、日落审美范式的宇宙感;还在《改造美国的景观》中提出要把地球看作家,做到这一点不是通过专制的控制,而是通过人和环境的共同合作,"一种人性化的环境体现了自然和人类的和谐,在这种和谐中,美感贯穿到所有的价值中,并让我们回归爱默生和梭罗的鉴赏力。"[1]这都证明了"参与"环境观并非价值论意义上的人类中心主义。深层生态学的生态中心主义,是从一个极端走向了另一个极端。

当然,深层生态学进一步推动了生态思想的发展和影响。柏林特在2009年参加山东大学文艺美学研究中心举办的"全球视野中的生态美学与环境美学国际学术研讨会"时,会议论文《都市生活美学》为其环境观增加了生态思想的维度,算是回应了生态主义学者的批评。柏林特指出生态学的观念不只是局限于生物界,已经拓展到整个文化世界和各种环境。对环境的生态学维度的理解不只是生物学层面,即一个环境中各种生物群落的相互影响和依赖,还可以解释人类及其文化环境关系的概念。人除了物理因素外还有社会、文化、经济、政治、法律等众多因素影响着一个生态系统。

---

[1] Arnold Berleant, *The Aesthetics of Environment*, Philadelphia: Temple University Press, 1992, p. 190.

前期所著的《环境美学》论及环境与生态系统的关系时,柏林特认为生态系统包括了微生物、动植物以及人类居住的物理、化学和地理条件,《都市生活美学》最大的发展是将社会文化纳入环境的生态系统。

柏林特高度肯定生态学的视野,使人成为自然生态系统的一部分,因此置身事外地观察、探索和利用自然是一种幻想。文化生态学成为一种无所不包的环境背景,为环境概念带来生态系统的维度。柏林特认为城市环境可以视为一个生态系统,拥有着从最简单到最复杂、共同生存和相互依赖的物体和有机体。柏林特还希望可以借用生态学模型的研究方法,应用到社会和文化中,研究社会组织和文化实践如何影响人类的发展和存亡。

柏林特尝试将连续性和生态学联系起来,将其发展为人和自然的连续性:人是自然生态系统的一部分,互相影响、同生共荣。于是,柏林特大胆地提出:"环境的含义发生了根本变化。环境不能再设想为环绕某物的背景(surrounding),而应该设想为流动的介质(medium),一种四维的全球流动体。它具有不同的密度和形式,人类与其他万物一同共存在它之中。"①这也使"参与"环境观彻底摒弃了人类中心主义的立场。柏林特思想的发展,或许是他对卡尔松的科学认知审美模式的一种借鉴:科学知识是人感知、欣赏环境的基础,因此生态视野对环境观念也至关重要,这与文化和科学融合的潮流不谋而合。

柏林特的《对环境的生态理解与生态美学建构》在 2012 年被收录于《生态美学与生态评估及规划》一书,还将"参与"环境观发展为生态的"参与"环境观:"生态视野改变了环境这个概念。它引导我们放弃对环境的惯常理解,亦即将环境理解为'周围的事物';引导我们重新设想为包括一切的、相关的综合体——这个综合体包括人类(当人类出现时)、其他生命有机体以及它们赖以生存的各种物质条件——包括地理特征和气候状况。"②"参与"环境观的这种变化,是生态学知识已经成为人们理解世界、理解环境、理解人与自然关系的基础时的必然发展,也使"参与"环境观更为全面、合理。

第四节　"参与"环境观的理论价值

柏林特提出"参与"环境观后,成为环境美学的主流环境观之一,并影

---

① 曾繁仁主编:《全球视野中的生态美学与环境美学》,长春出版社 2011 年版,第 16 页。
② 程相占:《生态美学与生态评估及规划》,河南人民出版社 2013 年版,第 44 页。

响了许多知名学者。瑟帕玛、伽德洛维奇等学者纷纷批判二元对立的环境观,但又无法发展出更合理的环境观,只能以主观环境为客体环境的补充。瑟帕玛认为环境是一个外部世界:"环境可被视为这样一个场所:观察者在其中活动,选择他的场所和喜好的地点。"①基于这样的认识,瑟帕玛认为环境是由相对稳定的土地和不稳定的植物、动物、建筑等事物构成。瑟帕玛也意识到这还是走回了客体环境观的老路,于是亡羊补牢地将想象、梦境、宗教、思想、科学、艺术等文化环境纳入环境的领域。

伽德洛维奇也是如此,先是认为"'环境'意味着'在我们四周围绕着我们的事物'或'周围的事物'"②,同时也意识到环境还应该包括人的经验层面,所以他又说:"从最广泛的意义上,'环境'即是一个人所体验到的经验,无论是内部还是外部的。"③伽德洛维奇还认为环境既是主观的也是客观的,因为环境既是人所感知到、为人所构建,也是外在世界的独立客观存在;而人们建构环境时相同的文化背景发挥着作用,环境既是个人的也是公共的。因此在全球化的时代,环境是全球主义的环境。

瑟帕玛和伽德洛维奇的环境观具有代表性,即认识到客体环境观的缺陷,却无法提出更合理的环境观,只能在否定的同时部分接受,并以文化、经验等主观环境加以补充。但是许多学者对这种折中的环境观越来越不满意,纷纷转向柏林特的"参与"环境观,其中包括卡尔松和罗尔斯顿。

卡尔松的环境概念与柏林特有许多相似的地方:都提出人与环境的融合、所有感官的投入、环境的范畴由人而定。他在比较环境与艺术的差异时指出,被鉴赏的环境不像艺术品被限定在一定范围,不像戏剧作品或音乐作品流动在时间中,也不像雕塑或绘画伸展在空间中。"无论是就短期而言,还是就长期论之。各种环境都在持续不变的运动之中……同时,环境不只是随着时间运动,它们也通过空间延伸,同样永无止境。"④所以环境随着我们的感官注意而定,范围可大可小,变动不居。由于缺少坚实的现象学根基,卡尔松的环境对二元论的摒弃还是不够彻底。卡尔松的环境等同于一般的概念——整个世界。于是环境审美包括宽广的地平线、火焰般的夕阳、巍峨的群山,还包括小雨淅沥的寂静公园、人声鼎沸的早市、路边的各种风

---

① [芬]约·瑟帕玛:《环境之美》,武小西译,湖南科学技术出版社 2006 年版,第 23 页。

② Stan Godlovitch, "Some Theoretical Aspects of Environmental Aesthetics", *Journal of Aesthetic Education*, 32(4), 1998, pp. 17–27.

③ Stan Godlovitch, "Some Theoretical Aspects of Environmental Aesthetics", *Journal of Aesthetic Education*, 32(4), 1998, pp. 17–27.

④ [加]艾伦·卡尔松:《环境美学——自然、艺术与建筑的鉴赏》,杨平译,四川人民出版社 2006 年版,第 6 页。

景等。

罗尔斯顿的环境观也是深受柏林特影响,发生了根本性的转变。罗尔斯顿最初的环境概念即是自然环境,也就是自然概念。在其《哲学走向荒野》中,环境与自然交替使用。他的《环境伦理学》更是这样:序言的开篇就是"人们的生活必然要受到大自然的影响,必然要与自然环境产生冲突"①。于是"环境"伦理学研究人对"自然"的评价、"自然"的价值、"自然"中各种生物的权利与义务、人在"自然"中应处的地位等。在《环境伦理学》最后一节"诗意地栖居于地球"中,罗尔斯顿提出人既是栖息于自然与文化中的人,也是作为地球上的道德监督者的人。罗尔斯顿研究人与环境的关系,反对客观的环境观,认为自然被具有文化背景的人所构思、创造,人以文化背景与价值色彩将自然美景的一颗颗珍珠串联起来。罗尔斯顿的环境观看似与柏林特殊途同归,但是他明确反对"主观式"环境观,尤其是自然的美与价值被人所发现后才存在的环境观:"评价主体本身是在这环境中进化出来。评价者所有的器官和感觉——身体、感官、手、脑、意愿、情——这些对价值起中介作用的东西,都是自然的产物。作为主体的经验者,正如被当作客体经验的这个世界一样,都是自然投射的产物。"②

罗尔斯顿后期研究由环境伦理学扩展到环境美学,接受了柏林特的理论,虽然其环境观较少涉及农村、城市、人工景观等人类生活环境,但是进一步阐释人类与自然关系的自然观。他认为在审美的时候,体现了人类与自然的辩证关系。罗尔斯顿直接引用柏林特的理论:"美学对于风景的认知的一个贡献在于认识到人类对于经验和它的知识所做出的贡献。环境不会孤立地站在那里拒绝全面和客观的探究。一处风景就像是一套衣服,离开了穿它的人就是空洞和没有意义的。没有了人类,它所拥有的只剩下可能性。"③

当然,罗尔斯顿对柏林特的环境观也不全是亦步亦趋地全盘接受,也有着自己的思考。罗尔斯顿以冰箱里的灯与蛋糕为例阐释其独特的环境观:当人们打开冰箱门的时候灯亮了,在这之前每个事物还在黑暗中。虽然说冰箱里的蛋糕一直都在,有着香甜等自身属性;但是人们没有打开冰箱之

---

① [美]霍尔姆斯·罗尔斯顿:《环境伦理学:大自然的价值及人对大自然的义务》,杨通进译,中国社会科学出版社 2000 年版,第 1 页。

② [美]霍尔姆斯·罗尔斯顿:《哲学走向荒野》,刘耳译,吉林人民出版社 2000 年版,第 403 页。

③ [美]阿诺德·柏林特:《环境与艺术:环境美学的多维视角》,刘悦笛译,重庆出版社 2007 年版,第 156 页。

前,蛋糕不为人所知,无所谓漂亮和香甜。只有当人们打开冰箱、品尝了蛋糕,蛋糕才是漂亮和香甜的。这是罗尔斯顿进一步分析了感知环境的意向性。

认同"参与"环境观的,还有斋藤百合子。斋藤百合子指出,当今美学界达成的共识,环境不是一系列特殊的客体,而是由人们的审美态度与经验决定的。她指出环境具有无框架特征、时间特征、实用性,环境的无框架特征是指环境难以像艺术品那样将其与周围无关的东西隔离开来;环境的时间特征是环境的易逝性与流动性;环境的实用性直接影响着人们的生活。

因此,斋藤百合子认为环境既包括外在事物,也包括人的活动。身为设计师的她研究购物中心、房屋等建筑,指出这些环境除了物理属性,还有功能属性,可供人们展开商业等社会活动。环境尤其是人工环境具有实用目的,要考虑到人的使用方便和舒适。受到"参与"环境观的社会文化维度所启发,斋藤百合子认识到人的活动体现了人与人之间的社会关系,由此提出环境还具有社会性。这是斋藤百合子对柏林特环境观的发展,思考环境审美是如何影响着人与人的交往、社会关系的建构,因此认为环境概念应该包含社会关系。

相较于柏林特的环境观,斋藤百合子的社会关系环境观还欠缺深刻与全面,毕竟社会关系只是人的存在的一种状态,远未能达到存在所揭示的人与环境的相互渗透。这可以视为环境观讨论的多元化与深入,丰富了环境美学的环境观。无论如何,斋藤百合子突破狭隘片面的客观环境观,将环境与人的关系紧密联系起来,是一种进步。

赫尔辛基大学学者阿托·汉佩拉(Arto Haapala)认同柏林特的"环境"概念,认为"人类世界"不能视为外在于人、客观的世界——"人类世界是一个意义的整体,而不是无名的物理实体的集合。我想强调的是生活世界中的'人性'。"①她直接引用了柏林特《环境美学》中环境离不开人的观点,即人类欣赏体验自然的方式随着技术进步、科学知识发展、艺术和自然虚构的发展而变化。

汉佩拉以芬兰作家阿列赛斯·维基和F.E.西伦佩、英国诗人威廉·华兹华斯的作品阐释其思想——世界是展示复杂语义属性和价值的生活世界。维基的自然观认为人的文明与自然之间存在传统的对立,人在深层次意义上是自然的一部分,人追求与自然的和谐融合。西伦佩的自然概念则

———————————

① ［美］阿诺德·柏林特:《环境与艺术:环境美学的多维视角》,刘悦笛译,重庆出版社2007年版,第66页。

是有泛神论色彩：自然是一种神圣的力量，人本质上是自然的一部分，能体验自然的神圣。华兹华斯的诗歌重新审视人与自然的关系，发掘先前被认为是野性和危险景象的美，促进自然美的欣赏。汉佩拉觉得艺术和虚构一样可以改变世界，增强自然在人类世界拥有的重要意义：为我们打开新的世界。

汉佩拉从文化因素与人的实践活动层面理解生活世界的人性、自然的人化，和柏林特的环境观极为相似：文明与自然的差别、城市与荒野的分类都源于人的需求，人还根据需求对事物进行评估。汉佩拉还借用海德格尔《存在与时间》的"世界"观：事物对于人来说是"上手"状态，单一事物的功能和意义被它与其他实体的关系规定着，整体决定着实体的价值和意义，即是海德格尔的"在之中"（being in）的意义，性质为"烦忙"（Sorge）。遗憾的是汉佩拉受柏林特影响，却只看到海德格尔《存在与时间》"世界"概念中存在者整体关系、存在者为人所使用的关系，尚未明了海德格尔后期正是反对人为了利益和需求而控制、利用存在者乃至整个世界，呼吁人回归诗意世界的还乡、天地神人四方融合。这也是汉佩拉的世界概念不及柏林特环境概念的地方。

赫伯恩 1998 年在《环境的价值》杂志发表的《自然的人化：自然的尊重》一文也赞同柏林特"环境"概念中彰显文化因素。卡娅·莱哈里接受柏林特的身体感受环境、环境与文化息息相关的环境观，认为身体、文化使"环境变成了多重的意义内涵……为审美的环境体验准备了先决条件"①。总体而言，柏林特"参与"环境观成为环境美学主流环境观，解决了"环境何以审美"的疑问，对环境审美活动研究有着重要价值。

---

① ［美］阿诺德·柏林特：《环境与艺术：环境美学的多维视角》，刘悦笛译，重庆出版社 2007年版，第 104 页。

第三章 身与物化的环境审美研究

作为一个注重理论结合实践的学者，柏林特不仅以"参与"审美模式解决了环境何以审美和环境如何审美的难题，还运用"参与"审美模式研究景观、城市、建筑甚至太空环境等环境的审美活动，思考身与物化的环境审美体验。其"参与"环境审美活动研究广泛而全面：从自然到城市、从地球到太空，具有前瞻性和创新性。这些环境审美活动研究充分体现了"参与"审美模式的经验性、连续性和身体化的特点，得到有别于传统对象模式审美的独特审美体验。更为难得的是，柏林特清楚地认识到环境美学的学科交叉特性，在"参与"的审美活动中，综合运用环境、艺术、文化生态学、建筑现象学乃至天体物理学的理论和知识，为"参与"审美模式的环境审美活动研究提供了范式。

第一节 景观审美研究

在环境美学出现之前，西方已有景观审美的传统，而且自然欣赏也渐渐发展为景观审美。传统的景观审美借用风景画的"如画"方式：如欣赏风景画一般地欣赏景观，属于对象模式。由于这种审美模式根深蒂固，而且欣赏者有时候可以保持距离的欣赏景观，不像建筑与城市审美那样更强调欣赏者的参与，因此柏林特在景观审美活动中更为强调"参与"模式的运用。

柏林特根据审美模式的差异，将景观审美划分为观察审美和"参与"审美，前者正如距离说所规定的艺术一样，是人们站在景观之外靠视觉欣赏的景观；后者是参与到其中展开欣赏的景观。柏林特指出《牛津英语词典》1933 年和 1987 年两个版本对"景观"解释的差异，分别代表了两种景观审美活动：前一个版本的解释是"自然陆地的风光景色，例如可以从一个视角进行浏览的风景"[1]，而后一个版本的解释是"一片有着可辨别的特性和特征的土地，尤其被视为装饰的结果、（通常是自然）形成的过程和动因"[2]。

---

[1] Arnold Berleant, *Aesthetic Beyond the Arts: New and Recent Essays*, Aldershot: Ashate, 2012, p. 61.

[2] Arnold Berleant, *Aesthetic Beyond the Arts: New and Recent Essays*, Aldershot: Ashate, 2012, p. 61.

柏林特指出,景观的这两种解释看似相近实质上有着巨大的差别,前者属于观察性景观审美,后者属于参与性景观审美。

柏林特的"参与"审美模式追求景观审美的连续性、身体化,景观及其审美体验随着欣赏者的身体参与其中的活动而变化。景观从客观物体转变为与欣赏者的身体、文化、社会相连的环境。柏林特推崇东方尤其是中国基于恢宏的"道"的宇宙意识,发展出视点无处不在、变动不居的"散点透视",认为这种视野下的景观审美是参与式审美活动。不同于观察审美,参与的景观审美有着独特的魅力,吸引着欣赏者进入。如好的建筑关注人的感受,使人从游客变为住客;通幽曲径邀请欣赏者畅游其中,而非笔直道路的一目了然;巨大的门廊可能会使人印象深刻但也会使人感到压抑,拱形门能给人不同于方形门的体验。这都是人与景观之间的互相吸引,人不仅观之赏之,还游之乐之。而参与性景观设计诱导人们进去活跃的交融,感受着在景观中运动的身体,甚至有助于理解人类在这个世界中的位置。

柏林特认为,观察性景观主客对立的思维模式,倾向于认同世界是由相互独立、为自然力所控制的事物所构成;从理性角度来看待客观的物质世界。很自然地会将景观的政治价值、经济价值放在前面;而且相比于"参与"的景观审美,观察性景观审美体验是单一和表面的,难以真正体现出其审美价值,视其为可以开发的资源、地产和矿藏也是顺理成章。

"参与"的景观审美注重人的连续性,人的身体参与,人的身体、情感、文化与景观血脉相连,将景观视为"家乡"的景观,从无关的游客变为有深刻感受和深厚情感的居民,更能真切、深刻体会到景观的审美价值。"参与"的景观审美有助于人们形成一种理解,"这种理解将世界看作环绕我们的人类场所,如同我们的家园一般"①。柏林特呼吁,参与的景观设计要将人类的审美价值等核心价值置于经济利益、政治利益和工业利益之上,将景观建造为真正的家园。

柏林特出版的《超越艺术的美学》提出景观应该包括人类生活的各种环境,进一步提倡参与的景观审美活动。柏林特从更宏观的角度来考察"景观"概念的发展,指出 17 世纪的景观是"自然内陆风光的画面"②,不久之后景观从绘画中的风光专指实际风景;它们分别源于风景画或自然审美传统,却都是视觉至上,并且以为景观的判断标准是是否能够激起人的愉悦。

---

① Arnold Berleant, *Aesthetics and Environment: Theme and Variation on Art and Culture*, Aldershot: Ashgate, 2005, p. 39.

② Arnold Berleant, *Aesthetic Beyond the Arts: New and Recent Essays*, Aldershot: Ashate, 2012, p. 195.

　　柏林特在观察性景观与参与性景观的比较研究中,早已废黜了视觉至高无上的地位,重点批判以愉悦为准绳的景观概念。无论是风景画还是西方传统的自然审美传统,都以为景观是能够使人愉悦的风景或建筑,将自然灾害等场景、人类日常生活中非愉悦的各种环境排除在外。柏林特反对这种割裂景观与生活的连续性的思想,认为是静态的、保持距离和追求非功利愉悦的艺术审美的错误影响;景观审美应该是动态的,邀请甚至要求人参与进去欣赏,同时也不局限于愉悦的体验,审美经验更为丰富多样。景观就包括了城市、乡村、高速公路、工业园和购物中心等,即包括了所有的环境,原先只可远观的景观变成了人身处其中的环境,参与成为必需的审美模式。

　　在西方的历史上,景观与艺术一直有着很深的渊源,自然文学、风景画、自然音乐都是以自然和景观为艺术对象;景观的审美视角、研究方法、审美经验更是源于艺术尤其是风景画。柏林特意识到,无论是观察性景观还是参与性景观都能在艺术中找到其源头,如果对景观艺术尤其是风景画没有透彻的了解,很难真正展开这两种景观审美的研究。因此早在其1991年的《艺术与介入》就开始研究绘画艺术中的两种景观欣赏活动。

　　柏林特指出,观察性风景画的形成有着哲学、物理学和绘画技巧发展等方面的原因。观察性的风景画将景观划分为一个独立的、看似真实地反映现实的立体空间。这种绘画空间在古代的埃及是没有的,古希腊和罗马艺术中也尚未成型。中世纪的风景画中的人物和风景是单调的平面而非立体的对象,人物的重要性是通过大小而非其空间位置来表现。15世纪初布鲁内斯基研究出线性透视原理,阿尔贝蒂将其整理为完备的理论。线性透视原理是"以观看者的眼睛为起点,沿着想象中的线条构造出一个三角形,这些线条汇集在有限的距离外逐渐消失的点上"[①]。

　　柏林特认为,线性透视的绘画空间是近代哲学和科学在绘画上的反映。笛卡尔的客体两分,影响着绘画空间是纯粹客观的世界。而牛顿的绝对客观空间也是绘画空间的重要理论基础。牛顿物理学发展出一个宇宙秩序,由匀速移动的空间坐标与不变的时间相结合的一个无所不包的体系,空间是客观、普遍、绝对的媒介,物体分布其中。因此观察者即使站在一个不变的位置上,只要观察得足够客观、认真,方法上足够科学,也能认识这个空间。线性透视的绘画空间正是试图从固定的观察者角度,真实、客观地再现外在的现实空间。风景画也似乎成了牛顿1687年《自然哲学的数学原理》的空间认知的完美回应,这也使其成为近代西方风景画的主流创作方法。

---

① Arnold Berleant, *Art and Engagement*, Philadelphia: Temple University Press, 1991, p. 57.

　　柏林特以现代相对论物理学和知觉心理学为空间观念带来的变化来推翻线性透视的理论基础。柏林特指出,相对论物理学将空间和时间被理解为一个连续统一体,以重力场的形式呈现,事件的时间和位置只能依靠观察者的位置来确定。感知者的位置决定了关于事件知识的差异,甚至决定了这件事的发生和性质。这就破除了绝对空间观念、提升了观察者位置的地位。观察者的位置是时间的构成部分和依据。而当代知觉心理学也是将感知者当作决定空间的主要参照物,其听觉、触觉、嗅觉、味觉、运动知觉和视觉一起影响了平衡感,判断对象的距离、空间的大小。"于是,我们对空间的理解和感知发生了变化并开始融合。空间从一种绝对的、独立的、只因其身而为人所认识的媒介,转变为感知者是其组成部分的连续体。它不仅重塑了物理空间和我们对这个空间的感知,也重新塑造了所有的空间知觉,改变了我们与绘画空间的相遇。"①

　　由此柏林特区分了观察性景观审美的全景式风景画、参与性景观审美的参与式风景画。全景式风景画表现了客观的空间,观赏者和景观的空间是分离的;风景画的欣赏经验是视觉性的,观赏者是站在一个固定的位置保持距离凝视着绘画。柏林特以阿尔伯特·比尔斯达特(Albert Bierstadt)的《蒂罗尔风光》、阿舍·布朗·杜兰(Asher Brown Durand)的《共鸣的激情》为例,两幅画都是提供一个远处静观的优美景观,观赏者和景观之间缺乏连续性,说明全景式风景画与观赏者分离的特征。

　　景观与艺术剪不断理还乱,更是在文化这片广袤大地上长成的参天大树。柏林特为了证明这一点,特别挑选了貌似客观、冷冰、坚硬、拒人千里的景观——石头景观——来阐释景观与文化的关系。柏林特指出,石头景观是重要的自然景观和人造景观之一。石头景观作为自然景观,从地理学的角度来看,石头景观显示了地球的发展进程、地貌构成,石头是地球内部结构的重要组成物质,同时石头的形成是地壳运动、地震、火山等地球运动,和风吹、雨淋、日晒等地面气候所共同造成的。而石头也堆积成高山,环绕积水成湖泊,构成独特的石头自然景观。柏林特还认为,如果将地球称为"地球母亲",自然万物称为"地球的女儿",那么石头是地球的骨骼,正是在石头表面之上厚积着土壤,孕育着生命,生长着包括人类的万物。

　　而石头具有众多特性使其成为人造景观的基本材质:石头的坚硬、稳定、重量、密度、不可渗透,石头能够被打磨得光滑的表面,能够被组织排列、被切割,具有各种颜色并且会因不同的光线、光线不同的照射角度而显示出

---

① Arnold Berleant, *Art and Engagement*, Philadelphia: Temple University Press, 1991, p. 57.

不同的颜色,等等。柏林特的人造石头景观范畴广阔,大至城墙、城堡、庙宇,小至石头小径、雕塑、石刻艺术品甚至珠宝。主要分为两类,一是建筑师在选择的地基上采用石头,堆砌建造出大小各异、形式多样的景观,如古希腊神殿、罗马斗兽场、欧洲的教堂等;二是雕刻家带着艺术之眼和艺术之思,雕塑出千姿百态的石头艺术品,如米开朗琪罗的《大卫》等。

不过柏林特将关注的焦点放在最有代表性的石头建筑景观上,因为石头是最古老的建筑材料之一,用来建造柱子、墙壁、天花板等,同时石头建筑的现实作用、文化意义也更大。柏林特选择了历史最悠久、最早的石头建筑景观——纪念和赞颂逝者的石头墓碑、石陵、石头庙宇、金字塔——证明景观的文化因素。这是因为石头稳定不变给予人永恒的感觉,于是人们用其建造景观寄托无尽的哀思和缅怀。柏林特指出,这是因为石头给予人持久永恒的印象,因此人们选择采用石头来建造纪念逝者的建筑物,希望永久的思念可以和建筑物一样恒久长存。

然而,柏林特指出,"永恒"与其说是一种物理属性,毋宁说是一个文化概念。石头并非真的坚不可摧,人们会根据实际需要将石头切割、打磨、敲碎进行加工,石头也会因为日晒、强风而风化,会因被潮汐、水流冲刷而侵蚀变化。石头景观虽然会被赋予神圣、永恒的内涵,被朝圣者顶礼膜拜,但是随着岁月的逝去它们也会模糊、坍塌乃至消失殆尽。

永恒本来就是社会文化形成的概念,独立于石头的物理属性,其发展变化完全与石头的使用功能无关。而永恒的隐喻涉及石头,使石头具有永恒的意义。如"写在石头上",代表着直到永远、不可变更。石头景观的坚硬、纯洁、冰冷等内涵,都是文化中的隐喻对人们经验根深蒂固的潜移默化。

柏林特由此提出石头以及石头景观有两种属性,一种是硬性属性即物理属性,一种是软性属性即文化属性。无论是自然景观还是人造景观,石头景观的意义都与语言、价值以及各种文化活动紧密联系。不仅如此,其意义还以人类的经验为背景,石头以及石头景观的经验、内涵首先来源于社会的文化、隐喻。柏林特"参与"模式的连续性认同杜威的生活由众多经验所构成的思想,石头以及石头景观的认知经验和审美经验,自然离不开石头的隐喻等经验。

除了石头景观,柏林特还以森林景观概念的变迁来证明文化对景观的决定性影响。柏林特梳理西方近500年来森林概念的变迁,17世纪之前森林被视为遍布野兽的荒蛮、黑暗、禁止性的地方。接着森林作为代表着人造的城市的对立面,是保持原初状态、没有被人破坏的自然,是人们探险、寻觅在尘世失去的自我的场所。

　　工业化时代初期,森林又被视为可待利用开发的资源、能够被开垦为农田的荒地。直到近年来环境保护意识的高涨,森林被保护性开发,森林成为人们可以自由自在无忧无虑地旅行、露营、感受自然的场所。森林概念的变化会直接反映在森林的审美体验上,森林的审美不可避免会受到时代文化的影响。同时森林的审美体验也蕴含着文化信息,柏林特指出森林的过度开发、全球温室效应造成森林面积的缩减,既是自然发展史的消失,也是关于森林的文化记忆史的消亡。于是柏林特令人信服地证明了景观审美需要艺术、文化的参与,艺术、文化影响着景观审美体验,景观也是艺术和文化的重要组成部分。

第二节　城市审美研究

一、"参与"的城市审美

　　长期以来,城市历来被视为文明的象征,是人类社会文化、艺术、科技、经济的聚集场所;在全球前所未有的城市化时代,城市俨然已经成为最重要的居住环境之一。因此柏林特对城市审美情有独钟,并有着持续性的浓厚兴趣,从多角度多层次展开思考。

　　柏林特从"参与"连续性的角度指出,城市既是物质、空间上的构成,也是历史文化、人的感知的构成。柏林特以城市的分界线为例来阐释:现代城市早已没有中世纪城市那样高高围起的城墙,但是在许多人心中依然好像还有一堵无形的城墙,将城市这个环境隔离起来,划分这是城市环境,那不是城市环境;实际是当代城市没有明显的划分界线,城市一词更像是描述一个政治上、社会上和建筑等领域围绕着某个历史中心的聚集。通常划分城市环境的做法是将城市与乡村作对比,但是昔日的郊区农田开发为卫星城市、商业区或工业区,所谓的乡村早已打上了城市的痕迹,只有遥不可及的穷乡僻壤才有可能保持原貌。

　　那么,何谓城市? 柏林特说:"城市不是一个内部密合的整体、一个有严格界限的实体,而是一个由多重结点和观察点的碎片所组成的城市环境。有关城市的概念只是一种理想,一个来自它的名字和它的历史的理想。它不是我们所体验到的实体。从人类观点来看,城市是一个在它成为任何别的东西以前的体验环境。"①柏林特批评将城市视为一个复杂、独特和独立

---

① ［美］阿诺德·柏林特:《远方的城市:关于都市美学的思考》,刘旭光、郭婷译,《上海师范大学学报》2010 年第 2 期。

的研究客体,或者是从物质角度来研究城市的建筑和设计,或者是从社会的角度来研究城市的政治团体、经济组织和文化机构。柏林特认为城市是人生存于其中、产生各种丰富体验并可以分享的环境。人们应该参与到城市环境中去,得到城市的各种体验,才能真正和深刻地感知、认识城市环境,而非将人与城市割裂开来、独立于城市之外。城市不是人静观的客观景观,而是人生存与生活的环境。城市不可避免地带有文化、审美因素。

柏林特认为,城市在实用性和经济利益、政治目的之外,还有审美意义。城市不是冰冷的建筑、街道集合体,城市是人生活在其中的环境,是人活动和体验的场所,城市对人的意义由人的感知体验活动所决定,因此城市与人血脉相连、气脉互通。城市的构成应该包括当地的历史、文化、地理条件、人的生活等。而良好的城市环境能够促进人的感知的发展、激发创造性活动以及使人身心满足。在柏林特看来,环境体验的发生与审美经验极为相似,都是以参与的方式来感受。而且"当以完全感受感知的丰富性的方式来体验环境,并是直接的、完全的(质的)直觉,我们便进入了审美领域"①。所以有时候环境体验就是审美经验,即使不是审美经验也能为环境体验提供借鉴。于是柏林特通过分析艺术的参与审美方式、连续性、审美经验,为城市体验、城市审美提供参考。

人既是自然人也是文化人,人在城市中的参与很自然会拥有文化维度,正是连续性强调了城市的文化维度。柏林特批评勒·柯布西耶(Le Corbusier)所宣称的"房子是生活的机器"的城市美学观。这种机器的城市美学观追求条理性:高效、整洁、一致、非个人、可更替,体现着人类社会成为机器的观念。柏林特认为这是本末倒置的理念,提倡以人的感知体验为本。

于是,柏林特将城市环境的概念由美观、合理的城市整体建筑,舒适的生活条件,良好的公共安全秩序,以及先进文明的政治团体、经济组织和文化机构,转变为城市居民的各种美好、和谐的体验。柏林特以现象学的方法论发展了段义孚的"恋地情结"和林奇的"城市意象",以"情结"为"地"之根本、以"意象"为"城市"之本源。这使城市由外在的评价转变为内在的体验,研究的立场由主客二分转变为一元论的参与,使城市美学重点不是放在建造外观上美轮美奂的城市建筑,而是营造和谐感、归属感和多样性的环境。

① Arnold Berleant, *Sensibility and Sense*, Imprint Academic, Philosophy Documentation Center, 2011, p. 119.

二、审美的生态城市

柏林特的城市美学并没有停留在"参与"连续性的层面,其最大的亮点是后期引入了文化生态学的视野发展"参与"审美活动,将城市视为一个包容一切、相互依赖的生态系统般的环境,人以及生活是这个环境联合体不可分割的一部分。这个生态系统般的城市环境应该促使人们和谐生活于其中,提高生活的质量。柏林特在此基础上,提出四种城市生态的审美范式。不仅如此,柏林特还从荒野的城市隐喻,以及城市是可分享的环境和游客的审美体验等角度来丰富其城市美学。

文化生态学是 20 世纪兴起的跨学科研究领域,美国人类学家、新进化论代表斯图尔德(Julian Haynes Steward)于 1955 年的著作《文化变迁论》中首次提出"文化生态学"。其理论在认识文化及其所处环境时,一改传统的文化决定论、环境决定论,强调文化和环境的相互作用,研究环境、生物有机体与文化的辩证关系,指出生态环境的差异造就了不同的文化形态及其发展,反过来文化形态也改变了环境。文化生态学将生态学只有生物学上意义,扩大为解释人类及其文化环境关系,使生态系统包括了社会、文化、政治和经济因素。应用到城市研究上,主要是侧重于城市空间,如比例平衡理论认为城市的社区是一个社会体系,有着政治、经济、宗教等各种各样的功能需求来维持城市社区,这些功能决定着城市空间的分配,使其达到均衡状态。

柏林特的城市美学研究引入文化生态学理论,并结合审美活动来分析城市环境塑造和体验,将其发展为审美生态学,阐述其对城市环境的意义。柏林特将城市发展模式划分为三种。第一种是城市因人的居住、不断迁入和发展,由地理、气候、经济、政治等因素形成的"历史偶然城市模式"。第二种是体现工业社会的效率、理性、标准化和可替换,城市设计和社会秩序如机器一般精准刻板的"机器城市模式"。第三种是将城市视为一个有机的生态系统,有机和无机、社会和文化等各种因素相互依赖,使各个参与者互利互惠,确保一种持续平衡的"生态系统城市模式"。

柏林特认为,由于将城市视为一个完整的生态系统,人的经验与城市环境是相互影响的,而人在艺术和环境中的参与性审美经验类似于人在城市环境中的体验,因此审美参与"能够成为创造审美生态的基础,它能够被审慎地运用到城市环境设计中,从而为城市景观更加人性化提供指南"[1]。柏

---

① [美]阿诺德·柏林特:《审美生态学与城市环境》,程相占译,《学术月刊》2008 年第 3 期。

林特试图将连续性结合生态文化学,发展出他所说的审美生态学。柏林特是在"感性学"的意义上理解审美,即指各种感官的感知,于是所有的环境体验——包括了生态文化学视域下的城市环境体验——都可以被理解为审美性的;参与审美和生态文化学的城市环境体验都需要互动、相互促进;还有,无所不包、彼此依赖的环境就是一个生态系统,需要参与审美的模式来体验:人并非站在自然之外静观、认识和运用自然,而是参与到自然中,成为其中一部分。因此柏林特认为,参与审美可以应用于文化生态学的城市,参与审美的体验可以为文化生态学的城市环境的改善和设计做参考。

柏林特试图在审美参与的基础上,以审美价值引导城市环境的整个生态,促进丰富与满意的城市生活。审美的城市生态不是客观的、物质的生态,更多包含着人的感知经验因素。环境审美的价值不只是在自然风光区建别墅与景观,对公园、园林、城市街道的欣赏,以及保护城市的古建筑或恢复荒野的原貌。城市的环境审美必须超出对漂亮、整洁、秩序这些表面现象的追求,发掘城市环境美感的历史、文化因素,以及对人的生活体验甚至生活模式的影响。

柏林特阐述道:"审美生态学关注感官知觉和感官意义。当审美生态学与人建环境联系在一起时,它就成了基于经验的体验生态学。又因为它是无所不包的,它是一种融合的生态学,一种在审美融合中展示得最为充分的生态学。那么,至少,我们有了一种生态系统模式。在这一模式中,审美考虑不仅引起重视,而且被视为最为重要的因素。在人、对象以及生态系统的正常运动等所组成的相互关系中,生态体验成为中心特征。因此,审美生态意指一个具有明确知觉特征、结为一体的区域——音响、气味、肌理、运动、韵律、颜色;与活动着的身体相关的体积宏大的块体;光线,阴影和黑暗,温度;等等。所有这一切融汇在一起。需要说明的是,我这里所讨论的并非一个完全受控制的生态系统,一个范围广大的环境;作为这个环境的一部分,我们的知觉体验完全程序化了;相反,我所描述的是:像城市景观那样的生态系统,其审美特征在环境设计中具有重要意义。只有重视城市景观的审美特征,我们才能减少或排除负面的知觉体验,才能增强正面的知觉体验。"①

柏林特将"参与"作为审美的生态城市的灵魂,在审美方式上是从静观分离转变为参与介入审美对象中去;城市环境不再是视觉上的整齐划一、外

---

① [美]阿诺德·柏林特:《审美生态学与城市环境》,程相占译,《学术月刊》2008年第3期。

形上的优美,需要人各种感官体验的舒适,追求这些感觉的生态美。如城市建筑的大小和位置、内部空间的组织和安排、道路的宽度和方向、公园和广场的设计、江边或海边的滨水景观,商业区宜人的步行街等,追求人的运动感知体验的丰富。城市应该减少工厂和交通的噪声和废气、各种嘈杂的声音;保留风的呼啸、雨的淅淅沥沥、鸟儿啾啾、狗吠猫叫、流水潺潺等自然的声音,感受人们交谈、孩子玩耍和父母的呼喊、人群的熙熙攘攘等鲜活的生活的声音。而审美的生态城市避免热岛效应,着重于保护自然生态,在温度的感知上追求宜人。

柏林特还认为审美的生态城市必须结合文化与政治功能,涉及学校、大学、研究所、图书馆、博物馆、工作室等文化机构。还有社会关系、行为模式、习俗与传统的非物质文化因素也应受到重视。柏林特指出,相对于环境保护及相关活动的兴盛并日益受到重视,环境审美的关注远远不足。而环境审美的价值不只是在自然风光区建别墅与景观,对公园、园林、城市街道的欣赏,以及保护城市的古建筑或恢复荒野的原貌。环境审美必须超出对漂亮、整洁、秩序这些表面现象的追求,发掘环境美感的历史、文化因素,以及其对人的生活体验甚至生活模式的影响。

柏林特审美生态学的城市环境还以艺术欣赏经验为借鉴。"艺术揭示了人们感觉世界的样式(方面)、感觉的环境。不同的艺术帮助我们对不同感觉方式、不同的感觉特性的微妙之处产生敏感;所有的艺术能训练我们环境经验的丰富与深度。"[1]柏林特用绘画、音乐、雕塑、建筑、舞蹈和戏剧的欣赏为例,指出绘画能促进人们对城市的颜色、形状、结构、光影等的感受:城市的建筑群可以比拟为形状和尺寸,其分布模式、建筑密度、人群活动可以比拟为绘画的肌理;并从绘画的视觉转换为环境体验,有助于将城市的平面设计图转换为城市各种关系和体验的综合。音乐可以成为背景,促进人对城市交通、商业、娱乐等各类人类活动声音的感受,雕塑促进人对城市质量与容积的感觉,建筑促进人对城市质量、容积与人类活动的感受。

城市公共汽车、有轨电车和地铁等交通工具,可以视为规划师和交通工程师所设计的现代舞蹈。这些交通工具的运动因为路线的设计、时间表的安排、城市关系的表现,是相互协调、有规律性的,这些运动如何更精妙协调和舞蹈有着异曲同工之妙。而人们共同参与的城市环境可以视为复杂的即兴剧院,人们的生活是这部戏剧的主题,决定了剧情的发展、剧院的设计;同

---

① Arnold Berleant, *Sensibility and Sense: The Aesthetic Transformation of The Human World*, Charlottesville: Imprint Academic, 2010, p. 125.

时城市环境这座剧院使每个人都是有创造性的艺术家,又是积极参与的观众。这些艺术的审美体验帮助人对城市有多方位、丰富的了解和体验,促进改造和谐舒适的城市环境。

柏林特的审美生态学在城市环境是一个整体生态系统、涉及社会文化的各种因素的视野下,指出审美因素的重要性,弥补了文化生态学对审美因素的忽视;以经验融合为切入点,认为参与审美的经验和城市环境体验的一致性,并比较城市环境体验和艺术审美经验的类似,以艺术为审美的城市环境创造提供较为切实可行的借鉴。审美的生态城市也是生态性与人文性的统一、实用性与审美性的统一。

三、城市生态的审美范式

提出审美生态学的城市环境之后,柏林特继续思考理想的城市生态审美范式。柏林特以帆船、马戏团、教堂、日落情境为功能性、幻想世界、超自然的精神维度、宇宙体验的典型,示范其环境美学对城市审美的方式与体验。柏林特希望以此来展示城市给予人的各种经验维度,弥补单纯将城市视为功能性环境的缺陷,进一步发展他提出的审美生态学。

柏林特在阐释方式上采用他推崇的“描述美学”阐释方式,类似于海德格尔《艺术作品的起源》及其后期许多文章的诗意性语言,都没有采用客观、理性、严谨的语言,而是散文般饱含情感、详尽地描述细节。当然,比起海德格尔语言的晦涩、内涵丰富,柏林特的“描述美学”要通俗和浅显许多。

第一种城市生态的审美范式是帆船所代表的功能性环境。柏林特从帆船的设计造型、水手的感受和经验、水流和风云的各种变化,描绘帆船是一个帆船、水手、水流、风、云等因素综合起来的环境。帆船这种功能性环境的启示是探讨环境的结构和关系时,人具有中心参照地位;帆船的航行既是借助机械计算,更是凭借人的经验感知能力在水面上乘风破浪,船上各种机械力量、船员的力量和智慧的体现。

帆船的城市生态审美范式启示在于,城市环境是各种力量的聚集和综合,应该以人的感知为尺度,满足人的各种经验,提供给人们文化和生活的各种需要。以人的感知为尺度,体现在城市的场所使人有舒适感、宛如归家,而非给予人压迫感、将人吞噬的钢筋水泥怪兽。柏林特认为城市环境要创造出体验的连续性而非静止、要满足人的各种经验需求,使人在城市里感到安全、舒适、活力和愉悦,成为一个人性化的环境。

第二种城市生态的审美范式是马戏团所代表的幻想性环境。空中飞人、大象骑师、驯兽人的精彩表演和神奇技巧令人惊叹,小丑揭示了人类的欲望、情感和缺点,使观众在发笑时发现自身的缺陷,动物的秩序、理性和控制展现了人的特征。马戏团的狂欢激起人们心中原始的激情,人们沉迷于惊奇、滑稽和震撼,这是现代社会罕见的场所。柏林特是借马戏团来说明幻想世界普遍存在于城市文化中。首先是博物馆、电影院、歌剧院、书店、音乐厅、马戏团等文化场所;其次是园林、街道、广场、喷泉、塔、商店等城市景观设计;接着是城市灯光的高度、角度、亮度、色彩的设计,将城市呈现出不同景色;还有城市的湖泊、山峦、滨水、草原等地貌特征,少数民族地区的独特风貌和节日盛典。

第三种城市生态的审美范式是教堂所代表的宗教性神圣环境:"不同于帆船的功能性环境和马戏团的幻想性环境,教堂唤起的是超自然环境,通过物理的、社会的和精神的显形与存在交流。"①教堂是一个神圣的场所,其所有设计和陈设都是为了净化人的精神,产生崇敬感。柏林特将哥特式教堂比喻为高耸的山峰,对周围有着难以磨灭的影响,需要投入全身心来攀登。教堂的内部是一个完整的环境,若明若暗的光线、五彩斑斓的玻璃、大量的绘画作品和雕塑、装饰精美的圣坛、被踩踏得凹凸不平的石地板、赞美诗和唱诗的回荡、圣餐的面包和酒、焚烧的香料,既是感知的环境,也是精神的宝库。"然而,教堂不仅创造了一个知觉的环境,它还是一个富有精神意义的宝藏。教堂是避难所、墓地、博物馆、知识宝库和祷告的场所,一个感受到存在却又无法表达、面对着不可知的神灵的神圣之地。"②

教堂为城市美学提供了不同的模式,其呈现出一种文化、情感和生活意义的象征。教堂在现代经济社会中显得尤为重要,能让人在这里找到归属,感到宁静与自在。教堂还是神圣的场所,这些神圣的场所还包括历史纪念馆、纪念碑、公墓等。神圣的场所充满意义,唤起人们与历史的联系,使人们意识到他们参与到历史的连续性中,激起人们心中的崇敬感、神圣感。

另一方面,摩天大厦也属于这种文化象征的建筑。摩天大厦进入人们生活的时候,不再是贪婪的象征,而是为了满足人们的需要:在城市中心建造花园,绿化广场并提供长椅让人休憩,用喷泉缓解城市建筑外形上的单调,重新设计建筑群的形状、秩序和方向灯。这都改变以往摩天大厦的金钱和权势的象征与对人们的压迫,力求使其更人性化。

第四种城市生态审美范式是日落时分的宇宙环境。日落情境有着光

①　Arnold Berleant, *The Aesthetics of Environment*, Philadelphia: Temple University Press, 1992, p. 67.

②　Arnold Berleant, *The Aesthetics of Environment*, Philadelphia: Temple University Press, 1992, p. 68.

线、色彩的变化,使人产生敬畏的静默。而且日落见证了生命的开始,人类从原始到文明的过程。"正如教堂的神圣性环境,日落这个无可避免的天体运动作品,使人感受到自然的敬畏肃静。日落始于时间的开端,所有的物种、现代人与原始人,都是这个过程的见证者。日落时分,我们进入时间、星际空间和宇宙运动构成的永恒之中。神灵的显现使人敬畏,而宇宙的力量可以征服人。"①柏林特的日落情境审美经验,有着张若虚《春江花月夜》里"江上何人初见月?江月何年初照人?"的感慨。城市日落情境的审美得出的启示,是城市并非自给自足或者与自然隔离,城市要和自然世界和谐相处,甚至要意识到城市是处在运行不息的宇宙中。由此对城市的观念会有所启迪:城市要适应自然的力量、条件、节奏。

功能性的环境、幻想性的环境、宗教性的环境、宇宙性的环境构成了城市事物环境系统,而且它们给予的启示,是城市环境感知、活动、意义的多样性。城市的环境美学表现出的新特征,分别是艺术和生活的连续性、艺术的动态特征、带有人性特征的实用主义。

城市宇宙性的审美范式的提出具有重要意义,城市一直以来都被视为人与自然抗争所创造的人造环境,也是人类中心主义的典型环境,展现的是人的力量、技能和需求。中国古代的城市追求天人感应,如秦都城咸阳以渭河代表天汉(即银河),渭河两旁建筑宫殿林立,与天上坐落在银河的星群相对应;位于中心的咸阳宫,则是对应主宰万物的天帝所居住的紫宫(紫微宫),咸阳宫的中心对应北极星;并修建连接咸阳宫和渭河两岸的横桥,对应横过天河的六星阁道,象征天帝从北极星出来降临各处。可见这些城市更多是对星象、上天迷信式的敬畏,显示皇权至高无上的威严及上天赐予的统治地位,以此祈求庇佑。

四、荒野城市的隐喻与游客的城市审美体验

对荒野城市隐喻、外来者的城市体验的研究,是柏林特审美生态学的城市环境体验的新范式。柏林特指出城市是文化的绿洲、经济的中心、政府的要塞、文明的根基,有着各种发展思路和隐喻,如"园林城市"是自然与社会的结合,建设伊甸园般的乐土;"森林城市"是对自然的尊重,自然是宜人的家园;"机械城市"是技术对自然的征服;"沥青丛林"是不法横行的罪恶之地,并有纠正罪恶的幻想中的"无形城市"。柏林特研究"荒野城市"隐喻所

---

① Arnold Berleant, *The Aesthetics of Environment*, Philadelphia: Temple University Press, 1992, p. 69.

提供的生活视野,以及生活在其中的经验,却是以此作为反面的典型,展现城市的不利因素和经验。

柏林特分析城市的荒野隐喻,不像园林和森林那般有着人的耕种,与人相处融洽,荒野是城市黑暗的隐喻:压制与敌对。在这方面荒野与城市有许多类似的地方。站在摩天大厦上俯视城市,正如站在峭壁或高高树上俯视荒野;汽车废气正如烈日下沼泽地腐叶的气味;穿行在建筑或街道中正如走在密集的树林里;汽车或罪恶的威胁如同荒野中致命野兽的危险,持续地影响着人们。荒野城市的隐喻没有本体论上的身份,也不是中立的客体,而是文化的产物。

柏林特认为,作为隐喻的荒野能够更好地帮助我们了解城市的负面经验。莎士比亚形容罗马是虎狼的荒野,而且只有城市有荒野的隐喻,形象、深入和全面地介绍了城市的经验,并促使人们反思文化的意义与发展方向,反省整个社会的价值观与生活模式。柏林特还提及中国古代官员归隐田园、纵情山水,隐逸生活是诗歌、绘画长盛的主题,指出田园山水也能成为和谐的文化中心,是荒野城市反思自身的一面镜子。与此同时,隐喻之间也能互相影响,荒野的隐喻影响着我们的城市经验,反过来城市经验也影响着我们对荒野的理解。直到后来,荒野是城市的隐喻,城市也是荒野的隐喻。

园林城市、森林城市、工业城市为城市设计提供目标、理想模式,但是荒野城市和沥青丛林是让城市设计与发展引以为鉴,尽可能避免其弊端。荒野城市隐喻的作用是帮助人们意识到其缺陷,当认识到这些的人越多,就越能对其进行限制。这些缺陷在经济时代还包括为了利益的恶性竞争与好战等行为对人的威胁和压迫。柏林特重申其美学观,即环境、经验有着身体、文化、历史的综合作用,荒野城市隐喻的内涵在不断变化。直到19世纪,荒野才逐步从黑暗、危险转变为友善宜人的自然,而荒野的隐喻促使人们发生改变,终有一天起不再反映城市的黑暗面,而城市也变得宜人舒适,成为园林式城市或森林式城市。这也是柏林特研究荒野城市隐喻的最终目标。

柏林特对城市环境体验的研究,除了立足于城市居民的角度,还尝试从游客的角度来展开研究。柏林特以戏剧来比喻外来者对城市的体验:城市是一个舞台,城市的各种因素是这个舞台上的主角和配角,每天都在上演着喜剧和悲剧。在游客看来,城市的地理位置、建筑、景观、文化特点、历史、社会生活使其充满魅力。如旧金山在山区,日内瓦、西雅图、华盛顿可以俯瞰群山,赫尔辛基和多伦多毗邻大海,而里约热内卢兼备上述地理特征,都给游客留下与众不同的深刻印象。

城市的宏伟建筑、精神文化活动也是这个舞台上的重要角色。这包括了博物馆和图书馆收藏的文物、艺术品和文献,文化社团的艺术表演、体育赛事,民众的节日庆典,公园、街道、俱乐部和剧场等丰富多彩的休闲活动;还包括了城市的发展活力,其所充满的希望和机遇、浪漫因素,都是城市的积极一面,是城市上演的喜剧。然而城市还有其悲剧性的一面,如其治安状况、交通的潜在危险、不合理的城市建筑、城市的废气和噪音,使游客感到不安和困惑。柏林特指出,城市的喜剧和悲剧是其重要的审美范式,生活在城市中的居民或许已经习以为常,但是对游客来说具有极强的冲击力,是对城市环境体验的有益补充。柏林特的游客城市审美体验有助于人们反思、认识和改造城市环境。

第三节　建筑审美研究

一、“参与”的建筑观

在柏林特看来,建筑不是材料所建造的独栋楼房或居所,而是人参与其中的环境,也是参与周围场所的环境。柏林特认为设计所体现的建筑与地方的关系,表现了设计者观念中人与环境的关系:疏离、分隔、拥抱、平衡、连续性与融合。在建筑与地方的关系体现的设计理念,有单个的、分格式的、有机整体的、地质学的。单个的建筑设计,是一座孤立的建筑,高高地耸立,如摩天大厦或教堂。人们在远处就能看到,附近的地方被其遮掩。分格式的建筑设计用围墙、栅栏、道路划出清楚的界线,其内部自成一体,如同一个巨大的单细胞生物,郊区社区的一座座房子正是这样。

大范围的建筑领域需要有机整体的建筑设计,将居住的、文化的、商业的目的联结起来。通过颜色、外观的一致,构成整个区域的有机整体统一,如大学校园作为一个整体的环境。地质学的建筑设计是考虑到所在地方的地理客观条件,尽量做到建筑结构与地方的和谐。体现地方的自然环境特性,在此基础上进行设计,是接受多于强加。传统农居就是因地制宜,当代的著名典范是“流水别墅”。

在柏林特看来,这些建筑设计展现了人类的生存方式,分别投射出人们的环境观念,决定着人们的环境体验。由此而来的环境体验分为两种:心理学的或者观察者模式、上下文或者情景模式。这两种模式实际就是柏林特美学理论中反复提及的对立审美模式,一种是二元论,保持距离的非功利静观审美,一种是人与环境的一元论,参与到环境中的审美。通过对比,柏林特阐明了人与环境的相互影响、相互形成,人与环境的连续性,再由此回到环境设计的讨论上:要保持人与环境的连续性。

毕竟环境设计领域不是柏林特的研究擅长,他只是从环境审美方式的改变、审美经验的拓宽为环境设计提供参考。同时以日本园林等非视觉型的静观欣赏景观为借鉴,呼吁改变西方传统的观察者范式景观设计。或许更有价值的理论是以连续性来阐述环境是人生活在其中,时刻对人的经验起着决定性影响,改变人们欣赏、设计环境的观念。

二、"场所"理论与描述美学

建筑现象学兴起于 20 世纪六七十年代,理论基础是胡塞尔的现象学还原、海德格尔的栖居、梅洛-庞蒂身体感知现象学,这与柏林特对环境的身体感知和描绘的理论与方法论极为相似。虽然说柏林特的研究范畴是包括建筑在内的环境,而且他的一元论是大多数建筑现象学的学者没有意识到的,但是他们的理论有相似之处。

建筑现象学接受了海德格尔的存在之思,认为科技使人遗忘了物何以为物,虽然修筑了很多建筑,却有人无家可归;空间并非绝对的"一",建筑可以因四重保护建造出不同的空间。著名的挪威建筑理论家克里斯蒂安·诺伯格-诺伯舒兹(Christian Norberg-Schulz)的《场所精神:迈向建筑现象学》认为建筑应该成为场所,成为人类生活展开的空间。"场所"是具体事务的总和,它们一同形成了场所的本质和特征。诺伯舒兹还引用了海德格尔对诗歌《冬夜》的分析,指出场所的特点是具体化和差异性,具有独特的认同或"精神",弥补了科学凸显的普遍性和一般性;场所还开创其空间。场所的具体化是体现了其所在地区的地表、沙土、植物、水流等地理和景观特色,以及风俗文化等人文特色,不是罔顾地方特色的千篇一律。场所的精神是将人的居住、建筑的建造和所在环境较好地融合,认识到人在自然中的位置,如北欧建筑要适应冰雪、寒风、迷雾,非洲建筑要适应炎热甚至沙漠等,具有独特的环境意象。

诺伯舒兹认为场所筑造了一个人类的世界,能给予人认同感和方向感:"认同感和方向感是人类在世存有的主要观点。因此认同感是归属感的基础,方向感的功能是使人成为人间过客,自然的一部分。"①即认同感使人归

---

① ［挪］诺伯舒兹:《场所精神:迈向建筑现象学》,施植明译,华中科技大学出版社 2010 年版,第 21 页。

属于一个场所,定居下来;方向感使人认识到自己身处何处、与自然和事物的关系。可见场所呈现人的存在和居住,都是通过认同感和方向感——都属于人的感知——来实现。人们通过身体从五个方面感知场所:物体、物体之间的秩序、情感特征、光线、生活节奏;而场所精神又分为浪漫的地方(多变形式)、宇宙般的地方(单一形式)、古典的地方(不同的秩序清晰地结合)、合成的地方(前三种类型的复合)四种。

芬兰建筑师尤哈尼·帕拉斯马(Juhani Pallasmaa)在《建筑七感》中列举了各种感知,如声响、寂静、气味、触摸、肌肉与骨骼的感知等。E.瑞尔夫(E. Relph)、段义孚运用现象学方法描绘和分析人对场所、空间、环境的体验。斯蒂芬·霍尔总结人们感知建筑的"现象区",由各种情感、记忆、色彩、光影、气味等构成。柏林特对建筑现象学并不陌生,在研究审美参与的时候他将审美方式分为"对象模式"、"活动模式"与"参与"模式,而"活动模式"以梅洛-庞蒂和博尔诺的理论为典型。布诺弗是海德格尔的学生,是建筑现象学学者,他的"生活空间"延续了此在在世界中的存在,关注人的日常环境。他将人的生活空间以人的生活为中心,由内至外分为家、街道、城市、景观或区域、地域或国家几个等级,展示生活空间的尺寸是由人的存在决定的。

柏林特接受并从环境美学的角度发展了"场所"理论。柏林特的场所与建筑现象学最大区别是建筑的地位与作用。建筑现象学仅仅以人的身体感知为中心,以人的身体感知为建筑体验的界限、轴心,其如何决定着人的体验;柏林特将场所提升至与人同等的地位,反复强调场所"邀请""吸引"人参与其中,在思考人的感知对场所体验的决定性作用的同时,突出场所是如何左右着人的感知经验的。建筑现象学始终视建筑为外在的,而且是次要的、被动的,柏林特的环境与人互相渗透、互相影响观念,具有核心地位。

柏林特的场所思想独特之处还在于彰显审美的核心作用。其认可建筑现象学和人文地理学强调文化、人类情感对于场所体验的重要意义,同时更进一步指出审美是决定场所的关键因素。正是审美维度使场所区别于千篇一律、单调乏味的工业社会建筑,成为人诗意栖居的家,审美如同普罗提诺的太阳,照亮了场所的每一个角落。这是因为场所的辨别和感知正是审美的欣赏方式。首先,是以人的审美感知方式而非物理特性,将场所与其他环境区分开来,它或者是一座楼房、一所教堂、一条街道、一个广场,或者是一座城市、一个地区、一个乡村。其次,人们积极和专注地融入其中,运用的是直观审美方式而非理性认知、伦理思考,以身体的各个感官深切感受,是参与的审美方式。"场所既不是一个物理位置,也不是一种心理情境。确切来说,环境是有意识的身体与某一特定场所的交融。"①最后,场所体验得到的主要是审美体验。场所之所以为场所,是人们珍爱的地方,是因为其对人有着独特的意义,可以抵达人内心的最深处,具有神圣感。场所的神圣感促使人审美地融入其中,并为神圣感所吸引、震撼和折服,产生审美体验。柏林特以福雷的《安魂曲》、贝多芬的《第九交响曲》、巴赫的《马太受难曲》和罗斯科大教堂这些具有神圣感的艺术作品,阐述神圣感如何激发审美体验。

此外,柏林特描绘环境审美经验的"描绘美学",也是建筑现象学的重要方法。柏林特回顾美学研究的方式,其中以"实质美学"(substantive aesthetics)的发展历史最悠久、影响最深远,它主要是研究艺术的特征、体验和意义等本质上的命题;还有近几十年开始盛行的"超美学"(meta-aesthetics)则是搁置这些大的命题,以更务实的方式界定什么是艺术、从各种角度研究艺术的分类及其影响。柏林特提倡的是用诗意语言叙述艺术和审美体验、直接引导欣赏者进入审美活动的"描述美学"(descriptive aesthetics)。柏林特认为,传统美学的实质美学与超美学等方式不能很好表达环境美学的审美体验,只有描绘美学这种带有情感、体验的方式才能全面和深入地描绘。因为描绘美学是欣赏者投入审美活动中去,而不是旁观静观式的叙述研究,能够描绘出环境美学的参与式审美经验,即人与环境的结合——连续性审美经验。

柏林特认为描绘美学糅合了自然诗和自然写作的性质。描绘美学具有自然诗激发读者的在场感,通过语言来将注意力集中到环境特色上;自然写作则是激发读者对自然的热爱和好奇,引导读者投入作者的游历和沉思中去。描绘美学除了拥有这些之外,还有思想的追求:"它提供了反思的机会,促进和更新我们对艺术、美学的理解,读者的体验也会随之变化。读者被吸引到审美的参与中,获得更丰富的审美体验,这正是成功的探究的追求。"②

柏林特认为描绘美学显示了杜威所说的"进行中"(doing)或"经历中"(underdog)的审美体验,即审美体验中所固有的活跃而敏感的审美意识。柏林特还认为描绘美学能促进批评理论,帮助批评理论避免科学那样只是专注于一件事物而导致偏见和孤立的困境,由关注事物转为关注环境,带来一种广博整体的视野。于是,批评就不只是对艺术品、景观的简单说明或介

① Arnold Berleant, *Aesthetics and Environment: Theme and Variation on Art and Culture*, Aldershot: Ashgate, 2005, p. 84.

② Arnold Berleant, *The Aesthetics of Environment*, Philadelphia: Temple University Press, 1992, p. 37.

绍,而是从整体阐述它的背景、特性、复杂而生动的体验以及与人类生活的丰富内涵。

柏林特的描绘美学在建筑学中广泛运用,能够弥补量化指标的片面和僵化,渐渐成为建筑理论界一个严谨的研究方法,与实证、文献考据、数据分析等方法论享有同等地位。环境心理学研究建筑体验(包括室内空间体验)的方法有形容词量表、多项分类、问卷、实验室实验、文字描绘等。形容词量表是将形容词分类,然后将某一形容词划分等级,如美丽分为很美丽—较美丽——一般美丽—较不美丽—不美丽五个等级,以此了解人们对建筑的体验。形容词量表法又称为词义差别法,是早期的主要研究方法。多项分类法要求人们根据自己的判断对建筑或室内照片进行分类,并运用自己的语言表述其体验。文字描绘则是采用现象学的方法描绘对建筑的体验,弥补定量研究方法的不足,"作家和艺术家作品中包含着未被重视的关于人类怎样感知世界的丰富材料,艺术修养的实质在于能够精炼地鉴别人的基本体验因素。"[①]

美国建筑理论家克里斯托弗·亚历山大在 1977 年的《图式语言》中,使用"图式"来揭示建筑和城市的环境结构,是用一段文字和一个简单的图解来描绘经典场景。"图式"的描绘是人对场景的直接和全面体验,包括物质形式、人的感情、宗教与历史联想。英国城市设计理论家高登·库伦的《城市景观》记录了他考察景观的报告,有部分报告是对景观主观体验和联想的描绘。

城市设计理论家凯文·林奇的《城市意象》,研究波士顿、亚特兰大、洛杉矶三个城市的意象,其研究方法是询问调查,让调查对象勾勒出城市的地图、结构,并用文字描绘他们对城市的体验。这些描绘文字是带有主观情感的,尽管不能像散文般优美、详尽,却标志着主观描述在研究城市意象中是不可或缺的。

20 世纪后半叶在西方出现的建筑人类学,强调在特定环境中,观察、体验和分析建筑的习俗背景和文化内涵的视野与方法。建筑人类学与建筑学的差异主要体现在五个范畴上:建筑学注重创新,建筑人类学注重其固定因素;建筑学以"空间"形态看待建筑,建筑人类学以组织化概念的"制度"看待建筑;建筑学将建筑看成"建成的环境",建筑人类学把建筑看成与人互动的"场景";建筑学注重"视觉"效果,建筑人类学更关注身体的"触感"体验。这和柏林特的环境美学也是所见略同。

---

① 　林玉莲:《环境心理学》,中国建筑工业出版社 2006 年版,第 301 页。

第四节　天空审美研究

一、"参与"的天空审美

作为一个富有开拓性的美学家,柏林特将眼光投向更广阔的领域——天空。柏林特指出,天空的星际无穷无尽。他举例说,月球距离地球38.44万千米,太阳距离地球1.496亿千米;距离太阳系最近的星系半人马座阿尔法星系,也离地球有4.3光年之遥。

天空的欣赏不像山川河流、大海沙漠、城市乡村审美受到地理条件的限制,而是随处可见,只要走到室外就可以仰望天空。在柏林特看来,天空审美不是静态的过程,而且其知识基础也是非常丰富,包括科学知识、神话传说和艺术作品。科学知识对天空审美至关重要,基于科学知识人们可以清楚地了解地球、行星、恒星、银河系和宇宙各星系的情况,这都左右着天空审美体验。如人们在欣赏月亮的时候,除了欣赏皎洁的月光、一轮圆月或如钩弯月,总离不开月亮的距离、大小、表面地貌甚至运行轨迹等知识背景,这都构成月亮审美体验的一部分。

柏林特认为,科学知识对天空审美的重要影响,是运动性带来的审美立足点的转变。传统恒定、静止的审美立足点将不复存在:地球自转,同时围着太阳公转。这就挑战了寻常的审美视野,当审美领域触及天空时,相对静止的地球实际也是一直在运行移动。于是天空审美活动实质是以人的视野为出发点,是随着人的视野和位置的变化而变化,所谓的客观只是科学的虚构,也再次证明了柏林特所遵循的"参与"理论现象学方法的合理性。

运动性还是天空的特性。如可以停留在离地400千米的天空上的空气,分为对流层、平流层、中间层、电离层,如同流水一般,都是流动着的媒介,虽然稀薄却更难以捉摸,同时也能够承托起气球、降落伞、滑翔机甚至飞机等大型物体。而现代科技使人们突破大气层的限制,飞向太空之后,人们能够通过太空望远镜、宇宙飞船和火箭等,从地球之外获得天空的审美体验。这都不同于地面上的欣赏体验,大大扩充了天空的体验。

科学还能为天空审美带来视野的颠覆性转变——天空审美还包括从太空欣赏地球景色的审美体验。从太空欣赏到的地球景色,空中的云景与地上的风景是浑然合一;大海、山川、河流、乡村、城市、工业区都别有一番情景。于是,"这就需要思考,究竟是人们站在地面上所欣赏的景观,还是从天空上或者是外太空所观察到的地面景观才是真实的?"①柏林特的回答是两者都是真实的,而且各有各的规则,不能以一方来否定另一方,它们的根本区别只是人所观察的位置不同而已。而在茫茫宇宙中,地球只是沧海一粟,人们要开始习惯从地球表面、地球上方、地球下方甚至地球内部来欣赏景观。柏林特由此指出,所谓的"真实""客观"只是相对的,正如天体物理学和太空旅行改变了人们对天空、宇宙的观念,神话传说和象征也曾经是天空观念的重要组成部分。

柏林特引用康德对天空审美的论述,证明科学知识不能在天空审美活动中一家独大:"所以如果我们称星空的景象是崇高的,那么我们必须不把对它的评判建立在这样一些世界的概念上,这些世界被有理性的存在物居住着,而我们现在所看到的布满我们头上的天空的光点,就是他们的太阳,在对他们来说安排得十分合目的性的圆周上运动着;相反,如我们看到它的那样,星空只是一个包容一切的穹隆,而我们必须仅仅在这个表象下建立起崇高来,它是由一个纯粹审美判断赋予这个对象的。"②

康德在《实践理性批判》中有一句格言流传广泛:"有两样东西,人们越是经常持久地对之凝神思索,它们就越是使内心充满常新而日增得惊奇和敬畏:我头上的星空和我心中的道德律。"③康德这里所指的星空不是理性、科学和激发人探究无限宇宙的认知欲望的星空,而是感性、审美和使人震撼的神圣星空。

柏林特进一步指出,如果完全依靠科学知识来展开天空审美,那么天空将会展现出另一种景象:太空中充斥着多年来卫星和宇宙飞船造成的太空垃圾,它们被撞击或爆炸后的微粒不计其数,在其轨道上飞行着;宇宙的黑洞、暗物质、暗能量等恐怖场景,等等。这都冲击着人们仰望天空所看到的美丽、神圣和崇高。

柏林特认为仅仅有科学知识是远远不够的,会使感性的天空审美变为理性的认知活动,科学知识在天空审美中虽然必不可少,但是神话、象征等文化内涵也不可或缺。柏林特阐述道,天空的审美经验是如此的纯粹和深刻,自然审美经验罕有如此的具有震撼力和想象力,在人类的许多时代与神话和宗教有着不解之缘,神话和象征曾经在天空认知中起到的作用,即解释宇宙、展现了人与宇宙的关系、激发人们探究宇宙的奥秘。同时,天空还是

① Arnold Berleant, *Sensibility and Sense: The Aesthetic Transformation of The Human World*, Charlottesville:Imprint Academic, 2010, p. 141.
② [德]康德:《判断力批判》,邓晓芒译,杨祖陶校,人民出版社2002年版,第110页。
③ [德]康德:《实践理性批判》,邓晓芒译,杨祖陶校,人民出版社2003年版,第220页。

想象的,是激发诗意的源头,感受宇宙的无穷无尽即使科学技术昌明、人类已经登上月球飞上太空的今天,神话、象征和诗意依然有存在的必要,否则天空将会是单调的天空。柏林特提倡一个拥有多元化的宇宙形象、拥有多种神话的天空,诗意、想象和科学可以和谐共存的天空。

柏林特指出,许多天体的距离过于遥远、体积过于巨大,超出了人类寻常理解的极限,人类无法把握其"真实"面貌。即使是天体物理学上的计算,那也只是一串精确数字,难以帮助有效的把握。因此天空审美很多时候实质属于崇高。人类对宇宙天体的理解和欣赏,许多时候是通过太空望远镜或太空飞行器拍摄的照片来展开,这些照片虽然是必需的,但只是所拍摄的天体的某一部分。这正是通过所拍摄到的部分来显示整体,于是想象在这里就起到窥一斑而见全豹的作用。宇宙是如此的浩瀚无垠,如果不是借助于想象,任何人也无法拥有宇宙的整体经验和印象。柏林特在这里令人信服地证明了想象和诗意的天空的重要价值。

而想象在天空欣赏中起到另一个作用的,是地球生态系统观念的构成。柏林特指出与巨大天体不一样,人们可以理解一个三维的地球全景,但是在现实中人们更多是从生态系统的想象来理解地球,即地球是一个盖娅女神般的星球,是生机勃勃的生态系统,人类是这个生态系统中的一环。虽然说地理、生物和生态学科揭示了地球上各种生物的相互依存,但是依然是站在人类的研究立场,并非地球之外长期、整体地观察包括人类在内的生态系统得出的结论,将人类"放置"入生态系统,是想象、总结、推理的共同成果。生态系统既是客观的描述性观念,也是包含主观的解释性观念,是基于事实的构想。生态系统的概念早已远远超出最初生物学上的意义,衍生出文化生态学、社会生态学、深层生态学、生态女权主义等思潮,而这些思潮都是以想象为核心。

柏林特的天空审美研究还有特殊的意义:从天空的角度来思考地球生态系统,甚至设想太空生态系统是否可能。从天空的角度思考的意义,在于拓宽了生态系统。观察、感知地球不限于地球上,从外太空来观察地球;或者视地球为银河系数以千亿行星中的一颗行星,而银河系只是宇宙数以千亿计的星系中的一个;这都会改变人们对地球生态系统的认识和感知。柏林特还由此追问是否能够将地球生态系统扩充为宇宙生态系统,结果是否定的。首先,他认为地球生态系统的根本宗旨是和谐——生物与环境之间、生物与生物之间、人与环境及生物之间的和谐,而宇宙却是混沌的。其次,人类对地球生态系统了解很深,而宇宙还有太多的奥秘有待发现,如宇宙的构成、宇宙的大小、宇宙是否是有秩序的,等等。这都决定了宇宙生态系统观念尚不能成立。

柏林特总结道,天空审美更多是崇高,从天空反观地球生态系统的欣赏是优美;面对着无垠宇宙带来的崇高,怀着敬畏之心、认识到自身微不足道的人类,更应该热爱和保护地球之美。柏林特的天空审美研究放眼天际,视角独特,运动性、立足点的变迁是天空审美的特性;观点新颖,科学、人文和生态共同构成了天空审美,而天空之美是人类不可把握的崇高;落脚点却是地球,天空之美更能激发对生态系统的保护。

二、太空社区审美研究

柏林特的环境审美研究并不止步于天空,还追随着现代天空技术的发展,研究太空社区环境。柏林特指出,人类航天技术日新月异,太空火箭、宇宙飞船、空间站已经成为现实,人类走向太空、探索宇宙势在必行,建造适合人类长期居住的太空社区不再是梦想,审美应该成为太空社区设计的重要考虑因素。

柏林特指出,审美因素在太空社区的设计中占据重要地位。柏林特认为任何社会集团,不管其所处的时代和社会结构,都需要审美和艺术。因为人类生活环境的建造都需要满足人的各种物质和情感需求,包括审美的需求。一个人性化、合理的太空社区应该基于审美和道德的需求。柏林特借用丸山的四种环境设计模式来证明,第一种是把各单元整合为一个富有形式感的结构、以几何形和对称为形式构图的同质化模式;第二种是空间组织随意划分为独立、缺乏关联单元的隔离模式;第三种是空间各种因素相互作用、保持和谐平衡的自我平衡模式;第四种是各种因素和谐地相互作用、富有变化和具有敞开性的形态发生模式。柏林特推崇后两种环境设计模式,认为太空社区设计不能以技术为唯一的标准,道德和审美必须参与其中,各种因素共同作用,感知体验是和谐的,并且具有多种的可能性:将太空社区环境的创造变为一种艺术行为。

相比于地球环境,太空社区更多是人类所创造和控制的空间特征,包括温度、湿度、气候、气压甚至日照和重力等,这将对人们的感知体验、生活和情感带来巨大影响。在这样一个和日常环境千差万别、独立封闭的环境中,如果设计不合理,将会给人带来严重不适甚至患上精神病。因此柏林特认为,在太空社区的设计中有必要确立文化、审美和道德的目标。

柏林特还指出,许多地球上的空间概念在太空社区都失去其原有意义,人的感知方式、感官体验也大为不同。在发生巨大变化的环境中,审美体验成为理解存在过程的一部分,失重或者完全不同的重力,光线、声音的传播也不同于地球,这时候欣赏到的环境或艺术是对自身和环境的一种反思:"随着环境的巨大变化,审美体验帮助我们理解存在的过程。艺术将会成为我们适应太空生活的重要模式。"①

太空社区环境会产生新的艺术材料:重力、气压、光线和尺寸都发生了变化,使艺术材料、创作方式、作品规模有别于地球环境。还有就是太空社区环境中的艺术难以长久,将艺术品的材料循环使用进行再创作。柏林特总结道,太空社区的艺术呈现出不同的形式特征,产生独特的审美体验,使太空社区更为人性化,达到激发审美和道德行为的目的。换而言之,即使随着科技的飞速发展,人类从地球走向太空,太空社区环境的设计也应该以"参与"审美理论为指导准则。

---

① Arnold Berleant, *The Aesthetics of Environment*, Philadelphia: Temple University Press, 1992, p. 105.

第四章　环境批评:审美价值与伦理价值的统一

柏林特总结了"参与"审美模式的环境审美经验,研究了环境批评、环境审美标准和环境崇高等环境审美批评理论。环境批评是柏林特借鉴了艺术批评,指出环境批评有分析、评价环境与创造优美环境功能。环境审美标准论反对客观标准,提倡多元的环境审美标准。环境崇高批判破坏环境的人为事故和灾害,指出其对环境的伤害远远超出了人的感知范围,激发人们保护环境的责任感。环境审美价值的反思则是强调审美价值对环境伦理学的学科理论基础价值以及环境保护的现实意义。柏林特的环境批评理论旨在提升人们的环境鉴赏能力与鉴赏水平、提倡多元化的环境审美标准、批判破坏自然的环境灾难、追求环境的审美价值与伦理价值的统一。

第一节　环境批评论

瑟帕玛是最早研究环境批评的学者之一,他宣称:"环境美学就是环境批评的美学。"①瑟帕玛的环境批评分为两个层次,第一个是元批评层次,环境批评就是环境批评哲学——环境批评的批判,即环境美学。这个层次的环境批评分为描绘、阐释和评价三项任务,而环境美学要把握这三个任务,创建一个展示观赏者如何欣赏环境,以及环境作为审美对象如何起作用的模型,即提供一个衡量体系。

第二个是评论、研究层次,与艺术批评、建筑批评相对应。瑟帕玛认为环境批评部分属于建筑研究,而环境批评和建筑批评最大的区别在于建筑批评主要是视觉的分析,环境批评需要考虑所有的感官。环境批评的任务是对一个环境对象的描述、阐释和欣赏,深入探讨这个环境对象,指引观赏者的欣赏和提出问题。虽然瑟帕玛认为不能指导观赏者得出相同的结论,环境批评可以通过和谐、对称、秩序、关系、节奏等审美形式标准,恰当性、特性、多样性、生态上的持续性、可操作性等审美内容的标准,以及"美的""优雅的""漂亮的"等术语建立环境批评模型。例如保持得很好的原始

---

① [芬]约·瑟帕玛:《环境之美》,武小西、张宜译,湖南科学技术出版社 2006 年版,第 151 页。

环境的环境批评,就可以运用"本真性"的批评模型来重点展开,具有独特意义。

瑟帕玛认识到了环境批评在环境美学中的特殊地位和非凡意义,分析了环境批评的三个步骤,但是他持分析哲学的理性主义立场,企图建立一个标准化的环境批评模型,可以放之四海而皆准,一劳永逸地进行环境批评的问题。瑟帕玛的哲学基础还是二元对立和普遍性,忽略了审美的瞬时性和个性化,僵化了丰富多变的环境,正如传统美学希望为艺术审美立法,注定难以成功。还有就是瑟帕玛的环境批评主要关注自然风光和人造景观,即优美环境,忽视了许多人造环境甚至恶劣环境。可以说,瑟帕玛是最先提倡环境批评的环境美学家,但是欠缺体系研究,同时由于停留在二元对立的哲学基础,缺乏可操作性。

柏林特受到杜威艺术批评和瑟帕玛环境批评的启发,看到艺术研究史中艺术批评的作用,提出环境批评也应该在环境美学和环境研究中占有重要地位。柏林特指出,伦理的、政治的、生态的和规划的环境批评或评论的文章很多,"虽然环境的审美批评很早就已经开始,但较少清晰的阐述,更多是以碎片化的形式,与道德批评、欣赏性描述和阐释性说明相联系。它也在诗歌中可以发现。"①

也正是因为还没有形成真正意义上的环境批评,所以柏林特提倡环境批评时,首先要解决的大难题是环境批评的合法性和可能性,即环境批评是否有存在的必要及可行性? 柏林特总结了几种可能对环境批评的诘难,详细分析回应。

对环境批评的第一种质疑,是环境不能像建筑或者景观那样能与周围区别开来,因此没有适当的批评对象。在现实中,一座大厦、一座教堂、一个亭子、一个花园、一座桥、一个纪念碑,都明确地与周围环境区分开来,所以人们能够准确地对其欣赏、研究。但是环境并不像建筑那样泾渭分明,而且环境概念的多样性和含糊性,更是使人们难以对其把握。

柏林特指出,虽然环境与人是一体、相互包含,不能被对象化而导致没有明确的界限,不像艺术品那样能够区别于其他事物,但是这不能成为环境批评的障碍。柏林特认为将身体化的感知体验作为检验标准,特定场所的感知和行动的范围可以决定环境的边界,正如胡塞尔的"感知领域的界域"(horizon of our perceptual field)或者梅洛-庞蒂的"空间性的原点"(the zero

---

① Arnold Berleant, *The Aesthetics of Environment*, Philadelphia: Temple University Press, 1992, p. 201.

point of spatiality)。环境是多重的,而且是以人的感知为中心,由当时的感知范围界定了环境的边界,既有公园、风景等景观的环境,也有衣食住行活动的环境。

柏林特举例,人们既可以对园林、社区房屋这些边界明显的环境进行审美批评,也可以对缅因州的布鲁山展开批评,边界包括远处被眺望到的海港;还有旧金山海湾的航行中,环境的边界包括山上的城市、金门大桥、莎萨利托和伯莱克。这样一来,环境批评就具有可能性。柏林特还以音乐和舞蹈这些传统艺术边界的模糊性、观念艺术等后现代艺术最大限度地消除艺术的物理构成,证明环境批评与艺术批评一样,都并非关于对象而是关于体验。

对环境批评的第二种质疑,是艺术批评能针对创作出作品的艺术家,而大部分环境是由自然界力量和许多代人共同创造的结果,难以对其起源展开评论。柏林特首先回应道,即使是部分艺术作品,评论者也并非知道其起源和作者。其次,从宏观的角度来看,无论是历史还是环境都能在历史活动和过程中找到起源——河流有形成的历史,正如油画也有形成的历史。再次,从社会的整体性来看,无论是环境的形成,还是许多艺术作品的诞生,都有着许多人的贡献——如罗丹的雕塑需要助手、铸造工人和国家的资助来一同完成。最后,柏林特指出,对起源研究不只是针对某个创作者,而是针对形成过程的知识和体验——它们对艺术作品和环境的欣赏都产生影响。

对环境批评的第三种质疑,是没有审视和评判环境的传统,没有环境批评的历史。柏林特回应道,其实建筑、园林、景观等部分环境类型有评价的传统,建筑批评有其历史;而且如果一直不承认环境具有艺术一样的审美地位,环境批评也不可能有其真正的历史,所以承认评价环境、环境批评很有必要。

对环境批评的第四种质疑,是没有可以比较并阐明其独特审美特征的艺术类型。如小说可以和诗歌相比较,绘画可以和雕塑以及摄影相比较,戏剧可以和电影相比较,而环境似乎无法与任何艺术相比较。柏林特反驳道,在环境被纳入审美领域之后,在审美体验上环境和艺术有着许多相似之处,可以做比较。如大海的奇妙光线可以和特纳的海景画相比较,英国的乡村景观可以和康斯太伯的绘画相比较,反过来德彪西的《大海》可以和大海的变幻相比较;京都园林的台阶、近景和远景随着人的位置而变化,正如戏剧的结构一样一幕幕展开。

对环境批评的第五种质疑,是没有专注欣赏环境并及时回应的观众。柏林特指出,否定拥有欣赏环境的观众是源于静观和分离的传统美学,将观众与审美对象保持物理距离和心理距离。而"参与"美学是鼓励观众参与艺术欣赏,艺术欣赏和环境欣赏在审美模式上是一致的,正如有参与到艺术中审美的观众一样,环境欣赏也有其观众。可见柏林特在回应对环境批评的各种质疑时,也是清晰深刻地阐释了环境批评的批评对象、历史、可以比较的艺术批评类型、观众等重要问题,为环境批评研究的展开厘清了脉络和思路。

由于较少有环境批评的先例可以借鉴,而环境批评有时候与建筑批评有相似的地方;也因为建筑是环境的一部分,以及建筑批评的广为人知,有不少人会将环境批评与建筑批评混为一体。柏林特在思考环境批评时,觉得比较其与建筑批评的差异很有必要。柏林特指出建筑批评或者是被视为一个对象,探讨它的功能、内部与外部的设计特征;或者是置于一定背景中,比较建筑与同一设计师其他作品或比较不同设计师的作品、介绍其蕴含的政治、社会内涵;或者是将其置于关系网络中,分析其与毗邻建筑及所在地区的和谐程度。但是环境不是一个人之外的对象,人是环境中一个重要构成部分,环境的边界以人为中心,建筑批评局限于对象化的规划设计,忽略了明显环境审美的整体感知经验和意义。这些感知经验丰富和深化了环境审美,有利于环境的创造和环境的感知,思考环境与人的相互影响。

柏林特提出运用人文地理学、环境心理学和现象学等围绕环境感知的各种学科的方法,是环境批评和建筑批评的差异之一。还有,许多环境没有新建筑中所具有的对建筑师的推崇。建筑师的名气对其设计的建筑的评价有着重要影响,建筑大师给其作品烙上深深的个人印记。但是大多数环境的形成中没有唯一的著名设计者,即便是景观设计、建筑设计也会慢慢成为环境,设计师隐而不现。

此外,环境欣赏和建筑欣赏的方式不同。在外部对建筑的欣赏,主要运用视觉把握建筑的整体外形,如它的形状、线条、高度、对称;进入建筑内部,也是欣赏其内部装饰的形态和材料等视觉因素。柏林特指出对环境的感知经验是全方位的,包括所有感官,这是一个更真实、更全面的观点,但是困难在于展开分析批评的时候不像环境批评那样具有可操作性,或者说,更有惯例和有章可循。柏林特也意识到了这个困难,因此选择描绘美学来展开环境批评。

柏林特借鉴艺术批评,将环境批评分为四个阶段。批评第一个阶段是展开描述,如绘画作品的主题、形象,小说的故事和主题,舞蹈的表演方式,音乐作品的演奏技巧,以及欣赏者等;而环境描述不仅包括一处景观、城市生活社区或室内环境,还包括人的反应、人在其中的活动及其所蕴含的意义。

批评的第二个阶段是解释,分别为将艺术品置于其产生的历史时代和影响的历史解释,比较和对比解释,关于记述作品创造的传记解释,技巧分析的解释等,都适用于环境。如环境的历史解释,可以用来解释这片土地的构成、树木的成长、墙壁的变化等。

批评的第三阶段是解释的策略,这是分析和评价的基础。解释的策略有语境的、形式的、符号学的、神话的、心理学的、道德的、社会的和政治的解释框架。解释的策略最终形成了精神分析批评、马克思主义批评、新批评、符号学批评和解构主义批评等思潮。而环境批评也能运用这些解释的策略,需要这些多角度、多层次具有洞见的解释策略。

批评的第四阶段是批评性的评价,即是评价一件艺术品的价值,使优秀的艺术品脱颖而出,并在优秀的艺术品中加以比较,挑选出最优秀的作品。柏林特还指出艺术作品价值的评价,容易为道德、政治等因素或教条所左右;而环境需要人参与其中,专注于环境体验,不容易受上述因素影响,在这方面环境批评是艺术批评的典范。当然,柏林特认识到批评的这些阶段是相互联系的,而且也并非按部就班地遵循顺序,在实践中可以根据实际情况和批评家的需要灵活运用。

柏林特的环境批评是建立在丰富而全面的环境审美经验上,尤其是自然、景观审美主要被明信片化和《国家自然地理》式的摄影视觉所统治,使人们的欣赏几乎都聚焦于视觉的构图、颜色、层次等画面,人们只是沉醉在环境的某一方面的美,忽略了其他方面的美。这种片面的审美不断反过来控制对自然、景观的欣赏,形成通行的模式,将其他方面的欣赏排除出去,影响到了设计、摄影、文学等艺术。

环境规划设计出于经济、实用、安全等角度,早就超越了视觉为主体的局限,综合视觉、听觉、触觉、嗅觉等感知研究环境的噪声、空气污染、拥挤、个人空间,甚至涉及潜意识的生态知觉的人在空间中占有位置的方式,但是环境的审美经验却大大落后。美国心理学家马斯洛提出人由低至高层次的五个需求:生理、安全、爱和归属、尊重、自我实现,对环境的研究也是经历了这么一个从较低需求到较高需求的过程。

与有着长久传统的艺术批评相比较,环境批评一直以来被忽视。然而环境关系着人的生存状况、生活经验,与人息息相关,环境批评的地位应该置于艺术批评之上。环境批评没有得到应有的地位,一是对环境的认识有一个过程,对环境的重视在工业化时代才开始。二是对环境不像艺术般泾渭分明以及容易把握,有部分环境批评以建筑批评、景观批评、城市设计批评的形式存在。三是环境美学的环境批评是一个全新领域,要求较高,能对环境展开阐释、评价,要求拥有生态学、建筑学、设计学和美学、伦理学、社会学等各方面的知识和涵养,其知识和涵养的要求比文学的环境批评要高。四是观赏者受到被视为非功利、超现实的传统美学的束缚,主要是欣赏艺术领域(包括建筑、景观、园林,当然它们一直都不是艺术的核心领域),尚未有欣赏环境的审美习惯,因此环境批评成为潮流尚有待时日。

环境批评的功能可以从艺术批评得到启发。艺术学由艺术原理、艺术批评和艺术史构成,艺术批评既是艺术原理的实践运用,评价艺术作品的价值,为艺术史提供实证材料支持,还推动了艺术创作和艺术欣赏活动。可以说艺术批评贯穿了艺术活动的整个过程,促进了艺术创作、艺术欣赏、艺术研究的开展。周来祥先生说:"批评介于创作和欣赏、艺术家和欣赏者之间,成为二者的中间环节。创造和欣赏水平的提高,促使艺术批评提高,艺术批评的提高,又反过来推动创造和欣赏水平的进步。"[1]

环境批评正如艺术批评一样,使环境成为人们日常生活的审美对象,形成审美热点,学者鉴赏、评价环境,提高人们对环境的鉴赏力,不断推动新的环境潮流,促进美的环境的创造。环境批评的重要意义还在于使人们更多地关注环境的审美维度,使环境的审美价值获得与其经济价值、保护价值、历史价值和伦理价值一样的地位;使学者和大众形成环境审美欣赏的审美兴趣,并促进环境设计的提升,创造更美的环境。"当环境批评建立起自己的话语体系,将会获得与环境问题重要性相匹配的权利和影响。承认环境的审美价值并且充满鉴赏力和智慧地赞扬它,是人类文明人性化艰难过程的重要前进步伐。"[2]

以耶鲁大学英文系教授布伊尔·劳伦斯(Lawrence Buell)为代表的生态批评文学批评潮流,是与环境美学几乎同时兴起的流派,生态批评与生态音乐、生态艺术理论有相似之处,都是持生态批评的眼光对文学作品展开评论,阐发生态保护的观念。布伊尔后来将生态批评更名为环境批评,因为他意识到"生态的"一词强调某种程度的科学背景,至少应该掌握较专业的生态学知识,不能很好地概括这个批评运动的范围。因此尽管"生态批评"这个术语更为新颖、更有吸引力,学术界也更为熟悉,

布伊尔还指出,美国1992年成立的"文学与环境研究学会"(ASLE),是生态批评的正式机构,其会刊是《文学与环境的跨学科研究》,被认为是

---

[1]　周来祥:《论艺术批评的美学原理》,《学习与探索》1984年第5期。

[2]　Arnold Berleant, *The Aesthetics of Environment*, Philadelphia: Temple University Press, 1992, p. 144.

生态批评最权威的刊物。这都表明，所谓的"生态批评"研究的并非"文学与生态的关系"，而是"文学与环境的关系"，可见"环境批评"是一个更加恰当的术语。布伊尔在一次学术访谈中也承认，采用"环境批评"这个术语，还有关注自然环境之外的人造环境的目的。

　　文学领域的环境批评的对象是文学作品，受众是作品的读者和作家，目的是阐释、评价作品中的生态观念和环保思想，从而引导读者关注生态和环境，增强其环境保护观念；同时促使作家创作更多的生态作品。环境美学领域的环境批评，其对象是城市、乡村、景观、自然等各类环境，受众是观赏者和设计师、建筑师等环境设计规划者，目的是阐释、评价环境的美，从而引导观赏者发现、欣赏环境，激发对环境的热爱（包括对大自然的热爱），增强环境保护观念；同时促使设计师和建筑师创造美好的环境。

　　布伊尔对生态批评的概括如下："一、生态批评通常是在一种环境运动实践精神下展开的。生态批评不仅把自己看作从事学术活动的人，他们深切关注当今的环境危机，还参与各种环境改良运动。他们相信，人文学科，特别是文学和文化研究可以为理解及挽救环境危机作出贡献……二、生态批评是跨学科的。宣扬美学上的形式主义或是学科的自主性是成不了生态批评家的。生态批评特别是从科学研究、人文地理、发展心理学、社会人类学、哲学（伦理学、认识论、现象学）、史学、宗教以及性别、种族研究中吸取阐释模型……三、随着该运动的壮大，生态批评这一术语的含义也越来越复杂。起初使用它的是研究自然写作及自然诗歌的文学学者，着眼的是非人类世界及其与人的关系。"①

　　布伊尔指出，当下的生态批评处于第二波浪潮，不只是文学，一切有形式的话语都可以成为环境的符号，如音乐、摄影、影视等环境艺术甚至更广阔的环境文化。生态批评的任务不只是鼓励人们重新接触自然，还要帮助人们认识到人类是生物圈的一部分，纠正以往各种错误的生态观念。可以看出，布伊尔的生态批评的对象远远超出文学作品，研究方法是人文和科学兼容并包，内容涉及日常生活经验和行为，任务是帮助人们树立正确的生态观。

　　格伦·A.洛夫（Glen A.Love）则是布伊尔所说的第一批生态批评学者，在其《实用生态批评：文学、生物学及环境》中，他说："本书旨在研究文学阐释，研究就环境来说文学中已经发生的事，正在发生的事、将要发生的事及

---

① ［美］劳伦斯·布伊尔、韦清琦：《打开中美生态批评对话的窗口——访劳伦斯·布伊尔》，《文艺研究》2004年第1期。

不发生的事,或者说,在文学中给予阐释。"①

国内生态美学因为侧重于审美的生态视野,而且实践对象主要是具有生态意义的文学作品,其实也属于生态批评。曾繁仁认为生态批评是一种包含着生态维度的文学批评,通过对文学"价值重建"的绿色阅读和倡导一种坚持生态立场的"环境想象",促使人选择与自然共生的生活方式。曾繁仁对《诗经》的生态美学解读,指出《诗经》分别有包括生态人文内涵的"风体诗"、反映初民本真爱情的"桑间濮上"诗、家园"怀归"诗、反映先民营造宜居环境的"筑室"诗、反映古代农业生产规律的"农事"诗、敬畏上天的"天保"诗、秉天立国的"史诗"、古代巫乐合一的"乐诗"、建立在古典生态平等之上的"比兴"艺术手法,都属于生态批评。

曾繁仁对中国传统绘画艺术中的生态审美智慧的分析,认为国画是一种中国特有的"自然生态艺术"、其散点透视有别于西方人类中心主义的角度透视、其"气韵生动"是将大自然作为有生命的灵性之物、其"外师造化,中得心源"来源于天人合一的生态智慧、其"可行、可望、可游、可居"与"意在笔先、寄兴于景"符合人与自然和谐的精神。

可见文学的环境批评还需要文学作品这一媒介,环境美学的环境批评则是直接面对环境本身,两种环境批评不分优劣、高低,都有重要意义。但是当下文学的环境批评在国内外正日益成为显学,研究者众多,环境美学的环境批评却鲜有提及。文学批评的传统长久,自古以来就有历史性批评、现实意义批评,20世纪的马克思主义、女性主义、后殖民主义等文学批评风起云涌,在环境意识高涨的当今社会,文学的环境批评被重视是顺理成章。

不过文学的环境批评与柏林特的环境批评相比,研究对象、研究方法以及研究目的大相径庭。相对而言,柏林特的环境批评更具理论深度,研究对象更为宽泛,也更有现实指导意义。一直以来因为传统美学的作茧自缚,使人们罕有直接欣赏环境,反倒要借助包括文学在内的艺术才能更好地欣赏环境,更有甚者只有艺术的环境批评,没有环境的审美批评,这种情况应该改变。虽然说艺术不是"影子的影子"——单纯的模仿,还有再创造的效果,有助人们欣赏环境,但是抛开媒介直面环境也必不可少,所以真正的环境批评正当其时。在柏林特看来,开展环境批评,提升大众的环境审美水平,同时也会提升环境的伦理水平与环境保护意识,这也是环境美学的重要现实意义。

---

① 　[美]格伦·A.洛夫:《实用生态批评:文学、生物学及环境》,胡志红等译,北京大学出版社2010年版,第14页。

第二节　多元化的环境审美标准论

柏林特的环境审美标准论是在回应卡尔松的批评的过程中,而不断成型和发展成熟的,这证明了批评和论争对学术研究的推动。而柏林特的多元化标准与卡尔松的客观化标准是环境审美标准的两种代表性观点。

卡尔松在《论阿诺德·柏林特的环境美学》中的第二个批评,就是批评柏林特的"参与"美学太具主观性,缺乏客观标准。他认为柏林特看似反对审美是欣赏者的个人主观体验,但"参与"美学依然还是主观的。他批评"参与"美学强调个人完全沉浸在环境中,抛弃了主客二分立场,使欣赏者无法真正做到客观地欣赏,审美判断带有一种主观而非客观的色彩。卡尔松引用柏林特阐释"参与"美学的话语,然后认为这种个人主观意识完全投入的欣赏,正如父母对自己儿女的欣赏、情侣之间的欣赏,难以得出客观的经验。卡尔松反对自然主观意识相结合得出的审美经验,认为理想的审美是自然和客观经验相结合所得。

柏林特在回应卡尔松的批评时,先是质疑审美"客观普遍性"的合法性,认为这是康德的理想性构想,是为了其本质认知论的理论完美,并非严谨的理论推断。与审美的客观标准相对应的,是康德的共通感概念,其实也只是建立在推断之上,是一个主观性的设想。

这是柏林特和卡尔松关于环境审美标准论战的一次短兵相接,初步表现了双方的立场和观点,他们继续发表文章对这个问题展开探讨。其实卡尔松对环境审美的过程想象得过于简单,将逻辑思考的条理性赋予审美活动。即使掌握足够多的环境科学知识,直接以知识观察环境,未必可以真正欣赏环境之美,即便欣赏环境也不会因为有客观的知识而得出客观的审美经验和标准。因为审美是感性的活动,有时候知识未必起主导作用;有时候知识经过人的内化和取舍,得到的是个人的经验,审美经验不是知识与欣赏对象的简单相加。卡尔松首先犯了逻辑上的错误,其次缺乏对审美的真正理解。

在《环境价值》杂志上,柏林特和卡尔松就环境审美标准再次展开正面交锋。卡尔松的《当代环境美学与环境保护论的要求》将"参与"美学和自己的科学认知立场进行详细的比较,继续引用休谟的理论批评柏林特在环境审美标准上缺乏主观性。柏林特的《景观美的再思考》进一步瓦解休谟和康德的审美标准论,提出环境审美标准的多元化。

卡尔松提出,现代环境保护论要在现实景观的保护工作中发挥作用,这需要其纠正传统自然美学的五个不足:人类中心主义、迷恋风景、肤浅、主观、道德缺失。而这五个不足是环环相扣的,其核心是自然审美的主观性,柏林特的"参与"美学正是传统自然美学的代表;卡尔松认为科学认知主义是客观性主导的自然审美,符合其倡导的非中心、关注环境。卡尔松强调审美客观性的理论源头来自大卫·休谟,指出《从论趣味的标准》开始,对审美判断的客观性探索已经成为美学的主题。客观性在环境美学和环境保护领域尤为重要:"如果自然美学不能为自然审美价值提供一个客观判断标准,那么审美价值将被视为无用。失去了客观性,环境政策制定者或许会犹豫是否要承认审美价值及其重要性。"①卡尔松是担心环境决策者因为审美的主观性而怀疑其价值,所以高举客观性的大旗。

卡尔松虽然引用休谟为环境审美客观标准的理论支撑,但是休谟将客观性建立在博学资深批评家判断上的做法,仍然不能满足卡尔松的要求;他最后只能含糊地表示,如果环境审美采纳他所提出的科学认知主义,运用客观知识严肃认真地欣赏的话,将会具有客观性。卡尔松希望环境审美有一个放之四海而皆准、可以标准化和量化的客观标准,使环境政策制定者能够对环境审美价值一目了然、无可置疑。卡尔松的出发点是希望环境的审美价值能够像其经济价值一样可以被人客观地认识、衡量,当两者产生冲突的时候,环境决策者能够科学、合理地判断。这种情况在现实中比比皆是,例如一条高速公路要穿过山川,一座大桥要跨越历史遗迹,城市老街区的开放等,这些对环境、景观的开放带来的经济效益是可以估算的,但是其审美价值因为没有标准来估算,常常被忽略掉了。因此卡尔松认为环境美学应该拥有客观标准,在这种情况下为环境保护提供理论支持,反对一味追求经济价值。

卡尔松为环境保护的迫切性所驱使,向美学提出无理和不切实际的要求。尽管出发点是好的,但卡尔松对环境美学的苛刻要求,就近乎要求环境伦理学能运用客观、有效的标准,使每个人读后必然会展开环境保护的行动一样,却不符合实际情况。环境美学只有通过理论开拓和建构,在此基础上广泛地展开环境审美教育,才能使社会大众和环境政策制定者充分地认识到环境审美的价值,推动环境美的保护;而不是环境美学家像生态学家、环境学家那样,直接提供环境审美标准和环境美的证明。就这一点而言,柏林特的"参与"美学恰恰可以弥补卡尔松的不足,具有广阔的前景。

---

① Allen Carlson, "Contemporary Environmental Aesthetics and the Requirements of Environmentalism", *Environmental Values*, 19(3), 2010, pp. 289-314.

卡尔松引用休谟作为其理论支撑,然而休谟虽然提倡审美趣味有其标准,但是恰恰反对审美客观性:"美不是物自身里的性质,它只存在观照事物的人心之中,每个人在心中感受到的美是彼此不同的。"①当然,休谟认为对不同时代不同国度的人的审美进行概括,还是可以总结出规律,得到一定的审美标准。正是因为如此,荷马史诗无论是在古希腊时期还是在休谟的时代,都为人们所喜爱,然而这和卡尔松的审美客观标准有着本质的区别。

柏林特的《风景美的再思考》则是对卡尔松环境审美客观标准论的再次回应。其论文摘要:"(本文)试图证明客观的和普遍性的审美标准一直以来是建立在缺乏支持的假设或仅仅是论断的基础上。本文为审美趣味判断提供新的思考,认为审美的客观性和普遍性是将不恰当的逻辑判断强加于审美标准,审美客观标准就是错误的。审美标准无可避免是经验主义的。这决定了社会学家、心理学家、历史学家、人类学家对判断标准的多元化,美学家应该也是如此。而风景美是环境审美标准的多元化的测试。"②

柏林特是以风景审美为示范,证明卡尔松的环境审美客观标准不切实际。柏林特首先反思美学史上影响最大的休谟和康德的审美标准理论,驳倒卡尔松的理论支撑。柏林特指出,无论是休谟还是康德都没有主张审美判断具有认知的普遍性。休谟认为审美虽然是主观的,但是人类天生的审美判断主要规则是统一的,具有敏锐感受能力、丰富审美经验、深厚知识的批评家能总结出大众大致认同的判断标准。不过休谟承认审美标准也会存在差异,这是不可避免的,却也是可以解释的。休谟意识到对同一事物的审美标准只是理论上的完满,但是在实际审美时由于条件不尽相同,所以审美趣味的主观性在所难免。既然审美情境是多样化的,审美趣味也是多样化的。康德从人先天的感知能力出发,认为审美虽然是主观的,但是因为人具有共通感,使每个人都具有相同的审美判断——康德称之为"主观普遍性"。康德的共通感只是他对人感知能力的设想,完全无法证明的,并且超出了人的审美经验。

柏林特以风景审美活动来推翻休谟和康德的理论,指出他们的理论基础都是主客二分的,认为审美对象是客观恒定的,人的感知能力是相似的,因此审美体验是普遍的。这是纯粹的理论推断,而且是艺术品客观化、对象化的思维方式,然而风景却是千变万化的:风景会随着一年四季、日夜交替、风雨雷电、清风吹拂、云彩漂移、光线阴晴而变化。如果说艺术作品还能勉

---

① [英]大卫·休谟:《休谟经典文存》,喻青主编,上海大学出版社 2002 年版,第 38 页。
② Arnold Berleant, "Reconsidering Scenic Beauty", *Environmental Values*, 19 (3), 2010, pp. 335-350.

强客观化和对象化的话,具有生命力、与周围环境无法割裂的风景是因时而异、因人而异,彻底破除了不变的审美对象的幻象。于是休谟和康德的审美标准普遍性就不攻自破了。

柏林特指出,因为审美的经验性,决定了传统美学追求的审美趣味的客观性和普遍性是空中楼阁。各种审美趣味的判断实际上是由社会学家、历史学家、心理学家、人类学家和美学家一同追问的主观建构。不同时期的风景审美趣味不尽相同,如森林和山川在某段时期被视为不祥和恐怖的;沼泽、湿地、沙漠的审美趣味也会随着时代的发展而变迁。人对风景的欣赏与其价值取向息息相关,风景感知经验或许会相近,但是不同的价值取向使人对风景的审美判断千差万别。因此在柏林特看来,对风景美的价值判断,需要众多领域的学者共同深思熟虑和交流,而非某个专家可以直接提供客观标准那么简单。

而风景美的价值判断不仅是美学的考量,还是人与世界关系的哲学思想的反映:"这表现了我们如何生存于世界以及我们生存于什么世界?"①于是柏林特认为不能抛开社会、文化、历史来评价风景美,欣赏者会受文化、教育、感知兴趣等因素的影响使审美体验千差万别,美学和哲学无法脱离其文化之根。客观审美价值的观念,将会得出审美价值是外在于人、与人无关的错误哲学观。其言外之意是美学不应该直接为环境决策者提供风景美的价值标准,而是踏踏实实促使整个社会对环境价值的思考,提升环境审美能力。

柏林特还追问,不同文化和民族之间的风景审美有多少标准? 它们是如何迥然有别,应该怎么沟通调和? 风景的审美价值是如何与时俱进、不断变化? 这都为环境审美标准的研究提供了前瞻性的参考,反观卡尔松希望一劳永逸地得出客观的环境审美标准,是不切实际的要求。

卡尔松的客观环境审美标准最大的纰漏在于,他认为以客观的科学知识为审美基础,以客观的视野展开欣赏,就能得到客观的审美标准和审美经验。其科学自然环境模式提出,如同欣赏艺术要了解其艺术门类、艺术流派和艺术手法,欣赏自然必须用其自身术语来进行欣赏:具备地质学、生态学和生物学等知识,以及当地的地域性、民俗的和历史传统知识来欣赏自然。卡尔松的科学自然环境模式和"参与"审美模式是环境美学最重要的两大模式,提倡科学知识在环境审美中的作用,可以和"参与"模式形成互补。

---

① Arnold Berleant, "Reconsidering Scenic Beauty", *Environmental Values*, 19(3), 2010, pp. 335-350.

如果是在艺术领域，卡尔松或许不敢要求美学能提供艺术审美的客观标准，但是他在环境美学提出科学认知审美模式，使他误认为科学认知即审美，客观的科学知识一定会产生客观的审美体验。

卡尔松想当然地以为客观的知识一定会产生客观的审美体验，完全忽略了审美主体的个体差异、不同时期的时代差异和社会差异、不同国度的民族差异，而这些都是"参与"美学的身体化和连续性所关注的。当然，卡尔松的科学自然环境模式对于环境审美尤其是中国的环境审美有着独特意义。

休谟、康德研究审美标准、审美的普遍性，都没有认同审美有客观标准，如康德明确否定有审美的任何客观原则："人们也许会把鉴赏的一条原则理解为这样的原理：我们能够把一个对象的概念归摄入这个原则的条件之下，然后通过一个推论得出这个对象是美的。但是这绝对是不可能的。"[①]反之，他们都认为审美主要还是主观的，欣赏者的欣赏水平决定了其审美活动和审美体验。卡尔松将他们的审美标准具有普遍性等同于客观性，要么是逻辑混乱所致，要么是故意偷换概念，对于追求科学、客观的学者来说，这两种所为都颇具讽刺意义。

第三节　环境灾难与环境崇高论

柏林特的环境批评理论不仅研究环境审美，还包括批判环境灾难的环境崇高。阿诺德·柏林特融合博克、康德与利奥塔的崇高理论，创造性地提出参与性和否定性环境崇高理论。参与性环境崇高属于康德的力学的崇高，体现了人与自然的连续性，消解二元对立，是一元论的"参与"审美模式，人对自然产生敬畏感，获得内心的和谐。否定性环境崇高的是核电站事故、原油泄漏、全球气候变暖等人为环境灾害，以康德崇高的无限性和超越想象，阐释环境灾害破坏环境生态的严重后果；以利奥塔呈现不可表现之物的崇高，阐释表现环境灾害的艺术。参与性环境崇高通过谦卑的敬畏、否定性环境崇高通过震惊之后的愧疚，激发保护环境的责任感。

崇高论的集大成者康德，在《判断力批判》中详尽地探讨了崇高这一审美形态。他将崇高与美进行对比：两者都是反思性的判断力，但美在对象，崇高在主体的心灵；美涉及对象的形式，崇高涉及对象的无形式美被视为不确定的知性的表现；美和质的表象相结合，崇高和量的表象相结合；美的愉

---

① ［德］康德：《判断力批判》，邓晓芒译，杨祖陶校，人民出版社2002年版，第136页。

悦是直接和积极的,对形式的感受直接得出判断,产生促进生命的情感,崇高的愉悦是间接和消极的,先使生命力瞬间阻碍、再产生更为强烈的生命力涌流,包含着惊叹和敬重;美可以和魅力或游戏性的想象力相结合,崇高的想象力是严肃的工作态度。

康德将崇高分为数字的崇高和自然的崇高,后者是阐释自然力量的强大,如"险峻高悬的、仿佛威胁着人的山崖,天边高高汇聚挟带着闪电雷鸣的云层,火山以其毁灭一切的暴力,飓风连同它所抛下的废墟,无边无际的被激怒的海洋,一条巨大河流的一个高高的瀑布"①,本来就属于环境;而前者阐释直观把握的巨大数目概念(即体积的庞大),是以金字塔、圣彼得大教堂、太阳系和银河系等环境为例子,因此康德的崇高和环境本来就有着不解之缘。

纵观西方崇高发展的历史,康德将崇高和环境联系得最为紧密。崇高研究第一人朗基努斯的《论崇高》更多是阐述文学的崇高;博克的《论崇高与美的两种根源》认为自然界的伟大力量激发的惊惧是最高层次的崇高,不过他认为崇高的范畴包括了宗教的神圣庄严、可怕的意象、困难、情感和痛苦等和建筑的庞大、富丽堂皇的景观等环境,将崇高过分泛化。席勒的崇高除了自然,还包括展现自然之间、人的自由与自然之间冲突的世界历史。

黑格尔的崇高只是人类早期第二阶段的象征型艺术作品(其象征型艺术分为不自觉的象征、崇高的象征、自觉的象征三个阶段),具有无限的理念、意义溢出或超越有限的事物,崇高与自然无关。当代崇高理论研究卓有成就的是利奥塔,他认为崇高是呈现不可表现之物,发展了康德的崇高的无限性,但崇高的领域从自然转向了先锋艺术尤其是绘画。

一、参与性环境崇高

柏林特的环境崇高理论是动态发展、持续深入的思考结晶。在 1992 年出版的《环境美学》一书的《艺术与自然的美学》一文中,柏林特首次提及环境崇高(主要是自然环境的崇高),是其环境崇高理论的第一阶段。他指出康德的崇高理论对自然美学给予充分的关注,其崇高观紧扣自然的独特审美体验——自然界力量是如此巨大,以至于人们无法把握和控制,从而产生一种敬畏感。柏林特接着提出,许多特殊环境也属于崇高:"荒漠和冰雪这样极端的环境也是与之类似,它们也可以被称为'崇高',因为严酷自然界

<hr/>

①   [德]康德:《判断力批判》,邓晓芒译,杨祖陶校,人民出版社 2002 年版,第 107 页。

的无法抗拒超出了无利害静观界线。"①"参与"模式不只是主观精神的参与,还是人的身体各感官的参与,更是时代、文化、民族、趣味、个人经验的参与。而参与性环境崇高的欣赏活动,正是"参与"审美模式的最佳诠释。

柏林特巧妙地以康德之矛攻康德之盾:以其崇高欣赏的参与性反驳其审美的非功利性。当然,康德也是以非功利性作为崇高质的判断,自然只是激起人内心的情感,试图将崇高限制于人的内心活动。但是柏林特指出,崇高的欣赏活动中物我合一、情感激荡,自然环境与人的生活乃至生存息息相关,人无法与自然保持距离、非功利地静观。于是柏林特认为康德的崇高其实是参与性环境。参与性环境崇高使人不是观看环境而是生活在环境中,这直接导致人从环境的旁观者变为参与者。柏林特参与性环境崇高和康德的崇高的根本区别在于人与自然关系的变化。康德的自然观是外在、对立的自然,人对抗、征服和利用自然。柏林特的人与自然共生一体的整体自然观将一切事物视为自然的构成部分:包括了人类城市、建筑、社会、文化、人自身以及大自然。自然观不区分人与自然,是包容一切、普遍联系的整体,而独立于人的自然也不复存在,自然已经变成人生存其中、为人所影响和改变的环境。可以说,参与性环境崇高和整体自然观是相辅相成、互为表里,前者是整体自然观的彰显,后者决定了环境崇高的参与性。

将康德的崇高发展为参与性环境崇高后,柏林特还反思崇高的情感是带着谦卑的敬畏,进一步反思人与自然的关系。康德在研究崇高的心理活动时,认为数量的崇高超出人的感知形式,使人产生敬重之情。力量的崇高因其无限使人感到恐惧,但是由于人处于安全的地方没有恐惧,反倒是以人的勇气与之抗衡,发现人独立的评判具有胜于自然的优越性,获得愉悦和升华。人与自然是对抗的关系,而且是人定胜天:"而这在观看者知道自己处于安全中时,都不是真正的害怕,而只是企图凭借想象力使我们自己参与其中,以便感到这同一个能力的强力,并把由此激起的内心活动和内心的静养结合起来,这样来战胜我们中的自然,因而也战胜我们之外的自然,如果它能对我们的舒适的情感造成影响的话。"②

柏林特分析参与性环境崇高丰富多样的情感时,则认为核心情感是带着谦卑的敬畏感,伴随着和谐感,这都是理解人与自然关系的真正尺度。因为无法掌握无限的形式和抗衡自然无穷的力量,康德的崇高是带着恐惧敬

---

① Arnold Berleant, *The Aesthetics of Environment*, Philadelphia: Temple University Press, 1992, p. 167.

② [德]康德:《判断力批判》,邓晓芒译,杨祖陶校,人民出版社2002年版,第109页。

重和敬畏;而自然的终极无限性、超出人的认知的神秘性,使参与性环境崇高带着谦卑的敬畏感。柏林特指出,人起源于自然、生存于自然,人是自然的一分子,自然对于人来说具有终极无限性。即自然是人最初的也是最后的家园,人要生存就必须好好珍惜这个家园,失去了自然,人类也无家可归、无处栖身。自然的神秘性是自然界所具有的诗意的一部分,也超出人的认知,意味着自然的奥秘不能为人类所穷尽。即人与自然的这种神奇关系要远远高于认知关系,试图利用人类的科学技术,掌握自然的所有奥秘、利用和操纵自然,是疯狂而可怕的妄想,最终会使人类为其野心和过错付出沉重代价。

除了谦卑和敬畏,柏林特认为参与性环境崇高的心理活动情感还包括了和谐感。康德的和谐只属于优美,和崇高无缘,柏林特却认为由于人对自然的谦卑,也能得到内心的平静、感到和谐。参与性环境崇高的和谐感本来更能展示自然如何作为人的尺度,可惜柏林特对环境崇高的和谐感一带而过,没有深入论述,不能不说是一个遗憾。

康德的崇高追求超越性:通过崇高人超越数量无限和力量巨大的自然、超越内心的压迫和恐惧。柏林特认为环境崇高体现了人与自然的连续性,使人对自然产生敬畏感,获得精神上的感悟,在参与审美中得到实现,不需要超越。康德崇高理论的精神激荡、超越都是建立在人与自然的二元对立基础上,人视自然为可供认知、审美和利用的对象。参与性环境崇高则保持自然的诗意和神秘,强调人对自然的谦卑和敬畏、追求人与自然的和谐。因此参与性环境崇高是参与性审美模式的阐释和表现,是现代生态观念与传统崇高理论的融合,更是美学学科探索创新的尝试。

二、否定性环境崇高

柏林特并没有止步于参与性环境崇高,随着思考的不断深入,发展出否定性环境崇高理论,崇高的对象也从自然环境扩大为环境灾害和人为环境,研究视野从歌颂自然转为批判人类对自然的破坏。

柏林特首先提出当代环境崇高的特征是否定性。崇高的否定性最先为博克和康德提及:崇高是生命力瞬间的阻滞,使人感到恐惧或压迫,然后是生命力更激烈地爆发出来。相对博克的阻滞生命力是各种恐惧而言,康德的数量上的崇高和力量上的崇高无疑更有影响力。但是柏林特发现随着科学技术的发展,人类可以上天入海、飞向太空,运用科学技术利用地球的各种资源和力量,俨然已经成为大自然的掌控者,大海、火山等自然崇高再也难以激起人的敬畏。于是柏林特指出今天的崇高是环境灾害、人造环境等否定性环境崇高,如搁浅游轮倾泻在海面上、铺天盖地一般的原油;露天采矿为大地带来的巨大瘢痕、将山顶挖掘为深坑;核电站的严重事故等,这些环境灾害在过去都是不可想象的,现实中却屡屡上演。这些否定性崇高有别于康德的崇高仅仅是精神上的斗争,会影响着人的经验和现实生活,甚至还给人带来直接的伤害。如核事故造成大规模人员伤亡,原油泄漏会造成生态危机,摩天大楼直接给人造成压迫感和不适,城市文化环境综合体影响着生活在其中的人们,带来各种否定性的心理侵犯。

其次,柏林特以康德崇高的无限性阐释否定性环境崇高的特征。无论数量的崇高,还是自然力量的崇高,其本质都在于无限性:前者是其规模远远超出了人的感知所能直观把握的范围,后者是因为其无穷的威力使人的力量显得微不足道。柏林特指出,无限性正是界定否定性的环境崇高的性质,如原油泄漏等人为的自然灾害,人们努力运用技术展开计算,希望得到准确的数量估算,但是为自然环境、生态系统带来的危害实际上是超出了人计算的范围:"质疑运用视觉或数学方式来理解否定性崇高的可能性是非常必要的,对于这些人为的自然灾害来说,即使是卫星照片也只是展示一小部分的情况,尚未涉及水面下的污染、对整个生态系统的影响"[1]。就空间而言,其对生态系统的影响——导致生物灭绝和生态平衡的破坏,是难以估算的。就时间而言,其破坏不仅仅持续一时,可能会长达数十年、数百年甚至数千年,这都是不可估算的。

柏林特进一步指出,如果是核战争造成的破坏会像世界末日一般,更是远远超出人们理解的范畴;温室效应造成的两极冰川融化,其后果不是区域性的,而是全球性的、长期性的,对气候变化、海平面上升所造成的灾难性后果也是难以想象的。柏林特还认为许多人造环境如城市环境也是否定性的环境崇高,因为它不单单是建筑群,更是"一个由等级制度构成的文化环境,它的力量是如此的强大,远远超出了我们理性地掌握的能力,以致我们无法直接和具体地想象它"[2]。因此柏林特认为否定性环境崇高超越了想象和理性,不能在想象和理性中呈现。

柏林特还发展了利奥塔的呈现不可见的事物的崇高观,认为环境崇高正是努力表现其无限性。利奥塔认为崇高是对未定性的见证,是对无法显示的东西的呈现。利奥塔所说的无法显示的东西如此在、存在、此刻等,但

[1] Arnold Berleant, *Aesthetic Beyond the Arts: New and Recent Essays*, Aldershot: Ashate, 2012, p. 201.

[2] Arnold Berleant, *Living in the Landscape: toward an Aesthetics of Environment*, Lawrence: University Press of Kansas, 1997, p. 78.

是崇高却又努力将其呈现,因此崇高处于"存在"的"呈现"的张力之中。于是崇高不是艺术家的主观创作,与海德格尔存在真理的解蔽的艺术观一脉相承,使人直面此刻的此在。当然,利奥塔的崇高主要是面向现代先锋派艺术尤其是绘画艺术,缩小了崇高的领域。柏林特认为利奥塔的崇高观道出了否定性环境崇高的本质:因为否定性环境崇高的无限性,所以它是难以穷尽的,但是人们又在努力将其呈现,使崇高处于一种张力中。结合了康德和利奥塔的崇高观之后,柏林特的崇高理论更为完满。柏林特认为享誉世界的、以真实的工业场景为主题的摄影家爱德华·伯汀斯基(Edward Burtynsky)的作品,日本福岛核电站事故后摄影记者拍摄的照片,以及诗歌的隐喻都是试图呈现否定性环境的崇高——努力表现其环境灾害,即使无法表现破坏的无限性。

不过,柏林特其实在这里提出了两种崇高:一是否定性的环境崇高,二是表现否定性环境崇高的艺术。由于两种崇高前后相承的紧密联系,柏林特没有将它们区分开来。这或许是因为没有意识到它们一个是环境、一个是艺术的本质区别,也或许是他将焦点放在否定性的环境崇高上,对表现的艺术轻描淡写。

柏林特否定性环境崇高的创新意义还在于环境与人的关系。康德的崇高是无关利害的,仅仅是人面临着无限的数量、强大的自然时,克服内心的恐惧。柏林特的分析环境崇高则是与人息息相关,或许核电站事故、原油泄漏是地域性的环境灾害,但是冰川融化的影响全人类再也难以明哲保身。地球成为所有人的共同家园,对它的危害直接影响甚至威胁人的生活。

遗憾的是,柏林特没能继续深入研究道德在其中的关键作用,并从心理活动过程来剖析否定性环境崇高。康德的崇高心理分析论,是人先受到压迫,然后在人的内心对抗压力,在对抗的过程中自我肯定、振奋精神。柏林特的否定性崇高心理活动,应该是先感到震惊和恐惧,或者会克服恐惧、振奋精神,或者会产生人类破坏自然的谴责——伴随着愧疚,都会激发对自然的热爱和责任感,立下消除环境灾害、保护环境的决心。相比于康德的崇高,否定性环境崇高多了愧疚,并以此激起责任心。这是一个重要的心理转变过程,以否定来促进肯定,这既是环境美学也是环境伦理学的重要研究领域。

柏林特认为否定性崇高离不开道德的维度,尤其是具有破坏性的否定性环境崇高,谴责是其伦理基础,贯穿其整个过程。相比于环境灾害的道德谴责,否定性崇高清晰、全面地展现了环境灾害的危害,同时伴随着道德的谴责和反省:道德更能激起人们的切身体会和丰富感受,崇高感加强了人们对环境灾害的道德感,反思应该如何弥补过错,是美学和伦理学高度一致、完美地相融。

参与性环境崇高和否定性环境崇高都是为了激发保护环境的责任感,前者是通过谦卑的敬畏,后者是通过震惊之后的愧疚,环境崇高的终点都是环境的保护和改善。这使柏林特的环境崇高具有强烈的现实意义——投入到环境保护运动,而不只是止步于人内心的升华和超越。柏林特的环境崇高展示了如何博取各家之长,在新的时代、新的要求和新的领域发展崇高理论,对崇高的创新性探讨有着重要的参考价值。柏林特直面现实世界的缺陷的勇气,上下求索的精神,独到、开阔的视野,熔古今理论于一炉的气魄,为崇高乃至美学理论如何关注和思考当下提供了典范。

第四节　环境审美的伦理价值

自然环境审美的历史源远流长,建筑审美的开端可以追溯到古希腊的多利亚柱式、爱奥尼亚柱式和柯林斯柱式,然而无论是自然环境还是人造环境审美的价值,主要还是装饰或者精神愉悦功能。柏林特指出,环境美学是一门应运而生的实用性和综合性学科,吸引着各学科的学者参与研究,为其提供了多学科的研究方法和理论基础,同时也使其拥有多元价值:从自然环境的保护到人居环境的建设,甚至对日常生活和社会生活的影响。

柏林特认为"参与"审美模式强调环境审美经验所表现的感知及其意义,能够超越人与世界事物之间的障碍,物我一体,帮助人们体会其中显现的价值。于是"参与"模式的环境审美感知作为环境体验领域的核心,可以促进人类对自然环境的关爱,并成为衡量人性化环境的标准,环境审美因此具有提升环境伦理、建设家园的人居功能的价值。

因为全球性的环境危机,美学和伦理学不约而同地关注环境问题,结出环境美学和环境伦理两大硕果。环境美学将审美领域、审美体验拓展至环境,思考如何创造美的环境、推动环境的保护和改造。环境伦理学则是将人与人之间的关系拓展到了人与自然之间的关系,反省人类在自然界中的地位,应该如何对待自然,选择什么样的生活方式,是当代伦理学的重要变革。正如审美与伦理有着千丝万缕的关系,环境审美与环境伦理也是血脉相连。然而,不像艺术美的伦理观许多时候会因社会文化、政治立场、个人偏好存在着争议,环境美的伦理观却可以成为大多数人的共识。环境美学、环境伦理学的发展,自然会思考两者的紧密关系。

柏林特心系地球环境危机,希望学术可以经世致用;其执教生涯始于社会哲学和伦理学,并一直关注伦理学,其《生活在景观中——走向一种环境美学》反思了 20 世纪中后期以来的全球环境恶化,追问:"当我们的地球正在变得越来越小和越来越拥挤,我们应该如何生活,我们的所作所为对后代会造成什么后果,我们的语言和行动所认可的价值是什么?"①因此柏林特必然将环境美学和环境伦理学联结起来,思考环境审美对环境伦理学的促进作用。

柏林特对环境美学与环境伦理学的思考,首先是认为环境审美价值是环境伦理价值的来源;其次指出环境审美与环境伦理有着共同的目标;最后研究否定性环境体验对环境审美的影响,造成了人们对环境体验的脱敏性。

一、环境审美价值:环境伦理价值的根源

自古以来,都是伦理学高于美学,美应该遵循伦理法则。在《理想国》里柏拉图就是以伦理为美学立法:提出驱逐模仿坏人坏事或软弱的人和事的诗人,只准许歌颂神和赞扬英雄的诗人进入城邦。亚里士多德的欣赏悲剧后的"净化"是情绪的净化,还有益于人的心理健康和社会稳定。近代的康德、席勒虽然讴歌审美的可贵,真正意图却是希望通过美学达成伦理目标,也是伦理决定着审美。柏林特却认为美学不但可以和伦理学平起平坐,甚至还要高于伦理学:环境审美价值是环境伦理价值的根源。

其实在环境哲学领域,美学一向都是处于核心地位。早在环境伦理学和环境美学出现之前,利奥波德以一个生态学家、动物学家的真实体验,敏锐地感觉到环境(土地)伦理与审美有着必然的内在关联,并明确地以此为理论根基。在"环境保护圣经"——《沙乡年鉴》中,利奥波德充分认识到环境审美在环境保护中的重要性,在其收录的利奥波德未发表的序里,他开宗明义地指出"这些文章讨论的是土地的伦理学和美学问题"。② 利奥波德一句广为人知的名言是:"一件事情,当它倾向于生物共同体的完整、稳定与美丽时,它就是正确的;反之,它就是错误的。"③即环境美是环境正义的重要标准,没有环境美就谈不上环境正义。

利奥波德阐述其重要的"土地伦理"概念时,指出:"我不能想象,没有对土地的热爱、尊敬与赞美,以及高度认识它的价值的情况下,能有一种对

---

① Arnold Berleant, *Living in the Landscape: toward an Aesthetics of Environment*, Lawrence: University Press of Kansas, 1997, p. 1.
② [美]奥尔多·利奥波德:《沙乡年鉴》,侯文蕙译,吉林人民出版社 1997 年版,第 215 页。
③ [美]奥尔多·利奥波德:《沙乡年鉴》,侯文蕙译,吉林人民出版社 1997 年版,第 213 页。

土地的伦理关系。"①可见,环境美学与环境伦理学共同构成了利奥波德的环境保护思想的基石,缺一不可。利奥波德以超越世俗利益、人与自然及动物地位划分的审美观来感知、欣赏大地,提出大地审美价值论。由于伦理学与美学理论素养、所处时代等因素限制,利奥波德是根据自身的经验总结,迈出了征途的第一步。

真正联结环境审美与环境伦理的,是创立环境伦理学的哈格罗夫和罗尔斯顿等学者。关于人与环境的伦理证明有后果主义证明、道义论证明、美德伦理学证明、内在价值证明、共同体主义证明。哈格罗夫是环境美至善论者,认为环境美是环境伦理的本体,人应该保护环境美这种善,属于美德伦理学证明;罗尔斯顿提出环境价值论,认为环境审美价值是环境伦理的起点,属于内在价值证明。

哈格罗夫是环境伦理学学者、刊物《环境伦理学》的创办人。在其《环境伦理学基础》中指出,环境伦理学20世纪70年代创立于英语国家,植根于当代西方风景绘画、景观园林、自然历史科学和自然诗歌、散文等自然审美主题。18世纪以来西方对自然美的欣赏,尤其是植物学、生物学、地质学等自然学科与文学、艺术、美学的结合,形成美学欣赏与科学实用相统一的"科学益趣",使自然审美是科学理性与审美感性的统一,是环境伦理学得以诞生的根源。在论及环境伦理的本体论时,哈格罗夫甚至将美学作为唯一的根源:自然美是一种善,使人们具有保护自然的义务。因为哈格罗夫认为人类有义务保护和促进世界上的美——美即是善;正如人类有义务保护艺术美一样,也有义务保护自然美,而且自然美与人有更本质的联系、需求和存在理由。哈格罗夫还列举了建立美国黄石国家公园的三个理由——地质学上的兴趣、审美的兴趣与保护野生动物,证明美对环境伦理和环境保护实践的意义。

同为环境伦理学开创者之一的罗尔斯顿或者是受利奥波德启发,或者是不约而同,反对以"权利"或"善"作为环境伦理学的关键术语,提出应该用"价值"一词来思考环境并推断出人对环境的责任和义务,"自然价值"是其理论核心。其将自然价值划分为生命支撑价值、经济价值、科学价值、生命价值、宗教价值、消遣价值、审美价值、历史价值、文化象征价值、性格塑造价值、多样性和统一性的价值、稳定性和自发性价值、辩证价值等。

罗尔斯顿同时承认"价值"需要人的体验来传递,并通过评价来衡量其

---

① [美]奥尔多·利奥波德:《沙乡年鉴》,侯文蕙译,吉林人民出版社1997年版,第212页。

价值。因此审美价值虽然不如生命支撑价值那样具有本源性,却是最直观、最强调体验的,在环境价值的衡量和评判中能够成为伦理价值的核心。《哲学走向荒原》的第四篇《体验自然》中,罗尔斯顿坦承审美经验是环境伦理最基本的出发点之一,自然环境的美使人们产生保护自然环境的责任。他以铁顿森林为例,首先是人们意识到其存在——"铁顿在那里",然后是赞叹其美丽——"铁顿是美的",接着产生道德责任——"要保护铁顿"。罗尔斯顿后来更注重将自然的科学知识、道德伦理与审美体验结合起来。在《森林的审美体验》一文中,他指出森林仅仅有科学是远远不够的,森林需要体验。这种审美体验反过来深刻地认识科学,会对大地、水源、阳光、生物链、物种的形成和发展等知识,会有更切身的认识和体验。不过,利奥波德和罗尔斯顿因为缺乏美学理论素养,对环境审美在环境伦理中起到的重要作用只是知其然而不知其所以然,对自然环境的审美体验欠缺深入。

柏林特也从价值的角度来研究环境审美与环境伦理的关系。柏林特继承并发展了杜威的美学思想,杜威的《艺术即经验》认为艺术审美经验不是个人的而是整个社会文化的,审美经验有记录、评判与赞颂文明的功能;艺术将主体与客体、理性与感性、个人与群体融合起来。柏林特也是将审美价值与各种价值结合起来,指出"审美"的词源学解释是通过感官所获得的感知,涉及人的所有感知体验。于是审美价值是弥漫性的,并且无处不在,始终在影响着伦理价值、社会价值、政治价值、宗教价值等。审美价值与其他价值合为一体,却又与众不同、占有关键地位。

柏林特的《感知力与意义:人类世界的审美转变》从感知性和情境性阐释审美价值是价值的根源。柏林特指出价值通常都是与审美相连,甚至是源于审美。审美体验是身体化和运动化的,身体感知是其核心;审美经验是直接性和当下性的:不需要媒介来传达,是身体直接的感受;也不需要外在的解释,是人的感知的参与。因此审美经验可以显示欣赏者的记忆、理解尤其是感知的关注和行动。审美感知不是身体感官对外在事物"纯粹""客观"的反映,文化等众多因素总是融入感知的过程,时刻影响着它感知事物的焦点、范围、强烈等。而且作为美学核心部分的经验本来就蕴含着众多价值,使审美成为价值的根源:"正如所有的感知体验一样,审美不仅需要文化来仲裁,而且其本质上就是文化的。文化因素渗透在我们的感官知觉中,与此同时这些影响深刻地作用于我们的价值观,因为价值不是外星人入侵而是同化于生存环境中,审美具有某种原创性。实际上,审美可能是所有价值其他价值生发的原点和依赖的基础。"①即审美价值可以成为伦理价值的源泉。

这是因为柏林特认为环境审美本来就有着文化"前意识",有其自身价值判断,在源头影响着处理各种伦理价值。柏林特指出不能光靠理性和逻辑来认识、认同和实践伦理,必须通过感知体验才能实现。如母亲隐喻所代表的牺牲、伟大等伦理道德,理性不能完全理解其中的情感、原因及其意义,只有体验尤其是审美体验才能深刻地体会和认识。因此柏林特认为:"伦理不只是正式的规则,还有其身体和心灵"②,伦理的心灵正是审美体验。"环境价值参与进来,并且包括地球及其各种特征——很大程度上既是审美价值也是伦理价值。承认这些价值不会要求我们认为环境是不可侵犯的,但是会强烈要求人学会控制、审慎和评价。而且这包括根本性地思考审美价值。"③

柏林特还指出人体验环境的价值时,审美体验能够帮助人认识、判断和评价,影响着人对环境的伦理判断。即环境审美价值的体验让人懂得这种价值,并且指导人们认识、欣赏和判断,由此审美价值产生道德价值,使人崇敬地球及其所有生物。柏林特以森林审美为例,指出相比起文化和伦理等重要价值,森林的审美价值是根本性的。森林审美是全身心的参与,既是身体所有感知也是文化的参与,因此比起其他价值更直接、真实和原初。这实际上将利奥波德的审美是伦理基础的经验总结升华为美学理论:清晰、深刻地指出了如何欣赏环境、环境的审美体验及其对环境伦理的意义。柏林特同时指出,审美体验还可以萌发和增强伦理感觉,在分辨美丑之余,还能更好地辨别善恶。小说、戏剧和电影等艺术可以塑造品德、陶冶性情,使人变得高尚;欣赏优美环境也能激发对自然的热爱,使人以环境、生态的视野看待世界。柏林特还指出,当环境的伦理价值与实用价值、经济价值相冲突的时候,例如在近海地区开采原油、出于经济目的砍伐云杉等树林、开发红树林等,环境的审美价值是其伦理价值的重要支持。

当然,柏林特的环境体验是"参与"审美模式的体验。柏林特甚至认为将环境客体化的对象模式及其二元对立思维,对环境恶化起到推波助澜的

①　Arnold Berleant, *Sensibility and Sense*: *The Aesthetic Transformation of The Human World*, Charlottesville: Imprint Academic, 2010, p. 45.

②　Arnold Berleant, "Mothering and metaphor", *The Journal of Aesthetics and Art Criticism*, 57 (3), 1999, pp. 363-365.

③　Arnold Berleant, *Aesthetics Beyond the Arts*: *New and Resent Essay*, Aldershot: Ashgate, 2012, p. 45.

作用。柏林特指出二元对立思想将环境视为外在的客体,是科学研究的对象和利用开发的资源,政客、经济学家、工程师和科学家掌握了世界。尽管这个世界整体生活条件在进步,疾病得到控制,生命科学为人带来许多期待;但是世界存在着种族和宗教冲突、军备竞赛、无数人无家可归,环境更是遭受了前所未有的破坏:地球表面和大气层受到的破坏千疮百孔,荒漠化和沙漠化侵蚀大地,大量物种灭绝。这都是将环境客观化、对象化的恶果,使人始终处于环境之外;参与性的环境体验使人成为环境的一部分,能够纠正对象模式的错误。

于是柏林特还证明和解释了罗尔斯顿的"从美到责任"。运用环境伦理价值解决实践问题,许多时候是与经济相抗衡。如开发森林、山川或河流,一边是政府或企业从经济价值角度出发,指出开发可以提供多少经济收益;另一边是环保组织和民众从生态角度和审美角度出发,指出开发会损害生态环境、破坏自然美。而生态环境不仅仅是生物数量、绿化率、水土面积等量化指标,更多是通过自然美的形式所表现;此外,如果不是因为对自然美有着热烈的喜爱,人们不会宁愿损失经济利益也要保护自然环境,也罕有自觉自发地减少损害环境的行为。

国内学者薛富兴在评价罗尔斯顿的"从美到责任"时,认为"责任"强调的是人的行为规范,是规范伦理学的关键词,而美学研究的是人的感性和精神,是关于人类精神幸福的科学。因此从规范伦理学到环境美学、从"美"到"责任"还有一段距离;在美学中谈"责任"的理由并不充分。柏林特的理论可以回应薛富兴的质疑:"责任"虽然是强调人的行为规范,却是由人内心的环境价值观念来决定和推动实施;环境审美经验是关于人内在的精神状态,也是环境价值的根源。

其实康德有类似观点:美是德性的象征。康德认为美是非功利的,"善是借助于理性由单纯概念而使人喜欢的"①,善的愉悦关乎功利;觉得某物是善的,必须拥有这个事物的概念,觉得某物是美的却是直观的、不涉及概念。而康德指出概念实在性的显示必须通过直观,知性概念是通过图形的直观直接演示;道德的理性概念只有理性才能想到、没有任何感性直观可以与其对应,只能按照理性概念反思的形式通过直观象征物来显示,是间接的演示。因此康德认为美可以作为德性的象征,可以通过美来联想到善。

柏林特恰恰是颠覆了康德的理论。"美是德性的象征"中,道德作为理性概念是先天的"绝对命令",是客观的普遍原则;高于作为主观的普遍原

---

① [德]康德:《判断力批判》,邓晓芒译,杨祖陶校,人民出版社2002年版,第42页。

则的美，美最后的归宿是德性。康德的理论是自上而下，先天理性概念的善是美的追求；柏林特却是自下而上，认为文化造就人、影响着人的审美感知，而审美感知左右着伦理价值。

高举"美感"（Sense of beauty）大旗的乔治·桑塔耶纳（George Santayana）可以视为柏林特审美价值理论的先声，她指出人的情感和主观是价值的来源，所有的价值从某种角度来说都是审美价值："一切价值都不可避免地还原为直接欣赏，还原为感性的或生机的活动。"①她论及道德与审美关系时，认为道德追求的满足归根到底是审美满足，而且人们对待道德的态度也正是审美态度，如节操、诚实、清廉等。柏林特是在桑塔耶纳的理论上更进一步，思考审美的文化基础，有针对性地研究审美与伦理的关系，并应用到环境领域。如果是在社会领域，柏林特的观点显得过分夸大审美价值，但是在环境领域，将审美价值视为伦理的起源却能使绝大多数人达成共识。

柏林特还从反面来证明环境审美价值是环境伦理价值的根源：森林被砍伐、河水被污染等环境审丑，以及核电站事故、原油泄漏等环境崇高，人们感觉到的是环境的恶。人们对环境被破坏、生态的伤害、动植物的死亡的伦理判断，除了科学知识和规律方面的考虑、经济损失的判断，更主要的还是直观、强烈的感性体验，唤起人对这种行为的惋惜、惊叹和内疚。即审丑经验和崇高经验使人认识和反思，审美判断导致道德判断，审美价值产生道德价值。

柏林特不仅认为环境审美是环境伦理的根源，还认为两者目标一致，如发展农业景观的计划，以及为自然保护区制定条例等，既是为了保护环境、自然和生态，也满足了审美需求，环境之美即环境之善。这与哈罗格夫的观点相似，不过哈罗格夫本来就设定人有保护和促进美的事物的义务，包含艺术美和自然美的"善"并非普通伦理学的正确、善良等意义，而是应该被保护"好"的所有事物。柏林特从追求目标来思考环境审美和环境伦理的一致，无疑更切合实际和深刻。

真正的环境之美与环境之善的目标一致。如深受雾霾之害的人们不会欣赏城市的"海市蜃楼"奇观，更不会视茫茫大地为蓬莱仙阁，身体上的难受伴随着心底的厌恶，渴望着蓝天白云、鸟语花香、绿树成荫、草色青青。然而，环境审美和环境伦理不仅仅有相互促进的关系，还有彼此冲突的时候。布雷迪在《美学、伦理学和自然环境》一文中列举了三种情况。第一种情况

———————————

① ［美］乔治·桑塔耶纳：《美感》，缪灵珠译，中国社会科学出版社1982年版，第20页。

是完全将人的具有实用性的审美价值置于自然环境的自身价值之上,如完全荡平一处自然景观,建造一座可供休闲娱乐的公园。有人会欣赏公园的优美,但是有人希望避免对自然景观生态的破坏。第二种情况是因为审美价值引入新的生物物种对当地生物造成危害,如彭土杜鹃因为其艳丽的花朵备受喜爱而被引入不列颠,甚至吸引了众多游客,形成特殊的观光旅游热潮。但是彭土杜鹃的根会发出毒素杀死其他植物和动物,威尔士的斯诺登尼亚国家公园要将其清除,这和喜爱彭土杜鹃的游客产生了分歧。

柏林特理论的缺点正是忽略了环境审美价值与伦理价值的冲突,以及应该如何解决、平衡这种冲突。而他对环境审美否定价值的研究,却有其独特意义。布雷迪列举了环境审美与环境伦理相冲突的第三种情况是环境污染却具有审美价值,如空气污染所看到的朦朦胧胧的日落之美。这正是柏林特所说的否定性环境审美体验,对人审美感知的伤害,使人对自然审美的脱敏性以及以丑为美、美丑不分。

二、环境审美的否定性价值:敬畏自然

柏林特从人与自然环境关系的变迁反思环境伦理。长期以来西方人对自然抱着一种谦卑的态度,直到工业社会的发展使人误以为自己是自然的主宰。这一反思无疑是源于海德格尔,其批判工业时代人对自然的利用和控制,一切都置于利益的计算下,大地的神秘和诗意不复存在。这是海德格尔目睹19世纪末20世纪初德国工业飞速发展、工业区林立,哀叹诗意家园失去所唱的一首挽歌。而柏林特所生活的美国有着热爱自然的传统,爱默生、梭罗的自然赞歌深入人心,早在1872年就建立黄石国家公园,全国国家森林公园众多,对自然保护得较好。因此柏林特难以感受到开发农田、平原或森林变为工业区的悲伤,更多关注审美知觉和审美体验的变化,认为人对自然敬畏感的消失,是因为现代社会否定性环境审美对人的感知的蒙蔽、欺骗或侵犯,使人失去了自然审美的敏感体验;并导致人对环境伦理道德的削弱。

柏林特通过对比艺术来阐述环境审美否定性价值,正如艺术审美有肯定性价值和否定性价值,环境审美也具有两种价值。艺术审美否定性价值源于国家工具、为消费主义控制、媚俗等;环境审美否定性价值则包括了将经济价值置于审美价值之上、错误虚假的审美等原因,艺术和环境审美否定性价值有侵犯性、未完成性、破坏性、虚假性等模式。

违反了自然与艺术欣赏准则的侵犯性,可能会侮辱我们的道德感和美学感受力。"美学侵犯通过操纵感知的兴趣、剥夺我们的敏感性、激发焦虑

影响我们的判断力、制造极度的不适,对我们产生不良影响。"①艺术审美的侵犯性如库尔贝刻画同性恋的《觉醒》和描绘女性阴部的《世界之源》,侵犯了传统的道德和审美欣赏。环境审美的侵犯性有商业侵犯性,是强加在人身上的人造的、虚伪的迷人的美,最常见的例子是伪造历史设计主题,却没有真正尊重历史真实,考虑时间和地点的适宜性,而是根据其经济价值决定。它使用不连贯的视觉特征和建筑特性来模糊美学兴趣,或者是通过夸张的视觉特性来吸引人的注意力。大型购物中心将商业与娱乐性的文化设施结合起来,营造文化氛围追求商业利益,显得更人性化,是商业侵犯性的另一个例子。而在海岸线上建造夏日小屋,是将个人利益和满足置于自然景观的优美之上,侵犯了海岸线原始自然魅力。

艺术缺乏创造想象力、技术笨拙或拘泥于某种风格、主题或情感,是陈腐的艺术,会对人产生美学的侵犯性。而环境审美的陈腐枯燥是因为欣赏者缺乏洞察力、欣赏能力和体验迟钝,善于发现美的欣赏者总能发现环境美的多姿多彩。柏林特诧异于人类将环境改造得如此枯燥乏味:种植整齐划一的树林,修建一排排房屋,被规划得方方正正的大量公寓等。

未完成性也是环境审美否定性价值模式。自然的未完成性,是农业景观沦为荒废的田地,乡村、山川的树木被滥伐。人造环境的未完成性与不适宜密切相关,即与所处的背景不和谐,如与周围风格格格不入、高度不适合建筑,破坏了整体风格和均衡性,显得非常突兀,挑战和侵犯人的审美感知。

环境审美否定性价值的模式还包括欺骗性,是故意通过环境的浅薄和虚假来欺骗人们。柏林特以德国女导演莱尼·里芬斯塔尔为德国纳粹拍摄的宣传片《意志的胜利》为欺骗性的典型例子,人们意识到其纳粹意识和思想灌输意图后,道德反感固然会造成审美的抗拒,同时也是因为其狂妄、唯我独尊和局限性等虚假审美而产生抗拒情绪。环境审美中最惊人的欺骗性例子则是主题公园、主题旅馆、饭店等,通过虚假的文化主题、历史主题、民族风格来建设,暗中破坏着人们对真实的感知。如崇尚消费主义的迪士尼乐园营造出一个欢乐祥和、文明进步的世界,使人乐于盲目接受,忽视了现实世界的冲突、科学技术的两面性、环境危机等矛盾。柏林特担忧,当艺术和虚假的文化公园占据了人们的头脑,将历史视为历史主题公园或西部美国公园,将科学视为"星际战争",将法律体系视为"洛城法网",将地理和文化视为《国家地理》时,损害的不只是审美,还有人的伦理道德。

---

① Arnold Berleant, *Living in the Landscape: toward an Aesthetics of Environment*, Lawrence: University Press of Kansas, 1997, p. 67.

　　自然否定性价值综合起来发展到最极端的情况就是破坏性,柏林特又将破坏性的形式分为道德的、社会的、美学的。道德的破坏是控制而不是促进人的行为,社会破坏性颠倒合理社会的良好的发展力量平衡,美学破坏性是否认丰富的感知和感觉,伤害或减弱人类的体验能力。美学感知发展出出色的辨别力、提高感知能力、深入认识感觉关系、参与审美、掌握欣赏对象的意义、人文精神的高扬等。破坏性审美"使感知变得粗俗、限制感官敏感性和身体活力的发展,并加剧了知觉的堕落。美学伤害降低了人类体验这一复杂运行过程的价值和意义"①。如单调雷同的巷子、脏乱的街道和遍布垃圾的空地、杂草丛生的荒地;还有交通、工业、商业发展带来的强迫性的副作用,如汽车废气、工业废气、密密麻麻的电线杆、高耸的输电塔、无处不在的商业广告等,美学破坏性造成人们体验迟钝和精神的贫瘠。

　　海德格尔批判工业时代的技术以其技术理性的思维对自然进行解蔽,并将自然视为可供"摆置"(控制、利用)的资源,彻底抹杀了休闲自然诗意。海德格尔以莱茵河为例子:这已经不是荷尔德林赞美诗中的莱茵河,它或者被水力发电厂摆置,表现为被水力发电的需要所计算、把握的河流;或者成为旅游工业所定制的某个旅游团可预订的参观对象。还有农业的耕作转变为机械化的粮食工业,空气被视为氮料的生产原料,土地被视为矿石的资源储藏地等。

　　柏林特认同技术理性、经济利益固然对自然采取工具分析和实用态度,但并非所有的自然都会被视为计算对象和资源对象。尤其是在国家公园众多的美国。人们面对保护得较为完好、独立于经济手段之外的环境,依然缺乏敬畏感和震撼,需要从美学感知自身寻找根源。在柏林特看来,大型购物中心、海岸线上的房子、整齐的人造林、规划工整的小区、摩天大楼,脏乱街道、遍布垃圾的空地、工业废气和污水等环境审美否定性价值,正是伤害人们审美感知的根源,使人们对自然美感受变得迟钝脱敏和失去敬畏,最终导致对环境伦理的伤害。

　　海德格尔对技术的批判有着重要价值,指出了技术的关键缺陷,引发了学者和大众对诗意大地的无限缅怀。柏林特的环境审美否定性价值批判是直指人心,思考人在否定性环境的潜移默化中退化其环境审美感知能力和环境道德的受损,更多是只可意会不可言传,自然应者寥寥。而且还会产生质疑:环境审美否定性价值或许会弱化环境审美感知,是否会使环境道德

---

① Arnold Berleant, *Living in the Landscape: toward an Aesthetics of Environment*, Lawrence: University Press of Kansas, 1997, p. 75.

受损?

中国当下的乡村,"暖暖远人村,依依墟里烟。狗吠深巷中,鸡鸣桑树颠""晨兴理荒秽,带月荷锄归。道狭草木长,夕露沾我衣"等审美体验已经基本无存。因为产业转移、畜牧养殖业缺乏监管、工业垃圾和生活垃圾的倾倒、大规模的人工种植林代替原有生态系统,城市商业欺骗性的消费主义产生了前所未有的环境审美否定性价值。久而久之,人们对其习以为常,或者是麻木迟钝,或者是迷失于城市的繁华,退化了环境审美感知,荒芜了心灵,对大地、自然的敬畏和热爱也渐渐消退。这都证明了柏林特理论的正确,也为环境美学、环境伦理学的研究提出了新的问题:如何消除环境审美否定性价值及其影响,促进环境审美感知和环境伦理,重新唤起人对自然的敬畏?而环境美学与环境伦理学深层次关系的研究任重而道远。

柏林特希望通过欣赏环境之美、环境崇高来减少环境审美的侵犯体验,恢复人对自然的敬畏,谴责、批判和阻止人对环境的破坏,承担起人对自然的责任,关爱和保护自然;提升人的环境审美能力和增强环境伦理,追求自然之美和自然之善。

第五章　情感与理智:生活世界的审美转向与救赎

生活美学(everyday aesthetics)是 21 世纪形成的新学科。生活美学著作有安德鲁·莱特(Andrew Light)与乔纳森·史密斯(Jonathan M.Smith)2005 年主编的《日常生活美学》,斋藤百合子和曼多奇 2007 年各自出版的《生活美学》,格伦·帕森斯(Glenn Parsons)和卡尔松 2008 年合著的《功能之美》,柏林特 2010 年所著的《感知力与意义:人类世界的审美转变》和 2012 年的《超越艺术的美学:新近论文集》,查克瑞·辛普森(Zachary Simpson)2012 年的《人生作为艺术:美学与自我创造》,莱迪 2012 年的《日常中的非凡:生活美学》,柯提斯·卡特与刘悦笛 2014 年合编的《生活美学:东方与西方》等。自此生活美学发展为一个新兴学科,成为西方美学界的研究热点。

"国际美学会前主席海因斯·佩茨沃德在 2006 年就认为,国际美学思潮已一分为三,亦即艺术哲学意义上的美学、自然美学意义上的美学和作为生活审美化的美学。"①而美学权威刊物《美学与艺术批评杂志》在 2013 年夏季的书评专栏中,有三篇书评分别评论了卡罗尔的《生活在艺术世界》、雷迪·托马斯的《寻常中的不寻常:日常生活美学》以及柏林特的《超越艺术的美学:新近论文集》。这是杂志编辑别出心裁地将近几年艺术美学、环境美学和生活美学的重要著作集中一起,让读者体会和反思;也展现了当下美学是艺术美学、环境美学、生活美学三分天下的现状。张法认为日常生活美学包括了韦尔施、费瑟斯通、鲍德里亚和舒斯特曼等学者的理论,主要有三个方面:一是艺术与生活的融合,二是形式上的观赏与内容功利追求的融合,三是日常生活美学的形象异化为后现代的仿象。张法从实用主义、后现代主义和消费主义的宏观角度剖析生活美学自身独特的理论渊源和演变路径。

作为生活美学的创建者之一,实用主义是柏林特生活美学的理论底色。其认同杜威对审美经验的推崇,《情感与理智:人类世界的审美转变》一书

---

① 刘悦笛:《今日西方"生活美学"的最新思潮——兼论中国美学如何融入全球对话》,《文艺争鸣》2013 年第 3 期。

甚至将"情感"置于"理智"之上,认为审美感性体验可以决定与指引理智,作为"感性学"的美学对人类的思想甚至生活世界的事物与事件都有着重要的影响。因此柏林特提出"生活世界的审美转向"口号,研究人际关系的审美以及日常感知共同需求,提出"生活美学共同体",抨击恐怖袭击等暴力事件带来的日常伤害。与此同时,柏林特也批判消费主义的感性征用与后现代的虚假仿象对生活美学的操控,力图以本真与健全的审美感性指引美好生活,是生活世界的"审美救赎"。

第一节 阿诺德·柏林特与生活美学的诞生

生活美学将美学从艺术扩大至"生活"领域,梅尔乔恩·凯文将其定义为:"生活审美涉及我们生活的各个方面,具有广泛性、日常性和模式性,被赋予审美特征。这种具有日常性和审美性的实践有其限制,主要包括五个方面:饮食、服饰、寓所、欢宴和出行。几乎包括我们每天的吃饭、穿衣、居住、社交和外出工作等日常活动。"①斋藤百合子为《斯坦福大学哲学百科全书》撰写"生活美学"词条时,界定生活美学:"旨在研究人们日常生活各环节的审美活动整体,包括日常用品,家务活动,人际交往以及饮食、散步和清洁等日常活动。"②帕森斯和卡尔松研究住宅、广场、园林等建筑,机器、服饰、家具等生活器具,以及运动、饮食等生活活动的审美。曼多奇研究家庭生活、宗教活动、学校活动、医疗活动、艺术活动,甚至还包括巫师、占星家、手相学家、通灵学家的神秘活动审美。柏林特研究友谊和爱情等人际关系,建立满足"共同感知需求"的生活美学共同体,批判恐怖袭击等社会丑恶现象。总的来说,生活美学的研究领域包括了建筑、社区、公园和商城等生活环境,工作、饮食、衣着外表、清洁和运动等生活活动,社交、人与人情感等社会生活关系。

生活美学第一个理论根源是杜威的实用主义美学。近代以来的美学几乎是"艺术哲学"的代名词,生活想要重返美学的殿堂,首先会面对"生活何以审美"和"生活如何审美"的质疑。生活美学的生活用品、生活活动都有变化性、参与性、功利性和多感官性等特点,与传统美学艺术欣赏的非功利、对象化、保持距离静观、突出视觉和听觉等原则截然相反。而杜威的"审美

① Melchionne Kevin, " The Definition of Everyday Aesthetics ", *Contemporary Aesthetics*, 11, 2013.

② Yuriko Saito, " Aesthetics of the Everyday, *The Stanford Encyclopedia of Philosophy* ", http://plato.stanford.edu/archives/win2015/entries/aesthetics-of-everyday/.

经验本体论"打破艺术与生活的界限、融合形式审美与功利追求:生活由一个个经验构成,艺术是其中一种经验并非超越生活的特殊经验。原始时代的饰物、歌唱和祭祀仪式,古希腊的雕塑、建筑和戏剧,都与生活息息相关。审美并非源于艺术,而是生活中完整、强烈的审美经验:"审美既非通过无益的奢华,也非通过超验的想象而从外部侵入到经验之中,而是属于每一个正常的完整经验特征的清晰而强烈的发展。"①杜威从"艺术本体"转变为"审美经验本体",为生活美学指明了方向。

帕森斯和卡尔松指出生活美学与传统美学有着一种强烈的冲突:"基于这种冲突,一种日常生活美学何以可能? 对此问题的一个重要答案是:导致这种冲突的以艺术为中心的传统美学理论应当被抛弃,这虽然是一种激烈反应,但是,在那些同情日常生活美学观念的哲学家中,这是一种主导意见。就其基本形式而言,这种反应源于约翰·杜威的一本极有影响力的著作《艺术即经验》。"②他们详细地阐释杜威的实用主义美学对生活美的意义:首先,日常生活事物的变化性和无边界性会要求人的注意力持续关注事物,产生动态的审美经验。其次,人观看、聆听、触摸、品尝和嗅着日常生活事物,产生适合联合感官的审美经验。最后,通过强调所有感官参与到日常生活事物所产生的统一、完整和强烈的审美经验。于是日常生活可以与艺术、自然一样,具有重要的审美价值。

曼多奇的《生活美学》也是引用杜威的审美经验理论批评传统美学的拜物教倾向——美是独立于主体的艺术作品客体。他接着指出生活如何审美的关键:"因此我们应该沿着杜威的理论方向,认为美不是事物自身的特质,而是特殊社会语境的评价和解释所建立的主体和特殊客体之间的关系。"③格伦·库恩的《烹饪如何成为艺术》解释为何烹饪有着艺术的愉悦,也引用了杜威审美经验在生活和社会中的作用:"在这种情况下,杜威对审美经验的包容性解释有其价值。如前所述,在杜威看来艺术的主要功能不是表现性、形式性或者愉悦的反应——艺术和审美经验阐明了一个共享经验的社会团体。"④

柏林特高度肯定审美经验地位的观念来源于杜威。杜威《艺术即经

---

① [美]约翰·杜威:《艺术即经验》,高建平译,商务印书馆 2005 年版,第 49 页。
② [加]格林·帕森斯、艾伦·卡尔松:《功能之美》,薛富兴译,河南大学出版社 2015 年版,第 130 页。
③ Katya Mandoki, *Everyday Aesthetics: Prosaics, The Play of Culture and Social Identities*, Burlington: Ashgate Publishing Company, 2007, p. 8.
④ Andrew Light and Jonathan M. Smith eds., *The Aesthetics of Everyday Life*, NewYork: Columbia University Press, 2005, p. 198.

验》回顾了从原始社会到现代的艺术发展历程，指出艺术可以激发出一种更完满的新的审美经验，不断扩展欣赏者的感觉、同情和想象。无论是艺术家还是欣赏者自身，都投入审美经验的文化长河，展现自我与发现自我。记录与评判文明的艺术融入奔腾向前的文化长河，又孕育和诞生新的审美经验、艺术与思想。艺术的审美经验是一个整体性的经验；是融合旧的意义与新环境产生的一个经验；人不能外在地将其视为手段展开观察，需要通过人的想象，把许多因素集合在一起，将无序的事物组织为有秩序的事物。艺术审美经验实际上是人类认识世界与自我的一种重要方式，连科学知识与哲学思考也无法替代它的地位和作用。

柏林特深以为然："杜威对于经验的重要性的强调以及他对于作为审美的经验的宽泛范围的认识，都指明了正确的方向。杜威把人看成是生物的、社会的、文化的存在，并把人置于审美经验的核心。"①柏林特继承了杜威"艺术即经验"的美学思想，并拓展为"美学即经验"，提倡审美经验的本体地位。他指出，如果审美本质上是知觉经验，人类世界的所有事物都可以是审美的："不排除任何事物和没有任何预定的界限，所有的事物和情境都有可能成为审美经验。"由此美学研究领域必然突破艺术领域，囊括了环境、生活和社会活动。

柏林特的生活美学并非人类世界无关紧要的点缀，而是处于核心地位，对人类所有经验有至关重要的影响作用：审美经验可以左右着人的认知、政治、宗教等活动的经验。人类世界的经验有审美、认知、宗教、身体与实践等经验，它们在某一时刻或许是某一种经验占据主导地位，审美经验可以在内容、领域、形成等方面影响其他经验。正如其书名《情感与理智：人类世界的审美转向》，柏林特的生活美学以情感指导理智，"人类世界的审美转向"的口号有着认识世界乃至改变世界的宏景。

生活美学第二个理论根源是环境美学。环境美学打破"美学即艺术哲学"的桎梏，拓展审美的疆域，颠覆审美无功利性准则，为生活美学提供了理论基础。不仅如此，生活美学和环境美学还有着千丝万缕的密切联系，如莱特与史密斯主编的《日常生活美学》，作者名单上柏林特、卡尔松、斋藤百合子、布雷迪、汉佩拉等重要的环境美学学者赫然在列；书中《建筑和自然而然》《正确的景观课程》《生活美学：场所的亲近、陌生和意义》等文章都显示了两个学科研究领域的传承关系。柏林特的《感知力与意义：人类世界

---

① 李媛媛：《审美介入：一种新的美学精神——访国际美学协会前主席阿诺德·贝林特教授》，《哲学动态》2010年第7期。

的审美转变》和《超越艺术的美学：新近论文集》涵盖环境美学和生活美学研究，其环境美学也深深影响着曼多奇的《生活美学》。而帕森斯和卡尔松的《功能之美》也是兼论环境美学和生活美学。

　　生活美学对艺术哲学有所突破，在很大程度上借用了环境美学的理论资源。首先，环境美学颠覆了传统美学的主客二分，倡导审美的功利性、参与性和生态性，动摇了美学即艺术哲学的理论根基。正是环境美学的"参与"审美模式冲破了艺术哲学的理论障碍，为生活美学的诞生打下了基础。其次，环境美学的核心概念"环境"含义特别广泛，既包括自然环境，也包括建筑、园林、景观、城市和乡村等日常生活场所。最后，环境美与生活美具有相似性和关联性，推动环境美学拓展至生活美。无论是环境美还是生活美，都模糊了边界，具有情境性、实用性、活动性和流逝性。这正是环境美和生活美与艺术作品的本质区别：无法对象化，不是一个无关日常的超然、独立甚至永恒的世界，涉及人的生活需求。

　　柏林特最先提出"环境美学并非只是关注建筑和场所，还涉及人们参与到整体环境的各种情境"①，包括人与人之间的关系和社会生活，可以促进人们友爱互惠，走向共同体。斋藤百合子指出了环境美和生活美的紧密关系："今天的环境美学作为一个成熟的领域，可以告别以优秀艺术为中心的美学。不仅如此，无论自然环境还是人造环境都时刻环绕着我们，因此环境美学也不能脱离日常生活。"②布雷迪也认为"生活美学与环境美学有着特别重要的联系，而且它们的研究有着大量的重叠"③。

　　生活美学的第三个理论根源是全球化时代的美学走出西方中心主义，借鉴多元生活美学传统与思想。国际美学协会前主席、斯洛文尼亚美学家阿莱斯・艾尔雅维茨指出："当代全球主义激起了全球范围内的美学复兴。如果说，20 年前的美学还是艺术哲学和美的哲学，那么今天，美学已经被转化为一种平行的理论话语共存的广阔领域，全球的美学已经失去了中心。"④即美学的多样性得到承认和重视，美学的西方中心主义备受质疑，多元美学理论平行共存、相互影响甚至融合。

　　当美学走出西方中心主义，就会发现许多民族的美学并非仅仅局限于

---

① Arnold Berleant, *The Aesthetics of Environment*, Philadelphia：Temple University Press, 1992, p. 12.

② Yuriko Saito, *Everyday Aesthetics*, New York：Oxford University Press, 2007, p. 3.

③ Andrew Light and Jonathan M. Smith eds., *The Aesthetics of Everyday Life*, Columbia University Press, 2005, p. 4.

④ ［斯洛文尼亚］阿莱斯・艾尔雅维茨：《美学与作为全球化的美学》，《世界哲学》2006 年第 6 期。

艺术哲学，而是将生活纳入审美的范畴。非西方的衣食住行生活活动和生活情趣等丰富的审美资源，为生活美学提供了理论基础、审美模式和审美经验。《美学与艺术批评》主编苏珊·费金（Susan Feagin）在第 18 届世界美学大会上说：“今天美学与艺术领域的一个主要发展趋势是美学与生活的重新结合。在我看来，这个发展趋势似乎更接近于东方传统，因为中国文化里面人们的审美趣味是与人生理解、日常生活结合一体的。”①

　　布雷迪在《生活美学的本质》里指出，禅宗美学和日本美学可以为生活美学提供理论资源：“我会提及禅僧和唯意志论的艺术，这两种艺术都能将生活审美经验转变为非同一般的事物……日本美学可以作为一种理论来源，推动艺术与生活之间关系、生活美学自身的日常与非凡之间关系的思考。”②斎藤百合子也认为：“虽然没有形成美学理论，许多非西方的文化传统关注日常生活的审美。例如因纽特人和纳瓦霍人，审美的考察贯穿于生活，包括制作工具。再如日本和中国独特的绘画、文学、戏剧等艺术实践，是渗透人们日常生活的审美活动。”③其《生活美学》还特地开设研究日本空间设计、烹饪、包装审美的章节。

　　生活美学的实用主义美学、环境美学和多元美学根源，使生活美学的审美领域涵括生活的各方面，研究生活审美体验的拓展及其伦理目标，并尊重多民族的多元生活审美方式和体验，即注重生活审美的艺术性、伦理性、多元性。因此，生活美学追求日常生活审美化，以日常生活审美促进人的伦理观念、道德水平，兼容并包，借鉴各民族的生活审美传统，丰富生活审美，以感性审美推动美学理论的完善。

　　环境美学对生活美学的理论贡献之一是“参与”审美模式。“参与”审美模式提倡人与生活的连续性，批判传统美学的非功利性、距离说和静观，反对艺术一家独大，将自然环境和人造环境迎回审美王国，为生活美学扫清了最大的理论障碍。“参与”模式也是生活美学主要的审美模式。曼多奇的《生活美学》也是发展了柏林特的“参与”审美模式，批判传统美学的神话：非功利性、距离说和静观的审美态度。在《生活美学》一书里，曼多奇将传统美学的谬误总结为三个拜物教、十个神话和四大恐惧。三个拜物教首

①　刘悦笛：《今日西方“生活美学”的最新思潮——兼论中国美学如何融入全球对话》，《文艺争鸣》2013 年第 3 期。

②　Andrew Light and Jonathan M. Smith eds., *The Aesthetics of Everyday Life*, Columbia University Press, 2005, p. 18.

③　Yuriko Saito, "Aesthetics of the Everyday. *The Stanford Encyclopedia of Philosophy*", http://plato.stanford.edu/archives/win2015/entries/aesthetics-of-everyday/.

先是美的拜物教,即认为美是独立于主体的客观存在物;其次是艺术作品拜物教,以艺术作品为美的存在;最后是审美对象拜物教,只有艺术作品是审美对象,日常生活不能成为审美对象。

而传统美学的第一个神话是艺术与生活(审美与现实世界)完全对立的神话,即艺术属于超越现实生活的审美王国,日常生活无缘审美活动。第二个神话是审美非功利的神话,审美超越日常生活是因为其非功利性,而日常生活有着现实功利的考虑。第三个神话是审美距离的神话,认为审美和审美对象要保持心理距离,日常生活无法保持心理距离,不能成为审美对象。第四个神话是审美态度的神话,认为正确的审美态度使欣赏者保持心理距离、具有非功利性,才能展开审美活动,审美态度有别于日常生活各种态度。第五个神话是审美性质的神话,认为审美性质超出现实的功利态度,决定了事物可以成为审美对象。第六个神话是美的普遍性的神话,从康德的美的普遍性开始,将美视为普遍存在。第七个神话是审美与理智对立的神话,认为美无法以概念界定,不需要知性思考,将日常生活的各种认识、思考活动排除在审美活动之外。第八个神话是艺术即审美的神话,认为审美专属于艺术,日常生活与审美活动无关。第九个神话是只有艺术作品才能提升审美能力的神话,认为艺术作品是展开审美活动、激发人们审美潜能的唯一途径。第十个神话是审美经验的神话,认为有一个持续的、统一的和完整的审美经验,其实没有审美意图、审美关注、审美态度等因素来确定审美经验。

传统美学还有四大恐惧,首先是对不受欢迎(事物或情感)的恐惧,从鲍姆加登建立美学学科伊始到当下的英美美学,都极力排除令人厌恶的、可憎的、无意义的、平庸的、丑陋的和肮脏的事物,尽可能地提供愉悦或美好。其次是对日常生活不纯的恐惧,传统美学认为对象化的艺术作品使其超越日常生活,可以遗世而独立。再次是心理主义的恐惧,美学作为感性学和心理主义如影随形,心理主义将悲剧定义为恐惧的心理状态,将喜剧定义为欢乐的心理状态。最后是对不道德的恐惧,传统美学基于道德方面的考虑,反对将日常生活的各种不幸定义为美学上的悲剧。曼多奇认为美学应该参与到生活中去,弥补传统美学三个拜物教、十个神话和四个恐惧带来的审美艺术王国的不足,将审美活动扩展至日常生活的方方面面。可以说曼多奇对传统美学的批评如审美和艺术作品对象化的拜物教、审美非功利和保持距离的神话等,都有着柏林特"参与"审美模式理论的影响:"阿诺德·柏林特尝试打破主流美学的三种神话:'艺术由对象所构成,艺术对象具有特殊地位并需要特殊的方式来欣赏'。"①而曼多奇对生活美学的现象学研究，提出审美要"聚焦"（latching-on）时，更是直接引用了"参与"审美模式。

斋藤百合子的《生活美学》也肯定柏林特"参与"审美模式对生活美学的意义。斋藤百合子认为"'参与'模式能够应用于超越艺术的审美经验。其早期包括了自然与建筑的环境美学、近年的生活美学都持续和拓展美学的思考"②。即因为"参与"审美模式对身体各种知觉共同作用的提倡，从保持距离的静观转变为人持续的活动，使生活美学可以超越特殊情境的艺术，研究生活的常规情境。"正如柏林特所提醒的那样：'我们如何参与家、工作、当地的旅行和娱乐这些平淡无奇的景观，是衡量我们生活质量的重要标准'。"③

第二节　生活世界的审美转向

柏林特的生活美学著作《情感与理智：人类世界的审美转向》鲜明地表达了生活美学的概念、领域和意义。书名故意颠倒简·奥斯汀的名著《理智与情感》，一反将理智控制情感的观点，认为情感才是理智的核心，情感可以指引理智。因此美学作为研究审美经验的"感性学"，对人类的思想甚至生活世界的事物与事件都有着重要的影响。

环境美学和生活美学都是审美非对象化、反对非功利性，都离不开"参与"审美模式，而且"参与"模式将审美回归感知、提倡审美与生活的连续性，为生活审美提供了理论基础："我们可以从日常生活中经验到的事物中获得审美愉悦。这样，在艺术对象和日常使用的对象之间无法划出清晰的界线。任何对象都可以审美地经验，不论它是艺术对象还是日常的对象。"④因此审美欣赏不需要限于艺术对象，可以包括日常生活的任何对象活动。日常生活审美与艺术审美的本质区别，在于前者通常是为了满足某种需要或目的，后者纯粹是为了审美欣赏而展开，因此审美地欣赏日常生活的各种对象或活动依赖人的知觉经验和技巧。于是生活审美需要艺术审美帮助人们对生活中的美保持敏感，并借鉴艺术塑造美的态度和方式。

---

① Katya Mandoki, *Everyday Aesthetics*: *Prosaics the Play of Culture and Social Identities*, Aldershot: Ashgate, 2005, p. 21.

② Yuriko Saito. *Aesthetics of the Everyday*. The Stanford Encyclopedia of Philosophy. http://plato. stanford.edu/archives/win2015/entries/aesthetics-of-everyday/.

③ Yuriko Saito, *Everyday Aesthetics*, New York: Oxford University Press, 2007, p. 52.

④ 李媛媛：《审美介入：一种新的美学精神——访国际美学协会前主席阿诺德·贝林特教授》，《哲学动态》2010 年第 7 期。

　　当然,柏林特的生活美学也是基于其环境的情境性:"当我们意识到美并非是对象性而是情境性的,于是美具有情境关系。"①"与环境美学相关的是一个新的研究领域,将审美感知扩大到日常生活的情境和事物。"②因为生活美学的情境性,具有许多要素:(1)接受,以一种开阔的心态融入审美欣赏当中,搁置判断,欣赏艺术、环境或日常生活。(2)知觉,由文化习俗、教育、个人生活实践共同构成的知觉,在所有体验中是最基本和最重要的。(3)感官,是视觉、听觉、触觉、嗅觉、味觉和运动知觉共同构成的联觉现象。(4)发现,因为感知到的特性和体验到的意义是审美活动的中心,因此审美体验较少为先入为主所束缚,会发现日常被忽略掉的特征。(5)独特性,每一次审美体验都是独特的。(6)相互性,各种参与性的要素相互作用、相互重叠。(7)连续性,各种参与性要素不仅相互作用,还混合在一起。(8)参与,参与的概念概括了情境性的所有特征。(9)多样性,参与使欣赏者文化习俗、个人经验等因素成为审美的重要构成部分,审美因而具有多样性。

　　与此同时,柏林特也认为生活美学的出现将会带来一个巨大的挑战:没有了外在或文化上的标准,任何一个情境或事物都可以成为美,我们如何发现或创造美? 柏林特还指出在经济时代,审美的泛化还要警惕商业对审美的利用。柏林特指出:"于是,我们发现审美是一个特殊的情境而非所有的情境,是众多的'美'而非变大的'美'。我们将会在各种生活情境中遇见美,如日落时分彩云层染的天空,皓月当空,初春怒放的鲜花,黄莺春天飞翔的欢歌,孩子的笑脸,与朋友的接触,音乐演奏的美妙旋律。我们以形容词'美的'来代替名词'美'。"③柏林特认为生活美学将世界、生活都纳入审美领域,将会鼓励人们更乐于在日常活动中发掘美、欣赏美,并极大地丰富人们的生活体验。

　　不同于卡尔松研究环境的功能、斋藤百合子研究日常物品的设计,柏林特的生活美学是社会关系审美的研究,包括日常社会交往的审美和艺术的日常伦理功能。合适的社会礼仪是社会的审美情境之一。合适的社会礼仪是一种规则性的行为,如优雅的风度、文明的举止,是服务于社会合作、使参与者感到愉悦的习俗和交流技巧,具有审美情境接受、知觉、发现、相互性、

---

① Arnold Berleant, *Aesthetics Beyond the Arts*: *New and Resent Essay*, Aldershot: Ashgate, 2012, p. 205.

② Arnold Berleant, *Aesthetics Beyond the Arts*: *New and Resent Essay*, Aldershot: Ashgate, 2012, p. 210.

③ Arnold Berleant, *Aesthetics Beyond the Arts*: *New and Resent Essay*, Aldershot: Ashgate, 2012, p. 210.

连续性和参与性等要素。还有很多宗教或社会仪式也可以转变为审美情境,如宗教仪式有时候会发展出戏院,节日庆典会成为戏剧的舞台等。

柏林特还指出某些特殊的社会具有审美意义的和谐,如巴布亚新几内亚的少数民族福伊(Foil),他们的语言和种族的住处、活动紧密相通,福伊的吟唱诗歌将人们的身心、生死联结为一个连续性的统一体。而普通社会中,人们与小孩子交往的关系常常成为审美情境,感知被愉悦感所提高,并伴随着独特性、相互性、连续性和参与性等要素。朋友之间的和谐相处、亲密友谊,也是柏林特所说的社会审美情境。

"然而,最深沉、最强烈的社会审美情境或许是以'爱'的方式所呈现的。"①柏林特认为"爱"和"美"是密切关联的两个概念,"爱"具有强烈的审美情境的特征。爱是一种参与:有消除了一切障碍和边界的在场感和融入感,具有相互交流的连续性,并且发展出亲密的联系。爱的参与还体现在彼此的情感共鸣,唤起一种共享生活的感觉,这都是参与审美情境的典型特征。

柏林特甚至提出:"审美在个人或社会的人际关系中有着重要地位,影响着人们的日常生活……一种社会的审美不仅表现于友谊、家庭和爱情等关系中,还表现于教育和工作关系中。具有社会功能的日常环境设计和特征应用,必然让审美决定和审美体验发挥作用:从服装的选择、设备的运用、物品的包装、家庭的管理和护理以及日常生活的其他对象和因素,到人事政策和雇主—雇员的关系结构,即社会生产和贸易结构。"②

因此柏林特指出审美的社会关系会发展出新的社会和政治秩序:一种非专制、非等级性的社会制度,摈弃任何形式的暴力、不合理的权力诉求,以相互支持、促进合作的爱的模式发展人与人之间的亲密关系,为一个更人道的社会提供基础。

柏林特生活美学的第二个思考是艺术伦理学,研究艺术如何重新回归生活。柏林特总结西方的艺术史,指出艺术本来就是与社会生活连为一体,无论是古希腊,还是中世纪的基督教世界、文艺复兴时期的意大利、伊丽莎白一世时期的英国、启蒙运动的法国,艺术都在社会生活中起到了重要作用。只是"为艺术而艺术"的口号将艺术与世隔绝,虽然其为甄别和培养审美感受力提供了基础,并推动了艺术批评的发展,但实际上是审美的异化阶

---

① Arnold Berleant, *Aesthetics and Environment: Theme and Variation on Art and Culture*, Aldershot: Ashgate, 2005, p. 155.

② Arnold Berleant, *Sensibility and Sense: The Aesthetic Transformation of The Human World*, Charlottesville: Imprint Academic, 2010, p. 95.

段。柏林特认同艺术的自由发展和创造,艺术有其自身发展规律,不能一味套用伦理道德规则,但是艺术却是阐明了更为普遍的道德问题。

柏林特认为艺术家的艺术创作背负三种义务。一是作为人的义务,艺术家和其他人一样分享共同的人性,有着诚实、公平等共同的义务。即艺术家要恪守普通人的义务,不能复制或盗取他人的艺术成果。二是作为艺术家的义务,如同教师、精神病医生或物理学家等职业一样,以其艺术作品影响着他人,促进他人的道德建设或发掘潜能。三是为社会做贡献的义务,这是专属于艺术家的任务和义务,因为他们能够显示和塑造现实,并且具有艺术的完整性和独特性,不能以世俗的道德观点来衡量艺术家的艺术感知。艺术家以真诚和追求完善的态度展开创作,最终"艺术照亮了更广阔的社会世界,并通过分享艺术家的视野、塑造人们的审美意识,达到更高层次的道德境界"①。于是艺术由高高在上的圣殿回到现实生活。

斋藤百合子延续柏林特美学即经验的思路,"就'美学'的领域而言,应该包括了我们对所有物体、现象和活动的感知和设计能力"②。斋藤百合子认为审美经验也不能因循守旧,提出生活审美的"审美气氛",如紧张、放松、快乐、忧郁、邀请、拒绝、兴奋、呆滞等。斋藤百合子以纽约的感知丰富多样为例:"有多少人曾经去过纽约,并感受过这个'感官之地'?当我们行走在街道上,穿梭在脚下的地铁引发一阵阵颤动,的士的喇叭震耳欲聋,摩天大楼环绕四周,空气中飘荡着烤栗子和椒盐卷饼的香味、街头音乐家的萨克斯旋律。这些要素共同构成了城市的活力与疯狂。"③人们时常感受到"审美气氛",由于不能清晰地定义、缺乏明了的框架展开分析,所以没有得到足够的重视。审美气氛超出了愉悦和积极等审美经验的局限,将审美体验扩大至沮丧、忧愁、失望、枯燥等,美学涵括了生活的所有领域。

第三节　生活美学共同体

在《环境美学》的序言中,柏林特表示其研究的动力是认识到人生活的环境对其生活质量、前景和性质有着重大影响,即环境不仅有实用价值、伦理价值和审美价值,还有政治价值。段义孚研究环境蕴含与人的各种情感的交汇,人的情感对环境审美的影响,柏林特是往前一步研究环境审美对人

---

① Arnold Berleant, *Aesthetics and Environment: Theme and Variation on Art and Culture*, Aldershot: Ashgate, 2005, p. 144.

② Yuriko Saito, *Everyday Aesthetics*, New York: Oxford University Press, 2007, p. 9.

③ Yuriko Saito, *Everyday Aesthetics*, New York: Oxford University Press, 2007, p. 123.

的情感、生活、文化无处不在的影响："环境美学不只是关注建筑和场所等空间形态，还处理人们作为参与者所构成的各种整体环境。由于人的因素在这个系统中占据中心地位，环境美学深刻地影响人与人之间关系、社会伦理道德的理解。参与的环境审美鼓励深层的政治变革，主张抛弃等级制度和权力斗争，走向共同体。人们也因此可以自由参与社会活动，实现自我和履行社会职责。共同体追求人性化的家庭秩序，反对独裁统治，鼓励合作和互惠；放弃滥用和独占，促进分享和团结，最终实现包容、友谊和关爱。"①可见柏林特的环境美学早就有延伸至生活美学的念头，后来更是发展出包括环境审美的"生活美学共同体"。

　　不像艺术审美与政治的联姻由来已久，环境审美与政治的关系在20世纪中叶才逐渐为学者所关注。柏林特的首要问题是如何从艺术审美与政治关系研究，转到环境审美与政治关系的研究。于是柏林特先是回顾了20世纪众多美学家的理论，从本杰明、阿多诺到马尔库塞，从梅洛-庞蒂、利奥塔到德里达、德勒兹、朗西埃，他们的理论来源主要是马克思主义思想和心理分析知识，而他们或者认为艺术帮助人们认识存在和真理，或者认为艺术是社会、政治的一部分，艺术是政治抗争的工具。柏林特指出这些美学家都犯了将艺术与审美混为一谈的错误，审美的领域要远远大于艺术，审美分析最重要的因素是审美经验而非艺术。审美经验不只是来自艺术审美，环境审美甚至认知、伦理等关系也可以产生审美经验；从先后关系来看，审美经验是直接、即时的体验，而艺术创作是对体验的再加工。所以审美经验是艺术的基础，其领域包括了艺术审美和环境审美等，研究美学与政治的关系自然不能漠视环境审美。

　　柏林特认为雅克·朗西埃（Jacques Rancière）的"感知的共同分配"勉强跳出艺术的牢笼，通过审美共同感知的平等推动现实政治的平等。其实朗西埃的审美共同感知的平等依然是艺术作品里的平等，一是艺术作品再现方式的平等，不以人物的身份地位来决定其描述风格和语言，如福楼拜的《包法利夫人》和《情感教育》勾勒普通人的性格特征，而西方史诗故事正是阶级式的再现方式。二是观众的平等与艺术家身份的平等，观众具有一定的欣赏能力，能够挑战艺术家；同时艺术家也不应以身份、专业知识划分高低，工人等非专业艺术家也有创作高雅艺术的权利和能力。朗西埃是以艺术审美共同感知的平等，推动社会现实的平等。

①　Arnold Berleant, *The Aesthetics of Environment*, Philadelphia: Temple University Press, 1992, p. 13.

　　柏林特环境审美的政治价值研究指出环境审美感知对人生活各种经验的影响,赋予环境审美的连续性本体论地位,并将人与环境的连续性发展为人与社会的连续性,建立生活美学共同体。因为环境审美的连续性改变保持距离观望的梳理为投入社会活动中去;而且环境审美使感知能力不断变得敏锐,也有助于在社会活动中获得丰富的感受,对他人的苦难感同身受,学会包容和关爱。柏林特在全球性环境危机的时代,提出以日常生活"感性的共同需求"为衡量美学共同体的准则,为建立更公平和进步的社会提供了新的思路和目标。

　　效仿席勒的审美王国,柏林特环境审美与生活审美最终理想是建立生活美学共同体。席勒在《审美教育书简》中指出,在力的可怕王国和法则的神圣王国之间,美建构了游戏和假象的快乐王国,审美使人与人作为游戏对象而相处,人挣脱了一切枷锁,具有无限的自由。在审美的社会意义方面,席勒认为强力国家是以强权统治的社会;伦理国家是以普遍意志压制个体意志的社会,审美国家才是通过个体天性来实现整体意志的理想社会。因为审美使人成为完整的人,变得和谐;审美既可以是个人的,也可以是社会的,使人与人联系起来,不像利益那样从属个人。于是审美王国里,不再有特权、霸权的压迫,不再有自私的欲望。

　　其实为席勒审美王国的旗帜所感召,试图以其改进现有社会政治体制的,还有马尔库塞。马尔库塞的《爱欲与文明》希望以爱欲为良方,拯救现代文明于理性的水深火热之中,在他看来审美为人缔造的自由王国,有利于爱欲的回归。马尔库塞总结人类文明就是现实的原则征服快乐的原则的历史,高度发展的资本主义社会更是到了一个登峰造极的阶段,在这样的统治制度中,理性的压抑性结构和对感知机能的压抑性组织的相辅相成的,其核心是合理性所指导的生产和分配组织方式,以最短的时间生产必需品。在这样的制度下,理性压制着人的感性需求和自由,人异化为劳动的工具。在审美的自由王国,感性的解放伴随着理性的贬斥,是对现存社会制度的反抗。

　　而柏林特接受并发展了席勒审美体验的连接和沟通功能、审美建构理想社会的蓝图。对应于席勒力的王国、法则的王国、审美的王国,柏林特的《美学与共同体》提出理性共同体、道德共同体和美学共同体,试图以审美尤其是参与性、连续性的环境审美与生活审美为社会模式提供蓝本。理性共同体是基于理性建构的社会,即认为社会和国家虽然有其弊病——甚至会发展为可怕的怪兽,却有其存在的必要性。边沁、罗尔和哈贝马斯都是理性共同体的辩护者。理性共同体中的个体为私利所激励、受理性指导、享受权利保护,只是因为认识到具有共同的利益才会合作。理性共同体鼓励个人主义,为每个人追求自身利益辩护,个人主义渗透于各个社会领域,成为社会发展的动因,而理性是其指导宗旨。从国家内部的政府、法律和政治民主选举制度,到国际的自由贸易联盟、政治同盟和国际合作组织,以符合个人利益为设计前提,以理性为运行准则。理性不仅是经济活动和司法系统运作的准则,还是个人的行为准则和塑造目标。具有信仰自由的权利后,理性模式而非宗教模式成为道德的中心,个人的道德自主权以理性为基础。社会个体的完美目标是情感独立、思想独立、行为独立、自给自足的自由个人。

柏林特批评这种独立、自足的个人主义思想,指出其夸大了个人的能力,漠视了个人是生活在社会整体中的成员,无论是生物学、心理学方面,还是生存环境方面,都必须依赖他人与社会。依靠理性建立的共同体也远远谈不上完美,因此社会发展出道德共同体。道德共同体的基础是道德良知,认为人与人相互联系、互惠互利,是以道德责任建立的社会共同体。道德共同体运用道德责任约束个人利益,将道德上独立、分离的个人联合为一个具有强大的道德权威的共同体。柏林特指出,道德共同体危险的地方在于会形成一个权力的金字塔,处于金字塔顶端的领导者可以为所欲为,而下层的成员放弃了独立的判断和个人的选择,沦为可怕的专制社会。许多宗教团体、独裁国家、军事组织、专制组织是道德共同体的代表,成员失去了个人的自由和利益,不容许个人的独立行为和自由意愿,所有行动都要服从上级的命令。由此柏林特指出,个人主义、理性共同体和道德共同体或者是基于私利,或者是出于理性,或者是服从于道德,都没有真正发现和认识个体与社会的连续性以及感知的连续性。

由此柏林特提出生活美学共同体的概念,既包括人与人之间的和谐社会关系,也包括了人与环境的融合关系。其最大的特征是连续性:社会中的每一个人都是相互联系的共同体,不存在分离的自我也不存在分离的他人。自爱会促进而非减损对他人的爱,人真正的个人利益不是个人的满足,而是将个人价值和他人价值结合,满足共同的需求。柏林特以朋友之间的友谊、情人之间的爱情来具体阐释美学共同体的连续性,因为他们之间具有思想、行为上的连续性:都能对朋友或爱人的情感、体验、希望感同身受,所作所为是为了朋友或爱人,而非一己私利。

生活美学共同体还包括了人与环境的连续性,人是参与到环境中去,成为环境的一部分,这使环境具有政治意义:“这样一个视野要求我们认识和建构环境。或许我们一直讨论的感知共同需求识别出了人类环境——即人类世界——的建构条件,或许在建构环境的同时,我们也在强化和协调它的所有参与要素。这座感觉景观如何设计、如何调度、如何驻扎,均关乎每个人,它允许无限可能性的存在,既有美学的,也有政治的。"①

而生活美学共同体的连续性还体现在审美的参与:"美学共同体源于经验、存在于经验中。它类似于我们对艺术情境的体验,因此被称为美学共同体。因为在艺术欣赏活动中,当审美场发挥作用时,艺术家的创造能力、艺术作品、表演者和欣赏者共同交流、相互作用。认知活动的远处静观和对象化态度并不适用,反倒是审美参与决定了它的属性。各种要素的共同互惠、多种功能的相互联系、观察者和参与者的融合、定向经验的突出性——这正是美学共同体的显著特征。"②柏林特还引用了马丁·布伯(Martin Buber)《我与你》的"与自然同在的生活""与人类共同的生活""与精神存在共存的生活"三种联系世界来阐明。在"与自然同在的生活",人加入了与自然相依相存的互惠关系中;在"与人类共同的生活",人体验着统一的关系;"与精神存在共存的生活",人体验着艺术与环境欣赏的普遍美感,即是从审美体验中感受他人、得到共鸣。与此同时,生活美学共同体的个体因为审美参与,保持着个体的差异性。于是美学共同体既避免了理性共同体的个人主义,又避免了道德共同体的同一性。

可见柏林特以环境审美的连续性来建构生活美学共同体,不是友情或爱情等亲密关系,也不是伦理学的同情或传统美学的移情。因为友情或爱情只存在于个人与少数人之间,而非个人与整体;而同情或移情缺少了审美的参与。柏林特看到了个人主义、理性和道德的不足,发展了审美建构大同世界的构想,从人与自然、环境的共同体这一更纵深的视野来思考社会共同体:连续性展现了社会共同体不只是包括人与人之间的联系,还包括了人与环境之间的联系;而参与性使人与环境、人与社会融合的同时,保持着个体的特性。柏林特的环境美学与生活美学研究,就是希望人们通过审美达到人与环境、人与人之间的参与和融合,推动生活美学共同体的建构。

柏林特"参与"审美模式赋予连续性本体论的地位,因为连续性是人与环境的根本特征,人是环境尤其是自然环境中的一员,有自我生存和发展的要求,也不能忽视与环境的同生关系;而这种连续性延伸成为社会内部的人与人之间的根本关系,有其必然性和合理性。人与环境息息相关,相互影响

---

① [美]阿诺德·柏林特:《环境美学政治》,索宇环译,《马克思主义美学研究》2010年第2期。

② Arnold Berleant, *Living in the Landscape*: *toward an Aesthetics of Environment*, Lawrence: University Press of Kansas, 1997, p. 153.

或是直接的或是间接的,但人类对环境的污染带来的后果是全球性的,世界上哪一个角落都不能幸免;这正是人与人关系的最佳隐喻,共生共荣,社会性的灾难无人可以独善其身。理性共同体的个人主义使社会内部、国家之间的利益纷争愈演愈烈,贫富不均日益扩大;道德共同体对个人的控制无处不在,正滑向苦难的深渊,柏林特认为连续性可以弥补理性共同体和道德共同体的缺陷,使社会能够建立整体性和自主的均衡关系。

霍克海默揭示能够引领人类走向自由和解放的理性与启蒙,实际导致对自然和人的极权统治。理性和启蒙的人类主体思想,确立人对自然的绝对统治,将自然视为外部的"他者",使可以控制和利用的工具;但是理性同时将这种关系社会内部化,即统治和利用各种"他者",将人异化为资源和工具。霍克海默揭穿和批判理性、启蒙的思想逻辑和发展过程,而柏林特以人与环境的连续性强调人与人的连续性,无疑是回应了霍克海默的启蒙批判。

柏林特以连续性推动生活美学共同体的建设,还具有强烈的现实意义。1972年的联合国人类环境会议通过了《联合国人类环境会议宣言》,第一条原则正是指出了人与环境的连续性:"人类既是他的环境的创造物,又是他的环境的塑造者,环境给予人以维持生存的东西,并给他提供了在智力、道德、社会和精神等方面获得发展的机会。生存在地球上的人类,在漫长和曲折的进化过程中,已经达到这样一个阶段,即由于科学技术发展的迅速加快,人类获得了以无数方法和在空前的规模上改造其环境的能力。人类环境的两个方面,即天然和人为的两个方面,对于人类的幸福和对于享受基本人权,甚至生存权利本身,都必不可缺少的。"《宣言》同时指出,为了贯彻这一原则、达到保护环境的目标,必须反对一切形式的国内和国际殖民压迫。

于是保护环境、维系好人与环境的连续性延伸到了社会内部和国家之间,可以弥合利益纷争和政治分歧,成为绝大多数国家和地区信奉的理念,共同缔结条约、联合行动。这也成了国际学术界的共识。就连一直致力于猛烈抨击资本在空间的运作及其造成全球地区发展不平衡的学者戴维·哈维在思考人与环境的关系时,也承认它们的连续性超越了阶级利益。他认为人类与各种物种一起生存在生态系统中,保护和改善生态为人们提供了共同的话语基础和目标,其不只是专属于民族或国家的事物,需要人类达成一致、互相合作。而且哈维还认为保护环境的生态现代化与替代资本主义的目标可以结合在一起,探索新的改善环境的社会模式来替代以生产、消费和分配为核心的资本主义模式。

柏林特的连续性统一生态维度和社会维度:人与环境之间的连续性为

人与人之间的关系提供指导,承担起人类对自然环境的责任和社会中"他者"的责任。柏林特将环境审美中人与环境连续性关系具有自由、平等、整体的特点,转变为美学共同体使个体感知他人体验,以人与环境的依存关系来处理整体利益与私利的关系。连续性的参与是开放的、合作的、联系的,鼓励同情取代自私,以共同利益代替个人主义,以关怀取代竞争,以公平取代歧视,能够成为社会生活的主导和方向。

柏林特在《完美相处:社会美学构想》里,继续以环境审美感知对人的意义、以环境审美的相互性作为社会秩序的模式,探讨如何具体地将环境审美连续性发展为生活美学共同体。柏林特指出美学由艺术拓展至环境,使其包容众多的语境性要素:接受、感知、知觉、发现、独特性、相互性、连续性、交融性、多样性,其核心是连续性。当某种社会情境的知觉占主要地位时,会显示出审美特征,如认可其特性、增强感知、独特的知觉、发现的兴奋、体验的独特、相互作用、具有连续性、个人的投入、肯定多样性等。因为人对世界的理解和行为以人的知觉为基础,环境审美带来知觉的变化,自然会导致人的思想和行为的变化。当然,道德、经济、政治、科学对人知觉和体验的影响也能带来类似效果。柏林特钟情于审美,是因为他认为审美本来就是感知的,因此审美价值弥漫在整个人类社会中,成为所有感知的底色。于是自由、平等的审美状态,必然会推动人们反对专制、等级的制度,缔造一个开放性、多元化的社会。

柏林特以审美的连续性发展了席勒的审美王国理论,《环境美学政治》还有针对性地研究环境审美是否能够、如何能够影响政治制度,提出人具有环境的感性共同需求,以此作为生活美学共同体的准则和目标。柏林特指出西方主要的政治起源思想,从霍布斯、布洛、卢梭到罗尔斯,认为政治起源于神话里人们的契约结盟,建立政治秩序、初步成立制度。柏林特认为这不是居于事实的结论,是将政治起源的神话附加在虚构的传说上,推断的论据和推断的过程都是沙丘上的大厦。柏林特认为政治起源于大众的感性诉求,这是体验的感性基础,"因为感性基础必然的、直接的、永远的是当前的和眼前的,所以它们就成了人类的共同需求"①,如清新的空气、干净的水、没有污染的空间、安静的公共场所。这些公共需求隐藏在感知行为中,而感知发生在日常生活中,于是公共需求既是生活的主要内容又是生活的重要动力。大众感知需求是直接的,同时又有着广泛的生活基础,柏林特认为本

---

① [美]阿诺德·柏林特:《环境美学政治》,索宇环译,《马克思主义美学研究》2010年第2期。

来就是每个人必须拥有的，应该称之为"需求"而非"权利"。

柏林特以需求而不是财产、权力和法律为线索研究政治。他指出在原始社会的公有制不是物质和资源的共同拥有，而是分享共同的感知需求，不只是土地、钱财，还包括了水和食物的需求、安全的需求、抵御恶劣气候的需求等。感知需求比财产更深刻、更全面、更实际地反映政治状况，落实到每个人的日常生活中，因此感知平等是政治平等的前提和保障条件，也是建立更公平和关怀的社会的新思路。其同时又是感知的，需要相应的环境和设施使人们得以享有，因为环境反映了不同的感知需求，究竟是满足共同感知还是少数特权的感知需求，折射出政治状态；环境影响感知需求，并左右着人们共同需求的满足。"环境感知体验是最普遍的，它同时也是最初和最重要的美学。这就是美学可以决定政治的缘故，也是美学对社会独有的贡献。"①

柏林特不只是提倡社会以共同的感知需求满足为目标，还发现了损害和误导共同感知需求的政治控制。前者包括了某地区的环境污染问题、为了满足个人利益而不顾共同感知需求的行为和景观污染等。后者是消费时代的炒作机制，刺激和诱导人们产生欲望，变成消费者。柏林特指出这是"感性征用"，为了利润和权力，操纵着公共环境、人的感知和行为，塑造人的感知和品位。柏林特清醒地认识到，满足共同的感知需求，要阻止对其产生危害的各种行为，以及提防和批判无孔不入的消费主义。

共同感知需求是柏林特反思当代社会弊病后提出的良方。当代社会全球性环境问题越发严重，部分区域暴发环境灾害，许多城市居民生活在狭窄、阴暗、肮脏的地方，就连乡村都失去了蓝天绿水。在某种意义上，实现感性的共同需求比起财产的合理分配、政治权利的分享更重要，更能成为衡量社会公正、政治公平的关键标准。如果洁净的空气和饮水、安全的食物、对阳光和繁茂绿叶的欣赏等感知需求成为奢望，那么即使实现了财产和权利的平等，社会也远远谈不上幸福和谐。因此《联合国人类环境会议宣言》所申明的第一条共同信念是"人类有权在一种能够过着尊严和福利的生活的环境中，享有自由、平等和充足的生活条件的基本权利，并且负有保护和改善这一代和将来的世世代代的环境的庄严责任"。

在生态意识高涨、环境保护成为现实严峻问题的时代，衡量社会公正、政治制度先进的标准也应该与时俱进。日常生活感性需求的平等是财产、

---

① Arnold Berleant, *Sensibility and Sense*: *The Aesthetic Transformation of The Human World*, Charlottesville: Imprint Academic, 2010, p. 221.

地位、权利的平等集中体现和直接体现,以环境体验、生态意识为政治变革提供了新的发展思路和标准,这是柏林特共同感知需求与生活美学共同体最大的现实价值。

第四节　生活审美的消费文化批判

从法兰克福学派到英国文化研究再到后现代主义,都批判消费主义对日常生活审美的控制,关注生活审美的精神价值。赫伯特·马尔库塞(Herbert Marcuse)揭穿工业文明刺激生活消费过度需求,更多的生活用品和层出不穷的生活家电,产品使人们变成屈从物欲,呼吁"新感性"。居伊·德波(Guy Debord)指出生活已经成为众多景观的汇聚,发展出资本主义的"景观社会",展示富裕阶层的华丽生活景观,刺激社会的欲望与消费。皮埃尔·布尔迪厄(Pierre Bourdieu)也指出,饮食、服饰与身体的日常消费文化实践与艺术一样,具有标志身份等级的作用。鲍德里亚则批判生活消费品与消费场所的审美化,是一种符号消费,也是划分阶层的新方式。约翰·费斯克(John Fiske)、迈克·费瑟斯通(Mike Featherstone)与韦尔施等学者揭露,生活审美的消费倾向其实质或者是权力集团驯化的角力场,或者是资产阶级的当代控制方式,或者是一种消费经济策略。

在西方生活美学领域,柏林特是为数不多的批判生活消费的学者。柏林特指出,消费文化通过审美体验来侵入与控制人的观念。因为生活美学提出了一个看待世界的新视角,即日常生活活动、器具和情感都属于审美领域。柏林特肯定日常生活所体验到的愉悦,也警示日常生活愉悦背后的消费主义阴影。当代社会是一个高度发达的商业时代,消费主义渗透日常生活的每一个角落,本应是充分发掘与解放人的感性的生活美学,不知不觉间被消费主义所利用。消费文化以有目的性、虚假的、夸大的感知需求取代人日常的正常感知需求,创造与强化这些需求。柏林特注意到消费主义的惯用方法是扭曲、改造和征用人的感性体验,展开虚假的消费宣传。消费文化对日常生活审美体验的征用,破坏了审美作为自由感性的人性价值,沦为消费策略与手段。消费对日常生活审美的征用从大众营销和企业利润出发,改造人们的各种体验,以符合商业利益。

柏林特认为,扭曲和征用生活审美感性体验的三种方式分别是味觉征用、技术征用、情感征用。第一种方式是味觉征用,柏林特指出食品美学已成为美学理论和实践中的一个热点,引起许多学者参与讨论。味觉的征用是消费文化最广泛的方法,是食品工业常用的手段,造成了严重的社会健康问题。味觉征用的具体手段是甜食、高盐、咖啡因、酒精、高脂高油以及保鲜与香精等添加剂。虽然甜食和高盐等食物对健康会产生影响,长期食用将导致一系列的健康问题,然而许多消费者还是趋之若鹜,企业也选择无视。这是企业在利益的驱动下,实施味觉征用,扭曲正常的味觉感知能力,为了达到促进垃圾食品消费的目的。味觉征用使人们沉迷错误的感知愉悦体验,堕入消费的陷阱。

柏林特将第二种方式称为技术征用,其实也可以成为感知征用,即消费文化通过各种技术手段为味觉以外的各种知觉提供愉悦。有的技术直接应用于商品的结构与功能,而有的技术较为隐蔽地应用于商品的知觉征用。首先是嗅觉的技术征用,如护手霜、香皂、洗衣粉和洗碗剂等洗涤用品,还有各种公共场所空间,充斥着人造的香味。其次是视觉的技术征用,如服装、家居装饰以及印刷广告和互联网网页使用吸人眼球的颜色和图案,不能引人注目的柔和颜色渐渐消失。再次是听觉的技术征用。如摇滚音乐会使用极高音量来刺激观众和调动现场的狂热气氛。这虽然非常有效,可以吸引观众,然而会损害观众的听力。还有候车室、酒吧、餐馆、商场、街道和公园等公共场所,音乐既是销售的手段也是销售的商品。再如过分沉迷手机和平板电脑等电子产品的声音,篡改人们对日常生活原来声音的聆听。最后是空间感知的技术征用,如通过欺骗性设计扭曲人们对建筑空间和质量的感知,包括扭曲空间的镜子墙,迷惑接近的行人的伪装入口,产生错误的空间感觉。

消费主义征用生活审美感性体验的第三种方式是情感征用,即利用扭曲或者麻痹情感来促进消费。吸烟就是消费文化情感征用的惯用手段。吸烟不但有害健康,而且吸烟的味道和烟雾本来就让人厌恶,然而广告、电影和各种媒体不断宣传,用名人吸引青少年模仿,将吸烟打造为成熟世故的形象、挑战日常规则的勇气和同龄人的交往方式。烟草还有麻醉与上瘾作用,使人难以自拔。虽然烟草的危害早就被证明,也立法限制烟草广告,但是新出现的电子烟势头正盛,甚至还引诱儿童上瘾。类似的心理征用还有饮酒。流行文化与影视作品都将饮酒描绘为浪漫的消遣,其心理征用的手段与烟草极为相似。虽然酒精滥用的危害也被证实,也有发达国家颁布法令限制年轻人饮酒,但是酒精通过啤酒、葡萄酒与混合饮料等多种方式呈现,在社会各场合被鼓励。情感征用还有一种途径是迷幻药和麻醉药品,通过非法药物寻求极端的感官刺激,沉迷虚幻的狂欢,逃避现实。柏林特批评美国这类药品和违禁用品的流行正如流行病一般侵蚀大众健康与社会的稳定。情感征用最后一种表现是过分夸大不健康的情欲,它通过消除关怀的感觉和复杂人际关系的丰富性,将情欲的感性缩小为纯粹的刺激。

柏林特的生活审美消费批判,旨在揭露消费文化如何诱导和刺激人们消费各种不必要、不健康甚至会上瘾的生活商品或服务。深入揭示消费文化诱导和刺激人的味觉、嗅觉、视觉、听觉与情感的运作方式,通过征用如何重塑人的感性体验,可以更有针对性地抵制消费文化。这既是消费主义批判的新观点,也是生活美学急需弥补的理论短板。

第五节　生活崇高:抨击暴力与直面恐惧

柏林特生活美学不满足于优美,还直面生活的恐惧与苦难带来的崇高体验,新锐地发展出批判恐怖主义的生活崇高理论。恐怖主义看似与崇高风马牛不相及,柏林特却认为审美也存在于在日常的事物和行为中,甚至也存在于社会关系中;而审美除了鼓舞和高贵,还包括了受谴责的、堕落的和破坏性的体验:"审美全面而直接地反映了人类世界。因此审美包括了暴力和腐化,这是世界的而非美学的错误。"①柏林特认为恐怖主义是当代世界面对的最大暴力行径,光凭道德谴责无济于事,只有深刻剖析其内涵和意义才能有效解决。

柏林特指出,恐怖主义与审美有着千丝万缕的关系。恐怖主义运用审美的方式宣扬自我,将其行为美化为追求自由、追求公正的社会秩序、反抗压迫等高尚目标;恐怖主义的行动具有戏剧成分,并精心设计其过程,以求达到戏剧性效果。柏林特谴责恐怖主义针对平民的袭击,无论其如何打着冠冕堂皇的正义旗号,其宣传的目标多高尚,都是不可饶恕的罪行。柏林特曾经接受恐怖主义是悲剧的观点,恐怖主义是世界的悲剧,是恐怖分子与受害者的悲剧,但是他发现生活美学崇高论才能更好地揭示和批判恐怖主义。

柏林特发现,恐怖主义是为了达到政治或意识形态的目的而使用暴力,其目标是平民,产生广泛的恐慌,其特征是暴力、平民受害者和恐惧。柏林特首先从崇高和恐怖主义根源的一致性来阐述生活崇高理论。柏林特回顾博克认为恐惧是崇高的起源,恐惧还决定了崇高的规则、面对崇高时人的各种情感。博克的崇高则不局限于文学作品,崇高的范畴包括宗教的神圣庄严、可怕的意象、困难、情感和痛苦等情感和建筑的庞大、富丽堂皇的景观等环境。

---

① Arnold Berleant, *Sensibility and Sense: The Aesthetic Transformation of The Human World*, Charlottesville: Imprint Academic, 2010, p. 175.

博克以痛苦和快乐、个人自保和社会性作为标准划分崇高和美：崇高的根源是痛苦和危险的恐惧观念或事物，是最强烈的情感；而美是快乐的观念或事物，情感强烈程度要少于痛苦。博克将情感划分为自我保持和社会的两大类，社会的情感是美的根源涉及痛苦和危险的情感属于自我保持的情感，是崇高的根源："任何适于激发痛苦和危险的观念，也就是说，任何令人畏惧的东西，或者涉及令人畏惧的事物，或者以类似恐惧方式起作用的，都是崇高的本源；即它产生于人心能感觉的最强有力的情感。"①而恐怖主义的根源正是恐惧，恐怖组织发动的袭击都是通过各种形式的暴力手段产生恐惧来达到目的。

柏林特认为当代生活美学崇高论的特征是否定性。相对于审美与崇高使人愉悦或激荡的肯定性，否定性侧重于崇高的恐惧。崇高的否定性最早由康德提出。崇高的否定性是感性表现的否定性，是人内心无限理性的表现和否定感性表现，即没有感性想象力的直观和形象的表现。康德的审美是肯定感性直观和形象、否定理性，崇高则是肯定理性、否定感性的直观和形象。因此康德崇高的肯定性和否定性是认识能力层面上的划分："相反，这种纯粹的、高扬心灵的、单纯否定性的德性表现并不会带来任何狂热的危险，这种狂热是一种想要超出一切感性边界之外看见某物的妄想，也就是想要按照原理去梦想（驾着理性狂奔）；这恰好是因为，这种表现在感性上是否定性的。因为自由理念的不可探究性完全切断了任何积极表现的道路；但道德律却是我们心中自在地本身充分的，并且是本源地进行规定的，以至它甚至都不允许我们在它之外去寻求某种规定根据。"②

柏林特却是以社会的人为破坏、欣赏情感好恶来划分崇高的肯定性和否定性。险峻山崖、雷鸣闪电、火山爆发、海洋怒啸等自然环境属于肯定性崇高，人为的环境灾害属于否定性崇高。柏林特认为否定性崇高离不开道德的维度，尤其是具有破坏性的否定性环境崇高，谴责是其伦理基础，贯彻其整个过程。相比于环境灾害的道德谴责，否定性崇高清晰、全面地展现了环境灾害的危害，同时伴随着道德的谴责和反省：道德更能激起人们的切身体会和丰富感受，崇高感加强了人们对环境灾害的道德感，反思应该如何弥补过错，是美学和伦理学完美的统一。

柏林特其次以恐怖主义恐惧的无限性来阐述否定性生活美学崇高。柏林特认为康德也是将恐惧视为崇高的特征，而其来源于数量和力量的无限

---

①　[英]博克：《崇高与美——博克美学论文选》，李庆善译，生活·读书·新知三联书店1990年版，第36页。

②　[德]康德：《判断力批判》，邓晓芒译，杨祖陶校，人民出版社2002年版，第115页。

性,也是恐怖主义这种否定性生活美学崇高的特征。第一,恐怖主义袭击使用的巨大的武力手段,恐怖主义的范围和程度是不可测算的。第二,恐怖主义袭击造成的直接破坏,包括人的生命、健康以及财产损失,正如数量的崇高一般,是不可估算的。受害者都是弥足珍贵的人,却被恐怖主义作为制造大范围恐慌来达到目标的牺牲品。伤亡人数的统计是误导人的明确性和客观冰冷的非人性化,忘了死亡是人无法承受的损失,恐怖主义是不可容忍的。这是因为恐怖主义造成的恶果超出了计算的范畴,因此只能使用看似客观的伤亡统计来衡量。第三,恐怖主义造成的后果,如整个社会的心理创伤、恐惧的传播、对社会安全和稳定的冲击,正如康德的力量的崇高一样,都是难以计算、不可比较的,属于否定性崇高的范畴。然而恐怖主义这种否定性生活美学崇高对人身的直接威胁和伤害,通常比否定性环境崇高的环境灾害要强烈和可怕得多。

正如否定性环境崇高没有深入探讨人的心理活动,柏林特的否定性生活美学崇高也是忽略这个重要的环节。恐怖主义袭击是主观上有目的、有计划地展开攻击,尽可能地造成伤害。恐怖主义是社会内部或不同文化、民族之间矛盾的突出表现,充满了各种政治和社会的因素。还有就是恐怖主义袭击造成直接人身伤害,这都使其引起的情感更复杂,如愤怒、悲伤、怜悯、同情等,引起的反思也更多。柏林特将恐怖主义定义为否定性的崇高,目的是剖析恐怖主义,揭穿其利用审美和艺术美化自己的伎俩,揭露其丑恶罪行,并从理论上揭示其思维模式和行为模式,有助于清楚认识恐怖主义的丑陋真面目。

柏林特的生活崇高从恐惧经验和道德经验的角度研究恐怖主义,是其生活美学建构的重要思考,也为恐怖主义研究提供了全新的视角和理论来源,对这一社会重大问题的解决具有重要的启发意义。以美学理论研究社会和政治,柏林特并非孤例:如伊格尔顿的意识形态审美化研究,再如沃尔夫冈·韦尔施以审美为认识论的基础、美学成为能够横贯所有领域的跨学科,创造出美学与伦理学结合的"伦理/美学"。这都是美学切入社会、政治研究的努力,有助于思考美学与社会学、政治学、伦理学等学科的合流,也是建立生活美学学科的有益尝试。

以崇高的视野与体验面对生活的苦难与不幸,美学真正融入生活的各领域以及人生的喜怒哀乐,并以带着伦理考量的审美经验贯穿生活。生活美学崇高的否定性还可以发展为超越性。康德的崇高追求超越性。崇高尤其是自然界力学的崇高,如险峻山崖、雷鸣闪电、火山爆发、海洋怒啸等自然巨大力量产生的恐惧(强制力),使人不快。然后人内心理性能力对抗自然的巨力(强制力)，可以统率无限性、合目的性并保持人的尊严，产生快感。即崇高造成人内心的激荡——先是使人产生恐惧、感到自身的渺小，再发现人对自然的优越性，超越数量无限和力量巨大的自然以及内心的压迫和恐惧。恐怖袭击等生活苦难正如自然界的力学崇高，给人带来恐惧与压迫，生活美学崇高除了否定这些负面体验，更要超越恐惧与压迫，保持人的尊严与信心。

柏林特以否定性崇高来分析恐怖主义，还有一种现实意义，即人应如何对抗、平息恐怖主义带来的恐惧。博克和康德的崇高心理研究会很有启示：民众面对这种不可预测、伤害巨大的生活美学崇高时，产生恐惧感并不断与之抗争，直到激发勇气战胜恐惧的心理过程。可惜柏林特对这一心理过程的分析欠缺深入。当然，崇高从自然的暴力转至人的暴行，给人带来的恐惧也会有着巨大的差异，如其残暴性、不可预测性。人们需要新的认识和新的指导来抚平创伤、振作精神、找回失去的安全感。

柏林特的生活美学崇高极大扩展了崇高的领域——不仅包括艺术、自然和环境，甚至包括了生活中的政治活动，虽然具有一定的争议性，却是对传统崇高理论的创新性发展。柏林特的崇高理论在坚持伦理价值的基础上，大胆探索生活世界的各种场景与活动的感性体验及其意义，对生活美学的理论建构以及实践探讨都有着重要的启示。

第六节　生活美学视域下的声无哀乐论

柏林特的生活美学基于审美经验的本体地位，将生活器具、生活活动与社会关系纳入审美领域。与此同时，柏林特也用生活美学的视野反思传统艺术，大胆地指出音乐虽然是声音的艺术表现，却不是艺术家情感的表现。声无哀乐，必须依靠欣赏者日常生活经验与日常感情的投入才得以呈现。柏林特生活美学视域下的声无哀乐论是生活审美与艺术审美关系的再审视，也为生活美学与艺术美学如何共存并相互促进提供了参考。

柏林特的生活美学研究生活与音乐的关系绝非偶然，他求学在全美排名第一的音乐学府罗切斯特大学伊斯曼音乐学院，先后在此获得音乐学士学位和文学硕士学位，其硕士论文为《巴托克管弦乐作品中的赋格曲研究》。柏林特不但反对音乐中包含情感，指出传统音乐理论证明音乐源于情感的逻辑性错误，还反对其整套体系：音乐是语言、音乐以语言来表达或模仿情感。同时回归到美学最初的"感性经验"本义，认为音乐激发的是人各种经验，音乐的本体不是音乐作品，而是这些审美体验。最后指出审美体验不是主观性的,而是作曲者、演奏者、音乐、听众构成的审美场域所产生,由历史、文化、经历等因素所决定。音乐也由此从艺术领域拓展至生活美学领域。

柏林特既是具有深厚理论基础,在美学领域开拓创新的美学家,还是艺术造诣不凡的钢琴家。可以说是理论指导实践,实践上升为理论,使其美学研究与音乐演奏相得益彰。也正因为拥有理论基础与艺术实践,柏林特强烈地反对音乐与情感有着不可分割的关系,旗帜鲜明地主张声无哀乐论,提倡音乐与社会及生活的紧密联系。

柏林特认为,演奏者与听众在欣赏音乐的时候被激发感情,并不等于音乐自身带着情感,只不过是他们将情感投射到音乐之上。通常人们在欣赏音乐的时候,会体验到情感,误以为音乐即情感或关于情感。柏林特指出这个理论其实犯了一个逻辑上的错误——以果为因,以音乐的影响即情感作为音乐的根源。柏林特引用了约翰·杜威的例子——"火焰的炎热是因为火焰的热量"[1],这个所谓的解释是以结果为原因的解释,正如说人的自私天性是因为人的天性就是自私的,根本就没有做出解释;因此听众在欣赏音乐的过程中有情感的反应与波动,并不等于音乐源于情感。

许多美学家认为音乐表达情感,是因为无论是音乐家还是听众,在欣赏音乐的时候,都会挑动充满情感的审美体验。但是当我们深入探讨音乐与情感之间的关系时,发现它们的联系是难以捉摸和不确定的,无法找到两者的必然联系。尝试将音乐的组成部分与情感联系起来也是异常困难。柏林特发现,将音乐表达情感联结起来,是物我两分的二元论与本质主义哲学的结果。二元论哲学主导下的音乐美学,或者像汉斯里克是极力排除音乐美学中的主观经验,追求音乐不变的客观"自律";或者肯定音乐是情感的表现。本质主义则是"企图通过诸如情感、表现或者意味等等某种单一的影响力和因素来阐明审美过程的思考倾向"。[2]

柏林特进一步指出,音乐是情感表现的传统音乐理论,其关键词分别是情感、语言、表达与模仿。声有哀乐论的观念之下,有着一整套理论体系:音乐是一种语言,创作者与演奏者能够运用音乐语言来表达情感、模仿事物或情感。如果音乐理论缺少了语言、表达、模仿,声有哀乐就无从谈起。如黑格尔在其巨著《美学》分析音乐的时候,认为音乐是最核心的浪漫型艺术,

---

① Anorld Berleant, "What Music Isn't and How to Teach It", *Action*, *Criticism and Theory for Music Education*, 8 (1), 2009, pp. 54–65.

② [美]阿诺德·柏林特:《美学再思考——激进的美学与艺术学论文》,肖双荣译,陈望衡校,武汉大学出版社 2010 年版,第 21 页。

"音乐始终只能表达情感，并且用情感的乐曲声响来环绕精神中原已自觉地表达出来的一些观念。"①纵观西方音乐美学，相似的理论比比皆是。而音乐的模仿能力也被肯定，如古典音乐、民间音乐、摇滚音乐、爵士音乐和说唱等音乐样式都被用来叙述故事，音乐的模仿用来辨别人物、事情与情景的特点，柏林特为了彻底否定声有哀乐论，推翻这一整套体系：音乐不是语言、表达与模仿，以音乐来表达或模仿情感便成了空中楼阁。

柏林特比较了音乐与语言的相似之处：语言的构成层次是词、词组、句子、段落、文章，而音乐的构成层次是乐音、乐句、乐段、乐章构成三段式、奏鸣曲式和回旋曲式等；而且它们的构成都遵守一定的规则。这是许多美学家误认为音乐是语言的原因。柏林特指出音乐与语言最本质的区别在于对意义的明确阐述上，语言即使运用在非小说类文学作品如散文、诗歌中，其意义也能够被认识，而音乐每一层次的构成结构没有像语言那样被确定的意义，其中的内涵非常微妙与难以捉摸。既然音乐没有语言阐述意义的功能，音乐就不能表达、模仿些什么，或者只能纯粹地模仿自然或社会的某些声音，缺乏深层次意义。由此柏林特瓦解了声有哀乐论的理论体系。

爱德华·汉斯力克（Eduard Hanslick）一针见血地批评将音乐等同于情感的错误，但是他极力排除音乐美学中的主观经验，追求自然科学的方法，寻找千变万化的印象背后探求具有普遍性的客观真实，提倡音乐不变的"自律"。这种普遍、客观、真实的自然科学方法论正是当代美学所攻击的，而且他将音乐审美中的经验完全抛到一旁也备受诘难。国内外学者注意到了音乐中的感觉不只是情感，对情感的概念做进一步的研究，使其能够对应于音乐激起的反应，如美国学者伦纳德·迈尔以爱、恐惧、愤怒、嫉妒等情感状态代替情感，何乾三比较了普通情感与音乐情感的区别，蔡仲德和修海林则分析了情感与情绪的区别。

柏林特发现音乐引发的不是高兴或哀伤的情感，而是各种经验："听众在音乐中获得更多的身心领域的感觉：懒散、性欲、坚毅、活力、好战。"②认为音乐即情感无疑是将这个问题简单化了，忽略了音乐经验的多样性与复杂性。柏林特还原美学的"经验"本义，指出音乐即经验（审美经验）。柏林特的"经验"比起"音乐情感""情绪"，无疑是更贴合音乐活动，更为全面与丰富；也更侧重审美经验的个人化与多元化。

---

① ［德］黑格尔：《美学》（第三卷上册），朱光潜译，商务印书馆1979年版，第335页。

② Anorld Berleant, "What Music Isn't and How to Teach It", *Action, Criticism and Theory for Music Education*, 8（1）, 2009, pp.54-65.

　　柏林特的现象学音乐美学,否定传统美学二元论将音乐划分为客观的音乐作品与主观的审美经验,颠覆传统的音乐概念——没有所谓的音乐作品,正如他一向否定存在艺术作品一样。他不承认音乐作品独立于人之外的客观,认为音乐不能与人分割开来,等着人去分辨与理解。音乐不是存在于抽象之中或外在世界,音乐或许是最具体、最当下的艺术,如果离开了演奏者或者听众,就不能成为音乐。正是人们参与、投入音乐的进程中,才拥有音乐的体验。他提出一元论的"参与"美学,欣赏者参与到艺术作品中去,音乐即是物我相融的审美经验。

　　柏林特认为创作因素、对象因素、表演因素与欣赏因素都是参与到审美事件中不可或缺的因素,它们互相影响、共同构成审美经验。音乐活动的四个因素都围绕着审美经验展开:创作者形成最初的听觉经验;乐谱使这些经验聚焦在一定范围;演奏者改动乐谱、以个人风格演奏与运用新的乐器等方式进行再创造;最后是听众参与到音乐中,形成审美经验。同时听众也可以通过鼓掌、欢呼等方式影响演奏者,再反过来影响听众的审美经验。"参与"的审美经验超越本质主义的单一性,"取而代之的是,通过复杂性、影响特征群、相互关系、各种不同语境等等来阐明审美过程"①。

　　柏林特的音乐经验本体论更具丰富性与创新性,是音乐经验不仅是听觉经验,还包括了身体各感官的经验。对音乐的感知中,听觉与视觉、味觉、嗅觉、触觉紧密的联结在一起。"音乐不仅是一种听觉艺术,和其他艺术一样,音乐是联觉的。"②演奏者的经验也涉及多种感官,在投入演奏活动中,他们与乐器合为一体,有着运功感官的经验甚至是内感官的经验。"在管乐表演中,这种合一更加清楚,因为这时候是由呼吸和身体直接创造出了声音"③,身体的内感官经验也越发强烈和明显。这是对音乐审美经验只专注于听觉、忽略了身体其余感官的有益补充。

　　柏林特还认为音乐的审美经验具有空间属性,包括宽与窄、密与稀、实与虚。"真正的空间音量间出现在随着时间前行的音乐五线谱的形状与范围中;在经过句的谱线中,这种空间音量感通过厚薄、浓淡与宽窄表现出来;就乐器的材料来说,通过硬度和丰满度表现出来;如果通过音乐的音域作垂

---

①　[美]阿诺德·柏林特:《美学再思考——激进的美学与艺术学论文》,肖双荣译,陈望衡校,武汉大学出版社2010年版,第25页。

②　[美]阿诺德·柏林特:《美学再思考——激进的美学与艺术学论文》,肖双荣译,陈望衡校,武汉大学出版社2010年版,第231页。

③　[美]阿诺德·柏林特:《美学再思考——激进的美学与艺术学论文》,肖双荣译,陈望衡校,武汉大学出版社2010年版,第230页。

直分类的话,就有全音域、开放、宽广和狭窄之分。"①不同的音乐家、乐器以其独特的方式运用声音媒介来展现各自的空间。

柏林特回顾听众在欣赏音乐的过程中,音乐是空气颤动的物理运动,而音乐的欣赏常常会涉及个人主观的、隐私的、内心的情感。"审美场域"决定了音乐不只是纯粹的物理运动,而是一个社会现象,涉及作曲者、演奏者与听众的共同参与,并拥有演奏实践与价值的历史。音乐由此是物理的、社会的、情境的甚至是历史的艺术。音乐不只是主观的、情感的审美体验,而是社会—环境的艺术。柏林特鼓励艺术参与到生活中去,不把艺术与审美看作区别于道德、实践、社会和政治等其他价值的特殊领域,思考它们的互相弥漫与影响。或许这更符合生活中的现实情况,不能将音乐等艺术从生活抽离出来进行欣赏,忽略生活其他因素的作用。于是,音乐审美经验实际也是生活审美经验的一种,生活审美的领域与体验更为宽广。

---

①　[美]阿诺德·柏林特:《美学再思考——激进的美学与艺术学论文》,肖双荣译,陈望衡校,武汉大学出版社 2010 年版,第 228 页。

第六章 阿诺德·柏林特与
中西方美学对话

阿诺德·柏林特与中国美学界渊源颇深,早在 1984 年,《城市资源》第4 期就发表了他的《美学的交融和城市的环境》,这是国内翻译的第一篇环境美学论文。2019 年,86 岁高龄的柏林特还在《文艺争鸣》上发表了他对环境美学与生态美学的辩论文章《就环境美学与生态美学之关系答程相占教授》。在西方环境美学领域,柏林特也是最早与中国学者开展学术交流的美学家。柏林特 1993 年就应邀到浙江大学美学研究所讲学,1994 年第 1期的《风景名胜》杂志特地对柏林特做过访谈,这是国内首篇专门介绍柏林特及其环境美学的文章。近年国内召开的环境美学与生态美学学术会议,柏林特也是主要的主持者或参与者。

柏林特是中国环境美学与生态美学的主要促进者。他促进了国内环境美学和生态美学形成与发展;其诗意栖居、家园感为环境最高目标、破除二元对立的"参与"审美模式与环境批评理论对两个学科产生了深远影响。近十年来,柏林特的生活美学也影响着中国的日常生活美学:其环境审美合法论对非功利性、静观的对象化模式批判,为审美领域从艺术、环境拓展至日常生活提供理论基础。其"参与"模式是日常生活美学的重要审美模式。

柏林特还是中西方美学对话的重要推动者。柏林特推动了中西方关于环境美学与生态美学的对话,卡尔松、曾繁仁、陈望衡和程相占等知名学者都加入了这场大讨论,对话的平台最后提升至国际美学权威刊物《美学与艺术批评》杂志,扩大了中国美学的国际影响力。卡尔松忽略中国环境美学的传统审美资源,并认为生态美学的"生态"实质以生态知识为审美,可以在环境美学科学认知主义指导下取得进展。柏林特深入研究中国道家与儒家等哲学思想、天人自然观、中国园林审美境界等理论,意识到西方环境美学与中国环境美学及生态美学有着哲学基础与审美体验的根本差异,但是中西方研究可以成为一种互补关系。这是中西方美学的平等对话,也是中国环境美学与生态美学走向国际的标志。

第一节　阿诺德·柏林特对中国环境美学与生态美学的影响

柏林特是来中国次数最多的、对中国美学最感兴趣的环境美学家。他也是最早向中国美学界推介引入环境美学的学者,推动了中国环境美学与生态美学的诞生。1994 年第 1 期的《风景名胜》的《一片风景就是一种心情:阿诺德·伯利恩教授访谈录》的文章中,就介绍柏林特及其环境美学。当时柏林特的研究重点已经从现象学美学、艺术美学转至环境美学,并在这个全新的领域成果丰硕、地位日隆。最近 20 多年也正是中国环境美学萌芽、形成、蓬勃发展的时期,柏林特的环境美学在中国产生深远影响。柏林特的美学著作不断被翻译到国内,迄今已有《环境美学》《生活在景观中——走向一种环境美学》《环境与艺术:环境美学的多维视角》《美学再思考:激进的美学与艺术学论文》《艺术与介入》《美学与环境——一个主题的多重变奏》六部著作和二十多篇论文被翻译到国内。与此同时,柏林特环境美学的核心——"参与"审美模式与中国古典美学有许多相通之处,其美学理论广为中国环境美学界所接受,对国内环境美学学科形成、"环境"概念、审美模式、景观审美实践有着不可替代的影响。

当然,中国环境美学学者并非全盘接受柏林特的理论,而是立足于中国古典美学,放眼世界,批判地继承发展。这也是中国学术界 21 世纪以来的一个典范,表现了中国学者如何放宽眼界、取其精华,并在新的历史条件和新的时代要求下,结合自身理论资源,博取各家之长,超越西方学者的单一理论背景,实现理论创新,取得许多突破。

柏林特对中国环境美学的第一个影响是直接促进了中国环境美学的形成。从 20 世纪末到 21 世纪的 20 多年,随着美学领域的拓展与环境的不断恶化,众多中国美学学者开始意识到环境审美与环境保护的重要性,纷纷投身于环境美学研究,形成环境美学学科,并成为美学界的研究热点。回顾中国环境美学的发展历程,可以发现柏林特对中国环境美学的重要促进作用。

根据现有资料,最早提及"环境美学"一词的,是郑光磊在《环境保护》1980 年第 4 期发表的《环境美学浅谈》。而以"环境美学"为名的书籍,是周鸿、刘韵涵 1989 年出版的《环境美学》。国内 20 世纪 80—90 年代提出"环境美学"一词的,大多是环境保护、城市规划设计、环境设计方面的学者、从业人员,主要是从实践角度提出环境审美研究的必要性,同时总结环境审美经验,尽可能上升到有规律性的理论层面。当然,这个"环境美学"

的提法也是当时美学热的产物,离真正成熟的环境美学学科还有很大差距。

直到 21 世纪初,中国环境美学学科才真正形成,而陈望衡厥功至伟。国内环境美学学科的萌芽,是陈望衡 1999 年在成都举办的中华美学学会第五届全国美学会议上提交的论文《培植一种环境美学》(收录于《中华美学学会第五届全国美学会议论文集》,发表于《湖南社会科学》2000 年第 5 期),这也是国内第一篇真正意义上的环境美学文章。陈望衡在 2007 年出版的国内第一部环境美学专著——《环境美学》的理论体系,已经在这篇文章里初具雏形。其分析了环境问题越发严重的当下,环境美学学科成立的紧迫性,环境美学的任务是欣赏环境与保护环境;环境美学的学科性质是综合性的应用学科,内部涉及环境美学美的本体论、美的类型论、审美意识论、审美文化论,外部则涉及城市规划学、建筑学、园林学、生物学、生态学、社会学等学科;环境美学是研究环境的美学价值的学问,其理论基础是自然的人化与人的自然化,环境具有生态平衡意义、物质功利意义、精神价值上的意义,环境在生理、心理、文化、活动四个方面的"宜人性"是环境美学的核心理论。这就从理论层面上为环境美学建构了较为完整的理论体系,具有很好的指导价值和理论意义。

陈望衡最先接触的西方环境美学学者正是柏林特,其环境美学理论曾受柏林特影响。早在 20 世纪 80 年代末,陈望衡就结识了柏林特,并在 1993 年邀请柏林特访问其工作的浙江大学。访问期间,柏林特向陈望衡赠送了新出版的《环境美学》与两篇关于城市美学的论文。陈望衡意识到这一全新学科的价值与潜力,开始研究环境美学,并且硕果累累。其立足于传统美学资源,富有创造性地提出"家园感""乐居""山水园林城市"等富有中国古典审美趣味的环境美学理论。

陈望衡 2006 年主持翻译的《环境美学译丛》是国内第一套西方环境美学译丛,包括了柏林特的《环境美学》和《生活在景观中——走向一种环境美学》,是唯一有两部著作列入其中的环境美学学者。2004 年 5 月,武汉大学、中国美学学会共同主办了"美与当代生活方式国际学术研讨会",陈望衡邀请柏林特、瑟帕玛等国外环境美学重要学者参会,其主编的《美与当代生活方式——"美与当代生活方式"国际学术讨论会论文集》开辟环境美学领域专题。陈望衡还在 2007 年出版了国内第一部环境美学专著《环境美学》。2009 年起主编《环境美学前沿》,大力推动了环境美学学科的发展,其中亦有不少传播和研究柏林特环境美学的论文。

此外,柏林特通过学术交流与作品翻译进一步扩大其对中国环境美学的影响。自 1993 年首次来中国之后,柏林特就频繁来华参加学术交流。如 2004 年参加"美与当代生活方式国际学术研讨会",2005 年参加山东大学文艺美学研究中心举办的"生态文明视野中的美学与文学国际学术研讨会"，2009年参加山东大学文艺美学研究中心主办的"全球视野中的生态美学与环境美学国际学术研讨会"，2010年8月参加了在北京大学举办的第18届国际美学大会。2012年6月，由山东大学文艺美学研究中心、山东大学生态美学与生态文学研究中心、美国中美后现代发展研究院及美国过程研究中心联合举办的"建设性后现代思想与生态美学"国际学术研讨会，柏林特参会并作大会致辞。2012年9月，由东北师范大学文学院主办的"新世纪生活美学转向：东方与西方对话"国际研讨会，柏林特也出席并发表讲话，为其环境美学理论的影响推波助澜。

著作翻译方面，除了《环境美学译丛》中的《环境美学》和《生活在景观中——走向一种环境美学》外，柏林特反思传统美学的《美学再思考——激进的美学与艺术学论文》、主编的《环境与艺术：环境美学的多维视野》分别于2010年、2007年被翻译到国内来。《艺术与介入》与《美学与环境——一个主题的多重变奏》都是2013年翻译出版。柏林特的论文从2004年发表的《环境：向美学的挑战》起，共有11篇研究环境美学的文章被翻译发表在国内的核心期刊上，鲁枢元、刘悦笛等学者发表了四篇访谈柏林特的文章。这些文章主要集中在环境美学对传统美学的挑战、城市美学、景观美学几个领域，无疑是当今中国美学界非常感兴趣及非常需要的。

中国环境美学经过二十余年的发展，已经成为美学新的增长点，研究的文章越来越多，召开了好几次大型学术会议，形成了一个新的美学学科，这离不开众多美学学者的努力。曾繁仁、鲁枢元、彭锋、刘悦笛、程相占等，都深入研究过柏林特的理论。如曾繁仁2008年发表的《论生态美学与环境美学的关系》、2009年发表的《西方20世纪环境美学评述》，彭锋2005年发表的《环境美学的兴起与自然美的难题》、2006年发表的《环境美学的审美模式分析》，刘悦笛2008年发表的《环境美学的发展及其新近问题》等。

张法2007年发表的《中西美学原理体系在新世纪面临的挑战》指出西方新世纪面临的挑战是环境美学，就是列举了柏林特"参与"审美模式对西方传统美学非功利性、心理距离、纯形式美感的颠覆。彭锋在哈佛大学当访问学者的时候，特地对柏林特进行访谈，对柏林特的环境美学有很深的理解。彭锋在《环境美学的兴起与自然美的难题》中对环境美学的定义，直接就是引用柏林特的原话："像诗歌或绘画美学是研究这些艺术中的审美特性和价值一样，环境美学考察环境中的审美经验和价值。我们对艺术中的审美价值的经验的理解，构成诸如批评、解释、哲学等的不同用词的判断的基础。同样，环境美学要求把握什么是环境，什么是环境经验，它的审美维度和由此生发的价值。"①程相占也和柏林特有较多交集,在国内翻译了不少柏林特的文章,发表过对柏林特的访谈文章。

这是因为中国学者更亲近柏林特人文主义的环境美学,难以接受卡尔松的科学主义即以科学认知为环境审美基础的主张,以及瑟帕玛分析哲学思辨为基础的环境美学理论。同时柏林特的环境美学较注重实用性,在城市美学、景观美学方面写了一系列既有理论性又有现实指导意义的文章。中国美学界这20多年也掀起了日常生活审美化的浪潮,不少学者希望能够理论联系实际,将美学理论应用到现实中去,柏林特的环境美学无疑正是他们所需要的。所以柏林特对中国环境美学的形成的影响,既是其多次到中国学术交流的结果,更是他的理论与中国古典美学有相通之处、符合中国美学界需要,是中国学者建构环境美学学科时自觉的选择。

柏林特对中国环境美学的第二个影响是"参与"审美模式的理论价值。柏林特环境美学的核心与创新是他的"参与"审美模式,这也是他在西方美学与环境美学中独树一帜的理论,虽然看似是卡尔松的科学自然环境模式占主流地位,但是其实大多数审美模式都离不开"参与"审美模式。中国古典美学尤其是山水美学本来就是追求天人合一,对环境审美要以科学认知为基础的主客二分极为抗拒,自然会亲近柏林特主客合一的"参与"模式。如果说以往在艺术审美中不得不以距离说为主导的话,环境美学则是推崇"参与"审美模式。在接受"参与"审美模式的学者中,分为肯定"参与"审美模式与多感官审美适合人与环境的审美关系、将其与中国古典美学相比较、结合审美实际辩证分析等情况。

辛子指出,人与自然、环境的关系决定了环境审美模式。辛子接受柏林特的环境与人的关系的观点,即环境并非外部的客观环境。人的各种活动与环境条件紧密相连,人与居住环境融为一体。因此"20世纪以来,康德式的经典审美模式不断受到挑战,由于日常生活方式的'介入',消融了欣赏者与欣赏对象的距离,审美对象由艺术更多地转向大众生活和消费,审美、理性与激情、生活与艺术、生活经验与艺术经验之间的边界模糊,无利害或'超然'的审美欣赏不再是唯一,一种新的开敞的、参与式的和创造性的欣赏方式就不可避免地生成。"②

刘清平、彭锋、刘悦笛和程相占等学者敏锐地发现,参与审美与中国古典美学的审美模式有相似的地方,将两者细致比较,刘清平指出,认知理性

①　Arnold Berleant, *The Aesthetics of Environment*, Philadelphia: Temple University Press, 1992, p. 22.

②　辛子:《人与自然的关系是构建环境美学的基本前提》,《社会科学战线》2007年第6期。

精神是贯穿西方哲学发展历程的一条主线。西方哲学家大多以认知性关系来看待人与自然界之间的关系，希望以理性能力透过纷繁的现象把握其本质，获得普遍、客观的真理。然而认知的法则和方法不能在"美"的领域畅通无阻，审美必须依靠感性尤其是情感体验才能深刻体会。

刘清平指出卡尔松的科学认知主义正与西方这种理性传统一脉相承，而柏林特的"参与"审美模式与中国古典美学非常相似："相比之下，倒是在强调情感体验、天人合一的中国传统文化中，不仅很早就出现了高度赞赏自然美的哲理观念，而且山水诗和山水画早在公元3世纪左右就开始形成，而在此后的长足发展中更是达到了相当高的艺术造诣——虽然中国古代文化中明显缺乏有关自然事物本质的科学理论知识。再从自然审美或环境审美的实际活动看，我们当然也没有理由说，一个人如果不了解喀斯特地貌的地质学知识，便难以对桂林山水产生真实深刻的审美体验。而像'云想衣裳花想容'、'云破月来花弄影'这样一些不包含多少客观知识却充满主观情感想象的诗句，也一定要比气象学教授瞭望云团时产生的美感愉悦肤浅庸俗。问题在于，人并不像西方主流哲学强调的那样，仅仅是理性的动物或者求知的动物，相反，人的整体存在中还包含着肉身感性、本能欲望、情感体验等深度内容。更重要的是，如上所述，在'美'的王国里，不是前者而是后者，占据着主导性的地位。如果我们否认了'美'的这一本质特点，就有可能把'美'等同于认知理性意义上的'真'，把艺术等同于科学，把审美等同于认识，从而导致人的存在、人的'生活世界'的片面化、抽象化、失色化。在这个意义上说，中国哲学的情理精神以及柏林特的'参与式美学'，或许要比西方哲学的理性精神以及卡尔松的'科学认知主义'，更为切近人的生存的美的现实，更能说明今天我们的环境审美活动的实质。"①

彭锋较早开始研究环境美学，其《环境美学的审美模式分析》认为柏林特的"参与"审美模式能够应对环境向美学的挑战：环境无法像艺术那样静观，人们总是在环境之中，感受欣赏环境即是参与。不过彭锋不是完全满意"参与"审美模式，他认为柏林特要彻底否定分离模式（距离说），"参与"审美模式要应用到所有的审美活动中（每一个审美领域、每一次审美活动），是走到了另一个极端。彭锋反过来质疑柏林特的"参与"审美模式似乎始终没有明确介入的对象。还有如果"参与"审美模式是直接反对康德的无利害性的静观，那么需要参与的就是功利、概念、目的，如果真是这样的话，

---

① 刘清平、王希：《环境审美：科学认知还是情感参与——从两种审美观看中西哲学自然观的整合》，《郑州大学学报》2007年第3期。

审美与非审美之间如何区别？

　　彭锋试图以中国传统美学的在场美学与显现美学来纠正柏林特"参与"审美审美模式的偏颇。彭锋的在场美学或显现美学，是指美不在事物的本质或外观，而在于事物与人相遇时所显现出来的形象。彭锋举了王阳明《传习录》中的一段话："先生游南镇，一友指岩中花树问曰：'天下无心外之物，如此花树，在深山中自开自落，于我心亦何相关？'先生曰：'你未看此花时，此花与汝心同归于寂。你来看此花时，则此花颜色一时明白起来。便知此花不在你的心外。'"①彭锋认为，与人相遇从而明白起来的花树，超越了客观的花树，是一种饱满的、不确定的、刹那在场的整体感觉，即是中国古典美学的"象"。

　　彭锋指出，如果像柏林特主张的那样，"参与"指的是参与环境的物理存在之中，那么就无法解释我们对环境的审美经验，无法解释环境审美区别于一般有关环境的实践活动的独特性。彭锋据此认为，"参与"只能指参与到"象"的创造之中。彭锋以显现、在场的"象"来分析参与，对参与的研究是一种新的启迪，从审美意象的形成过程来看，"参与"是其重要一环，将与审美无关的因素排除出去，将包括个人所有感官、情感想象的审美因素参与进去。当然，柏林特的"参与"还包括了文化、种族、时代的身体参与，不仅仅是个人在审美活动中当时一刹那的投入，这是彭锋没有谈到的。如果再以王阳明那段话为例，彭锋会说柏林特的"参与"是人参与到花树的象的显现，使花树颜色一时明亮起来。但是柏林特或许还会说，每个人显现的象是否一样，花树颜色是否一样？如果不一样，是什么使其不一样？如前所述，"参与"审美模式深层次的含义包括不同时代、种族、文化、审美情趣构造成的身体，从而使"参与"显现的象有着众多的不同，审美经验变得丰富多彩。

　　程相占指出柏林特的"参与"审美模式回答了环境美学欣赏什么与如何欣赏两大难题。其《中国环境美学思想研究》梳理总结"仰观俯察""施施而行，漫漫而游""视之既静，其听始远"等中国传统环境审美方式时，程相占都认为体现了"参与"模式。只有在阐释中"妙悟"时，程相占才承认"参与"模式无法完全涵括这一中国传统审美方式。程相占回顾了妙悟的理论渊源既有老子的"虚静"和"坐忘"、庄子的以身心体会道，也有佛家的"心悟"、禅宗追求个体的直观体会。因此妙悟除了多感官参与外，更注重身心的同时参与，而且是一种直觉体悟，可以冥观、冥合，从自然环境中妙悟本真所在，以心之真性契合万物之真性。

---

　　① 王阳明：《王阳明全集》上，上海古籍出版社1992年版，第107页。

　　刘悦笛则指出,柏林特的主要贡献并不局限在艺术领域,而主要是拓展了审美的边界。刘悦笛认为柏林特的"参与"审美模式,"在一定意义上也是很'东方的'。中国古典美学在原始时代所形成的'诗'、'乐'、'舞'的'合乐如一'的观念、佛教所谓的'根'上的耳、鼻、身、心、意和'尘'上的色、声、香、味、触、法的说法,似乎都可以指向一种更为'圆融'的全面审美观。"①可惜刘悦笛只是将"参与"审美模式与中国古典美学的"合乐如一"、佛教的"根"和"尘"的相似一带而过,没有再做进一步的比较。

　　陈望衡则是着眼于审美活动的实践,辩证地看待柏林特的"参与"审美模式,指出无论是参与还是保持距离都是审美活动的必要环节。在其著作《环境美学》的"环境美的欣赏"一节,特别详尽地研究了环境审美方式。虽然说是看似客观地评述西方环境美学认知型模式与非认知型模式,总结出环境审美活动不能以非功利或功利性、认知或非认知这样一概而论,而是这些对立的统一。如某一阶段,审美可以相对地忽视对象的功利性和认知性,但在另一阶段则重视对象的功利性和认知性。在前一时间段,人与环境进入了物我两忘的境界,而在后一阶段,又需要保持距离。在分析柏林特的"参与"模式时,认为审美既要参与介入,又要保持距离,两者并不矛盾,是一种互补关系:保持距离是为了防止功利心与认知心的侵入,参与介入是为了超越主客二分的界限。这应该更符合环境审美活动。

　　其实陈望衡在首先确定环境审美的两大原则时,已经是接受了"参与"审美模式,一是环境审美需要多角度感知的综合,感官没有高低之分,环境欣赏中的感知富有全息性;二是环境审美是整体化的欣赏,不是孤立于环境整体的欣赏。而且陈望衡认为柏林特的"参与"模式与已故的哲学家方东美的交感性的和谐有异曲同工之妙:是一种"你中有我,我中有你"的和谐,和谐的双方"非但不敌对,非但不冲突,反倒处处显出和谐的理趣"。这都显示了他对"参与"审美的偏爱。

　　柏林特对中国环境美学第三个影响是其"参与"环境观的理论价值。国内的环境美学学者接受柏林特的"参与"模式,其实部分原因也是因为他们同样认可柏林特的环境概念。西方环境美学界系统探讨环境概念的主要有瑟帕玛与柏林特,但是鲜有中国环境美学学者接受瑟帕玛的客观环境观,倒是柏林特的环境概念在中国深受推崇。这是因为柏林特环境概念的理论来源之一是海德格尔的存在主义美学,海德格尔又正是吸取了中国老庄美

_____

①　刘悦笛:《从审美介入到介入美学——环境美学家阿诺德·柏林特访谈录》,《文艺争鸣》2010年第6期。

学的思想。这些理论血脉的相近,使柏林特的环境概念更能为中国学者所接受。

彭锋在《环境美学的兴起与自然美的难题》中认为人生活在无处不在的自然中,无法分离出来,作为审美对象的自然与人关系密切。刘悦笛从日常生活审美化的角度来认同柏林特的环境概念。他指出柏林特是从更宽泛的意义来理解环境,强调环境的连续性——将环境纳入日常生活中,包括了自然环境、城市环境、文化环境,柏林特的环境美学正是他所推崇的日常生活美学的一部分。

张敏的环境概念是综合的、客观和主客相融同存的。她认为可以从两个方面来看待环境,一方面就是传统的客观存在、外在于人的环境,即人周围的所有围绕物,人通过感官可以感知到;另一方面,环境美学意义上的环境超越物理的存在,还包含了人的自身:人就在环境中,环境是融合了场所和人们活动的整体,是一种与人相结合的环境。这也是中国环境美学学者在环境概念上困惑的一种典型体现,在接受柏林特环境概念、认可环境与人相连的关系的同时,又觉得难以彻底否定外在客观的环境概念。

辛子倒是完全认可柏林特主客合一、内外贯通非对象化的环境概念,而且在分析论证的时候不无新意。辛子指出对象化的环境概念最大的一个问题,是纯粹围绕着人的自然在工业化时代早已不复存在,在现实生活中再也找不到纯粹的无我之境:阳光、空气、水和其他自然因素都通过转化为人的能量,成为人的一部分,河流山川、大海荒漠、城市建筑、园林景观都是人的感觉、理解、行为的产物,蕴含着人的文化印记。即使是同一个人在不同时候看同一片风景,也会因心情和理解的差异而不同。辛子还非常恰当地借用了卞之琳的一句诗来阐明人与环境的这种双向关系:"你站在桥上看风景,看风景的人在楼上看你。"

大部分学者的环境观没能超出柏林特的思想领域,只有陈望衡、王卫东糅合了存在主义与实践美学,以实践美学中环境是人化的自然、自然与人的存在相互依存这一本质来区分环境和自然,避免了不少学者将自然等同于环境的错误,更为合理和全面。

王卫东在《环境美学的学科定位》中尝试以人、生存、环境的互动来研究环境美学学科的一些基本问题,包含界定环境的概念。"今天所说的环境可以分为广义和狭义两类:广义的环境指人类之外的一切事物;狭义的环境指与人类密切相关的,对人类的生存、发展有巨大影响的外部实在。"[①]王

---

① 王卫东:《环境美学的学科定位》,《民族艺术研究》2004 年第 4 期。

卫东分两步来阐释环境概念,第一步,接受柏林特的存在论,认为是生存将人与环境联系起来,环境概念只能从人类生存的角度来研究:人类必须生存在环境中,没有环境人类就无法生存;而不与人发生联系,环境就不复存在。第二步,以实践论来研究人与环境,由于人的实践使人成为超本能、超自然的生命存在,同时改造了自然,使其体现人的意志、更适合人类生存,环境亦因此产生。据此王卫东对柏林特环境概念展开了重大发展,既从共时的存在,又从历史性的实践澄清了环境与人的相互依存。只可惜王卫东对自己这一创新认识不足,没有做足够深入的阐述。

而自然实际上也有两层意思,一层是从环境领域划分,还是按照习惯将自然视为与人造环境相对的环境的一部分;另一层是从时间上划分,没有人的存在与实践之前的,先于环境的纯粹的自然。王卫东看到了自然是先于环境存在,但是没有真正分清两种自然,或者是没有指出这一点,在同一篇文章里前后使用,造成了混乱:刚刚辨析了环境是人实践的自然,马上又划分环境为自然环境、社会环境。

陈望衡在《环境美学》绪论"环境美学的性质"中深入研究了环境概念。其总结了《环境学词典》和瑟帕玛《环境之美》的环境概念,都没有摆脱"围绕"的观念,还是将环境视为外在于人、客观的空间和因素。陈望衡肯定柏林特从存在主义角度揭示环境的复杂性,并以人化的自然进一步分析环境概念。陈望衡认为,应该从两个层面来理解环境,从人与环境相对的意义上来看,环境是人周围物质性存在的对象,但是从人与环境相关的意义上来看,环境与人是不能分开的。陈望衡辩证的环境观看似矛盾,但是更符合实际,即使人暂时不在,环境依然客观存在;如果没有人的存在,环境也不可能存在。

陈望衡用环境是人化的自然来解决这个矛盾:"离开人的环境与离开环境的人是不可思议的。环境与人相互生产,正如马克思说的'人创造环境,同样环境也创造人'。"①陈望衡还澄清了自然与环境的概念:自然是先于人产生之前的客观存在,不能称为环境;只有人产生之后,自然与人发生了关系,才能成为人生存的环境。"从这个意义上讲,环境只能是人化的自然,从存在论意义来看,人与环境是同时存在的,没有适宜人存在的环境,人不能存在;而没有人存在的环境,也就不能称之为环境。"②相比于绝大多数学者是将自然视为环境的一部分——与人造环境相对的自然环境,陈望衡

---

① 陈望衡:《环境美学》,武汉大学出版社2007年版,第13页。
② 陈望衡:《环境美学》,武汉大学出版社2007年版,第13页。

是从发展阶段、与人的关系来区分自然与环境。这样就否定了由于混淆自然与环境，认为环境能先于人的出现而独立存在的环境观，并且指出了环境与人的紧密相关，在当前中国，这样的环境观无疑具有积极意义。

柏林特对中国环境美学的第四个影响，是应用海德格尔诗意栖居到环境审美追求的启示。柏林特极力推崇海德格尔栖居思想，在西方环境美学中是高举人文主义旗帜，与卡尔松的科学主义齐头并进。柏林特在其重要的环境美学著作《美学与环境》与《环境美学》中分别引用海德格尔思想阐释环境、建筑。中国环境美学与生态美学都以海德格尔的天地神人四方思想、诗意栖居为最高目标，除了理论渊源的亲近、20 世纪 90 年代海德格尔在国内学术界的风行及其对建筑学、设计学影响巨大外，和柏林特将海德格尔思想运用到环境美学不无关系。在追求栖居目标上，柏林特可以说是从海德格尔到中国环境美学、生态美学的中间一环。

潘立勇和章辉在《存在与栖居：休闲城市宜居环境的美学反思》就很好地展现了这一点。在这篇文章第三节"建筑·居住·人本"中，潘立勇、章辉先是回顾了海德格尔栖居思想中建筑的观念：建筑原始本义是栖居，人本需求的栖居是第一位的，物质的建筑只是实现栖居的手段，不能遗忘栖居而一味追求材料、技术的建筑。接着两位学者认为追求人本栖居的建筑，人与环境的融洽是必需的因素，直接引用柏林特的观点："审美融合是人造环境的试金石：它能够验证人造环境是否宜居，是否有助于丰富人类生活和完善人性。"①可以发现，鉴于海德格尔思想对建筑现象学、城市美学产生深远影响，这两位学者对海德格尔理论的运用，由于学科背景、理论渊源的关系，还是可以看出他们受到柏林特的影响的。

此外，柏林特环境美学还影响了中国生态美学的发展。中国的生态美学与环境美学有着千丝万缕的联系，却又有着重大的差异。国内第一篇论述"生态美学"的文章是俄罗斯学者曼科夫斯卡娅的《国外生态美学》，被翻译并发表于 1992 年第 2 期《哲学科学》上，介绍的正是在西方兴起的环境美学。李欣复发表于 1994 年第 12 期《南京社会科学》的《论生态美学》则是国内第一篇正式的生态美学论文。徐恒醇 2000 年出版了《生态美学》，袁鼎生 2002 年出版了《生态审美学》，都标志着生态美学学科的初步形成。曾繁仁 2003 年出版了《生态存在论美学论稿》，2010 年出版了《生态美学导论》，2012 年出版了《中西对话中的生态美学》，等等。曾繁仁主导的生态美学有别于环境美学，重点放在挖掘中西方生态审美资源，走向中西对话；同

---

① 陈望衡主编：《环境美学前沿（第一辑）》，武汉大学出版社 2009 年版，第 225 页。

时也不同于西方生态美学采用可视化管理指标体系衡量景观的实践性,而是通过审美提升人的生态意识。

柏林特对中国生态美学的评论:"我们注意到,把中国古典园林和生态意识联系在一起是十分牵强的,然而,中国的审美学家们把这个概念写入了他们关于环境美学的文章中。中国的自然、社会历史背景,让一些中国学者更愿意接受'生态美学'这一说法。虽然'环境美学'的说法为西方普遍接受,并且与实践直接相关,但是'生态美学'的说法能够将当代环境思潮与传统的中国'和谐'之道联系在一起。这表明在生态美学中,生态并非一种特别的生物学理论,而更像是互相依存、融合的一般原理。"①

曾繁仁发掘中国传统生态思想资源,吸收海德格尔存在论、现象学思想,柏林特环境美学,建构生态美学体系。其阐述生态美学的基本范畴时,便将柏林特的"参与"模式直接纳入其中。曾繁仁的生态美学以存在论为思想基础,克服主体与客体、精神与肉体、人与自然的二元对立,贯彻的是此在与世界融于一体,于是审美不只是艺术作品的形式美,还是一种诗意的栖居和真理的澄明。

在《当代生态美学观的基本范畴》一文中,曾繁仁提出了生态存在论、四方游戏说、诗意的栖居、家园意识、场所意识、"参与"美学、生态批评七个生态美学基本范畴,从生态存在论美学的哲学基础、运思方式、实践形态等方面展望了生态美学理论体系的前景。他极为推崇柏林特的"参与"审美模式,正是因为其一元论、审美方式与审美目标对传统美学的突破:"'参与'美学的提出无疑是对传统无利害静观美学的一种突破,将长期被忽视的自然与环境纳入美学领域,具有十分重要的意义;它不仅在审美对象上突破了艺术惟一或艺术显现的框框,而且在审美方式上也突破了二元对立的模式。"②

与此同时,在阐释另一个生态美学的基本范畴"场所"意识时,曾繁仁也借鉴了柏林特的理论。"场所"是海德格尔在《存在与时间》中提出的,指的是人在日常生活中接触的物品与人发生的因缘性关系。柏林特的"场所"是居民、具有各种意义的建筑、感知的参与和共同的空间等因素在动态过程中形成的,人和"场所"是相互渗透和连续的。他认同柏林特对"场所"的思考,认为"场所"具有情感性,并且是人的各种感官连同感知。曾繁仁意识到柏林特的"场所"意识在当代社会的价值:"城市化的急剧发展,高楼

---

①　[美]阿诺德·柏林特:《中国园林中的自然与居住环境》,赵颖译,《风景园林》2012年第5期。

②　曾繁仁:《生态美学导论》,商务印书馆2010年版,第344页。

林立,生活节奏的加速,人与人的隔膜,人与自然的远离,居住的逼仄与模式化,人们其实都正在失去自己的真正的美好的生活'场所'。这种生态美学的维度必将成为当代文化建设与城市建设的重要参考,这同时也是一种'以人为本'观念的彰显。"①

苏宏斌从身体的维度展开研究,肯定"参与"审美模式使生态美学摆脱了认识论的美学,成为存在论的美学。因为传统认识论的美学属于二元对立的产物,将身体视为审美活动的工具,"在生态美学的视野下,身体在审美活动中就不再是独立的精神客体:它不再是被审视的对象,而成了审美经验的积极参与者。"②前者的身体观导致了人与自然的对立和排斥,"参与"的身体观则是将人与自然视为一个有机整体,自身是大自然不可分离的构成部分,审美活动也是一种生存活动,促使人回归自然的怀抱。

第二节　阿诺德·柏林特与中西方美学对话

一、中西方关于环境美学与生态美学的对话

全球化时代,许多西方学者放下"西方中心主义"偏见,推崇学术的多元化。由于全球面临着共同的环境问题,中西方的环境美学对话有着共同的迫切性与目标,取得的成效也令人瞩目。作为学术全球化与多元化的坚定支持者,柏林特是热爱中国美学的西方学者之一,也是积极推动中西方环境美学对话的西方美学家。柏林特对中国环境美学与生态美学的研究和介绍,扩大了中国美学在西方的知名度与影响力。

柏林特对中国美学感到亲切,源于其"参与"审美模式与中国美学有着相似的地方。在1991年出版的《艺术与介入》中,柏林特就展现了中国美学作为其理论资源的重要性。他比较了中西方风景画的差异。在《生活在景观中——走向一种环境美学》中,柏林特指出其核心理论"连续性"概念"与一些东方主要传统的重要主题相似——特别是贯彻于道家学说的人类与自然的一体化,儒家学说的伦理与道德力量的互惠和佛学所关注的认知的审美焦点"。③

柏林特反对静观的对象模式,分析对象模式的定点透视,并赞许东方美

---

① 曾繁仁:《生态美学导论》,商务印书馆2010年版,第329页。
② 苏宏斌:《生态美学的身体之维》,《深圳大学学报》2012年第2期。
③ [美]阿诺德·柏林特:《生活在景观中——走向一种环境美学》,陈盼译,湖南科学技术出版社2006年版,第5页。

学散点透视的视点移动。"远东的艺术没有西方保持距离静观的传统。相反的是,各种艺术方法鼓励人们参与。就像罗马式的风景画一样,中国山水画景色延绵,来到欣赏者的脚下,邀请欣赏者进入画面中。"①他赞赏中国画移动的视角,随着画卷的展开而浏览其中的风光。柏林特还讲述了一个中国绘画大师的故事来证明中国画采取的是"参与"审美的方法:绘画大师临终前召集弟子,寥寥数笔在宣纸上画出一幅山水画,画里有一条小径。大师向弟子们辞行,然后走进了山水画里,回头看一眼后,在小径的拐弯处消失不见了。这个故事充分说明了,中国山水画可居可游,是传说中的绘画大师可以归隐的地方。柏林特甚至引用了郭熙《林泉高致》来阐释"参与"审美的愉悦体验:"然则林泉之志,烟霞之侣,梦寐在焉,耳目断绝,今得妙手郁然出之,不下堂筵,坐穷泉壑,猿声鸟啼依约在耳,山光水色滉漾夺目,此岂不快人意,实获我心哉!"

柏林特对中国美学理论的肯定与接受,使其乐于与中国美学展开平等的对话。由于柏林特与卡尔松在国际美学界和环境美学的重要地位,以及中国环境美学与生态美学的蓬勃发展,两位学者到"美学大国"中国开展学术交流也远较其他美学领域的学者更为频繁。因此两位学者对中国环境美学与生态美学也有着较为深入的了解。或许是学术理论基础的差异,科学认知主义的卡尔松认为"生态"一词证明了生态美学以生态知识为审美,生态美学可以在环境美学科学认知主义指导下取得进展。作为人文主义代表的柏林特研究了中国道家与儒家等哲学思想、天人自然观、中国园林审美境界等理论,意识到西方环境美学与中国环境美学及生态美学虽然有着相似性,但是有着哲学基础与审美体验的根本差异,中西方学科可以成为一种互补关系。

卡尔松指出,环境美学几十年前兴盛于北美与西欧,生态美学近些年兴起于中国,两个学科有着许多差异。"环境美学"主要是为了区别于传统的"艺术哲学",虽然研究领域主要是自然环境,同时也涉及人类环境与文化环境。"生态美学"主要是着重于生态知识和生态观念对自然环境的欣赏,类似于生态批评和生态女权主义,研究生态在自然审美欣赏中所起的作用。从研究主题来看,西方环境美学与中国生态美学主题有着许多重叠的地方,不过环境美学的范围更为广泛,其与传统美学艺术欣赏的联系也更为密切。从现实考量来看,两个学科都肯定审美与道德的关系,即自然审美有助于发展与宣扬自然保护观念。因此卡尔松认为可以在环境美学框架之内发展生

---

① Arnold Berleant, *Art and Engagement*, Philadelphia: Temple University Press, 1991, p. 70.

态美学,即生态美学应该属于环境美学的一部分。

卡尔松考察西方环境美学相关的生态知识与生态视野研究。首先是海德格尔的后现代审美模式,强调个人的主观联想,还受益于多种故事,无论是口头的还是非口头的,艺术的还是非艺术的,都可能以各种方式激发想象力的发挥。在这种个人主义和相对主义的主观联想中,生态知识只是众多文化知识中的一环,并没有处在重要的地位。有时候,生态知识甚至会被其他文化观念所压制,这时候的自然审美甚至会导致生态灾难。卡尔松以利克斯·萨尔滕的书《斑比鹿》以及后来的迪士尼动画为例,指出这些"神化"鹿的观念使人们过分保护鹿,给其他物种带来生态压力,打破了自然的自身平衡,造成生态灾害。后现代审美模式对生态知识的忽视无疑是一种错误。

卡尔松接着考察柏林特"参与"审美模式与生态知识的关系。一方面,"参与"审美模式强调多感官体验与感知沉浸,没有强调审美体验的认知维度,没有明确生态知识在自然环境审美中的地位;另一方面,"参与"审美模式的整体主义背景,不仅包括人的感知,也包括生态知识在内的人类社会文化,有利于凸显生态知识在自然审美中的意义。

卡尔松最后分析自己所提出的科学认知模式与生态美学的关系。卡尔松认为,环境美学可以定性为认知美学。认知美学的立场认为,至少有一个知识点是不存在于自然审美对象自身的,是欣赏者所习得的科学知识,它对审美对象的审美鉴赏起着关键作用。如关于欣赏对象的性质和起源的知识,即欣赏对象是什么以及它是如何形成的知识,对审美经验有着决定性意义。就一件艺术作品来说,它是什么以及它是如何形成的这些知识对于其适当的审美是至关重要的。如一个特定的物体是一幅画,欣赏者知道它是通过看来欣赏的;而另一个物体是音乐作品,则是通过倾听得到适当的欣赏。要欣赏抽象表现主义绘画,就必须对西方绘画传统以及20世纪中叶历史有一定的了解;要恰当地欣赏奏鸣曲,掌握西方古典音乐特别是奏鸣曲形式等知识就非常有必要。

环境审美也需要必要的生态知识,如草原、森林、山脉、湖泊和沙漠等环境,都必须从审美上欣赏它们的真实存在,因此欣赏者必须了解它们的真实存在、特殊的性质和起源。卡尔松又举了一个生态知识对环境审美有关键作用的例子。松树的叶子在夕阳下显得金光闪闪,使人得到审美体验。拥有松树以及虫害相关知识的人,就会知道松树针叶的金色是因为它受到松甲虫的侵害,那么松树的金光闪闪是一种垂死的标志,便显得丑陋,再也不是一种审美体验。

"科学认知论认为与环境美学评价有关的科学的一个主要组成部分是

生态科学,因此生态知识是与他们适当的审美观密切相关的。简言之,鉴于科学认知论的叙述,生态知识和环境审美本质上是联系在一起的。"①中国生态美学与西方环境美学关系的一个基本方面是,前者有一个主要的基石——生态知识,与西方环境美学目前的立场之一科学认知论的中心论题基本相同。可见卡尔松虽然也认可生态美学,却是将生态美学同化于其环境美学科学认知论,没有真正深入地认识到生态美学的中国古典美学意蕴及其与西方环境美学的根本差异。

柏林特发现,中国生态美学的"生态"的核心并非生态知识在自然审美中的作用,而是生态视野下的人与自然关系,即中国哲学中的"天人关系"。这种合一的"天人关系"与他的"参与"环境观有着异曲同工之妙。柏林特与中国学者的学术交流中,对"生态"的内涵与意义有了深入的了解。柏林特在 2012 年的《环境超越艺术——新近论文集》中专门有《生态美学的观念》一文,2015 年在国际权威刊物《环境哲学》上发表了《生态美学的观念》。

系统地比较了"环境"与"生态"的区别。柏林特意识到生态学作为思考环境的方式,在当代中国美学中有着特殊的地位,甚至发展出"生态美学"学科。生态学无疑是环境审美的重要背景。"从生态学的角度考虑环境改变了我们的理解。它导致抛弃了环境作为环境的共同含义,转而将其重新设想为一个包容一切的整体,包括人类,当存在时,连同其他生物和它们赖以生存的自然条件,包括地理特征和气候。因为生态学认为这些是相互联系的,所以有必要把环境的组成部分看作是全方位和连续的。从这个意义上说,环境是整体的:没有外部,没有分离。很明显生态观既有伦理意蕴又有审美意蕴:生态美学离不开生态伦理。"②

基于"生态"一词有着深厚的中国哲学意蕴,柏林特没有将生态美学划入环境美学的学科领域。柏林特还将中国的生态美学与 20 世纪 80 年代提出"生态美学"概念的高主锡生态美学思想相比较。高主锡发表了论文《生态美学:环境美学的整体进化范式》,提出了环境设计需要遵循生态美三大原则。即在创作过程中设计形式应遵循包容统一原则、动态平衡原则与互补原则,提倡人与环境的互补关系和互动关系。其认为这三个原则,可以理解西方和东方的艺术、建筑和景观的设计。因此高主锡的"生态美学"主要

---

① Allen Carlson, "The Relationship between Eastern Ecoaesthetics and Western Environmental Aesthetics", *Philosophy East and West*, 67(1), 2017, pp. 117–139.

② Arnold Berleant, *Aesthetics Beyond the Arts: New and Resent Essay*, Aldershot: Ashgate, 2012, p. 120.

是环境设计与艺术思想的新范式。

中国"生态美学"则是美学新的分支。曾繁仁的"生态美学"强调人与自然融合的关系,程相占的"生态美学"在此基础上补充了两个原则:一是生态审美包含生态伦理价值,生态美不能脱离生态伦理观;二是生态科学知识对于充分认识生态美的必要性,如果没有相关的生态知识,有时候不能真正开展自然的审美活动。

柏林特认为中国的生态美学超越了高主锡的生态美学。生态美的生态伦理价值,是中国学者对生态整体主义的发展:"他的论点丰富而复杂,因为它介绍了道德在生态审美中的整体作用。这种道德意识的适当参考不是人类,而是整个生物圈,这将其与以人类为中心的传统伦理区别开来。他发现这一更广泛的范围不仅在利奥波德的思想中,而且在中国长期以来承认人与自然之间本质和谐的传统中,这实际上是一种基于生态的人文主义。"

生态审美的生态知识必要性是中国学者对卡尔松科学认知主义的接受。然而作为人文主义代表的柏林特,认为审美属于感性领域,虽然科学知识有助于开展自然审美,却不能起到关键作用,即"生态"与"审美"之间没有存在必然联系。因此柏林特认为程相占过分强调了科学知识对生态伦理价值的作用,并指出生态观念和生态伦理不能代替环境审美体验的核心作用。从实用主义美学和知觉现象学的立场出发,柏林特强调"环境"既是外在自然环境和人工环境实体,也是人对外在世界的具体语境体验。因此柏林特虽然承认中国生态美学的互补性地位,依然更愿意接受"环境美学"的概念,对"生态美学"和"生态审美"还是持一种怀疑态度。

"在我看来,要提高环境美学的未来,需要把中国学者所理解的和谐观念运用到西方与东方环境美学之间的关系上。两种取向都产生了重要的理论洞见,都为进一步的探索提供了方向。这种和谐不需要掩盖两种理论取向的特殊性,与此同时,它还将提升二者。西方环境美学可以继续其探究的诸多特定方向以及多方面拓展,同时吸收如下一种哲学观念:将环境美学置于一种更大的人类与行星语境及意义之中;中国生态美学可以从其丰富的传统与学术历史视角出发,结合当地问题而开掘出独特的探索。"①

柏林特接着再比较中西方环境美学"环境"概念的差异,指出西方社会的"环境"是一个具体事物,是处在人之外的对象。于是环境与人相分离,由此诞生了对象审美模式。"然而,对于中国美学来说,不存在对立或分

---

① ［美］阿诺德·柏林特、赵卿:《西方与东方的环境美学》,《文艺美学研究》2015 年春季卷。

离：'审美'表示一种'欣赏活动'，而不是将一个对象欣赏为'美的'。"①毫无疑问，柏林特更为认同中国环境美学的环境观。"尽管生态学为传统的中国人对自然生活的理解提供了科学依据，但它从根本上确认了一种哲学观点，该观点一直与主导西方知识和科学生活的柏拉图—笛卡尔二元论的普遍性作斗争。中国美学家在生态美学方面的许多工作都是争论性的，但是从这一基础上，人们可能希望能够出现原创性研究，以表明这种语境主义在应对当前环境挑战方面发展出新的理解和新思想的成果。如今，中国面临的挑战与西方一样严峻。通过鼓励西方学者来回馈中国学者对西方环境哲学的了解，中国环境美学可以很好地为现代环境研究者服务。"②

关于中西方环境美学与生态美学的"环境"与"生态"概念的差异、生态美学的传统文化资源，曾繁仁在《论环境美学与生态美学的关系》的论述和柏林特有相似之处。曾繁仁认为西方环境美学的"环境"是与人对立的事物，有"人类中心主义"的意思。而"生态"词源有着"家园"的含义，避免了对"人类中心主义"与"生态中心主义"的局限。而且，"生态美学之所以产生于中国的文化氛围之中，与中国的传统文化资源有着十分密切的关系。在中国古代文化哲学中没有外在于人的'环境'，只有与人一体的'天'，天人从来都是紧密联系的"③。

曾繁仁后来又写了《关于"生态"与"环境"之辩——对于生态美学建设的一种回顾》，回应卡尔松科学认知立场对"生态美学"的"生态"的误解。曾繁仁指出，卡尔松以生态知识为自然环境审美体验的关键因素，实际上是一种"人类中心主义立场"以及错误的知识决定论。而基于科学主义立场的"环境"一词，无法包含"生态"的生态整体性与生命性内涵——这正是东方"天人合一"所表现的生态哲学以及审美智慧。因此曾繁仁认为："从生态文化与生态美学的长远的健康的发展来看，我们认为'生态'一词更加合适。如果继续使用'环境'一词，那就必然将大量丰富的东方生态文化排除在外。'生态'与'环境'之辩，不是简单的词语之辩，而是涉及包括生态美学在内的生态文化如何更好地继续前行的重要问题。"④

陈望衡对"环境"的最新思考，无疑是回应柏林特和曾繁仁的"环境"与

---

① ［美］阿诺德·柏林特、赵卿：《西方与东方的环境美学》，《文艺美学研究》2015年春季卷。
② https://contempaesthetics. org/newvolume/pages/article. php? articleID = 867&searchstr = Chinese+Environmental+Aesthetics.
③ 曾繁仁主编：《全球视野中的生态美学与环境美学》，长春出版社2011年版，第12页。
④ 曾繁仁：《关于"生态"与"环境"之辩——对于生态美学建设的一种回顾》，《求是学刊》2015年第1期。

"生态"概念："环境的意义在于它是人的生存之本,居住之地,生命家园。其意义之重大是不言而喻的。"①陈望衡接着解释,"环境"有两个维度,第一个是自然维度,主要考察自然的宜人性。宜人性的依据是关系到人类生存与发展的良好生态,而环境美学研究的"环境"是有着良好生态的"环境"。第二个是文明维度,这是人类所创造的、在不妨害生态基础上可以改善生活质量的文化活动。如文明活动是大多数人认为城市环境要优于乡村环境的关键因素。陈望衡的"环境"概念实际涵括了柏林特的"环境"与曾繁仁的"生态",是一种全新的环境观,也是中西方环境美学对话的研究成果。

也正是反复比较了"环境"与"生态"概念,陈望衡结合并超越这两个关键概念,提出了更具包容性的"生态文明美学"。陈望衡从更为宏大的"文明"层面,认为美学有助于建立新的"生态文明"来取代"工业文明"。"生态文明时代,环境成为重要的审美对象,荒野的审美价值被凸显;新的审美评价观念为生态公正与生态和谐。在生态文明时代,地球被人类视为所有生灵的共同家园,因而在生态文明时代,人类具有最为广阔的审美情怀。"②陈望衡2017年发表的《生态文明美学初论》和2018年发表的《环境审美的时代性发展——再论"生态文明美学"》,进一步指出所谓独立于人的"生态美"并不成立,只存在生态与文明和谐共存的"生态文明美",其核心是环境问题。即陈望衡超越"环境"与"生态"之争,试图统一"环境"的审美对象实体性与"生态"的伦理观,强调人类文明的文化属性,在社会文明的层面发展环境美学与生态美学。

而程相占也发表了《生态美学:生态学与美学的合法联结——兼答柏林特先生》一文,回应柏林特对"生态"与"审美"关系的质疑。程相占先是以"生态批判"为例,证明"生态"知识可以在文学批判中发挥关键作用,改变了文学创作与文学欣赏,并发展出生态电影批判和生态绘画批判。由此程相占侧面回应了柏林特对生态美学的批评:"生态美学既包括对于环境的审美欣赏,也包括对于艺术的审美欣赏,与传统美学的区别在于是否借助生态知识与生态伦理,其深层底蕴在于人类中心主义还是生态整体主义。"③

程相占接下来正面肯定"生态"与"审美"的关系,首先指出生态知识改

---

① 陈望衡:《环境美学何为》,《寻根》2019年第6期。
② 陈望衡:《生态文明与美学的变革》,《求索》2016年第5期。
③ 程相占:《生态美学:生态学与美学的合法联结——兼答柏林特先生》,《探索与争鸣》2016年第12期。

变了人的环境审美体验,如生态学家可以更好地欣赏风景的生态整体性和各种生态环节之间的互动关系,获得的审美体验要比普通人要丰富得多。程相占以利奥波德的《沙乡年鉴》和卡逊的《寂静的春天》为例:"他们都是以生态学家的身份进行文学创作的,精湛的生态学造诣深刻地影响了他们的审美观念、审美体验和审美表达。"①程相占接着指出,生态学催生了生态伦理观的出现与发展,而生态伦理观在环境审美中起着核心作用。如荒野、湿地和蚂蟥等以往被审美排斥的对象,在生态整体主义伦理观的视野下获得了审美价值。程相占然后指出,生态价值可以引导欣赏者从生态整体的角度看待审美价值,以生态价值指引审美价值,避免破坏生态价值的审美活动。如森林的满地落叶不一定符合游人的审美喜好,却符合森林的生态规律,再如龚自珍在《病梅馆记》批判病态梅花审美偏好违背了生态价值。程相占最后总结,生态美学不但可以纠正违反生态价值的传统审美偏好,还可以避免当代资本逻辑对审美的利用。

柏林特 2019 年在《文艺争鸣》上发表了《就环境美学与生态美学之关系答程相占教授》,再次回应了他对曾繁仁和程相占生态美学的疑惑。柏林特一再强调,在现实生态问题与环境问题的关注上,他与两位学者的立场相同。"然而,我们的不同在于,我们如何思考及阐释感官体验与环境关切之间的关系。"②柏林特认为,环境美学关注审美感知,生态学关注伦理概念,环境可以而生态观念和生态伦理却不能直接获得审美体验。首先,环境参与审美超越生态知识与生态伦理,在融合生态的前提下,更为专注于审美体验活动。其次,环境参与审美关注审美感知的增强,生态美学考虑的是生态伦理,两者的研究重点与目标有很大不同。最后,柏林特依然坚持描述性与体验性的环境美学,通过参与到环境中使人获得如同艺术欣赏一般的审美愉悦,"生态美学更多的是从认知上而不是审美上,来促成对于环境的欣赏,我对此持怀疑态度"③。

卡尔松在国际权威美学刊物《美学与艺术批评杂志》(2018 年秋季卷)发表《环境美学、伦理学与生态美学》,再次加入讨论,将这场中西方美学对话推至更高平台。卡尔松质疑生态美学没有厘清"生态美"与"生态伦理"

---

① 程相占:《生态美学:生态学与美学的合法联结——兼答柏林特先生》,《探索与争鸣》2016年第 12 期。

② [美]阿诺德·柏林特:《就环境美学与生态美学之关系答程相占教授》,《文艺争鸣》2019年第 7 期。

③ [美]阿诺德·柏林特:《就环境美学与生态美学之关系答程相占教授》,《文艺争鸣》2019年第 7 期。

之间的因果关系,但也承认生态美学有其特殊价值:"总体而言,中国生态美学并没有解决具体问题,而是提出了促进和保护环境的总体方案……中国生态美学的重点在于采取一种包含多种资源(人类与世界的统一、生态事实、美学欣赏、道德价值观、生物多样性、生态系统完整)的总体立场,这对于解决当代环境问题至关重要。"①即卡尔松既指出生态美学学理逻辑上的不足,也认可生态美学天人关系的整体性立场及其对环境保护的重要意义。

这场中西方知名美学学者关于环境美学与生态美学的论争,是当代中西方美学界的一场精彩对话与系统性交流。这场美学对话中,柏林特坚持环境美学的人文主义特色与实用主义美学立场,卡尔松坚持其科学认知在环境审美中的作用。曾繁仁坚持生态美学的民族化——环境美学不能包含东方传统审美资源,生态美学有其存在合理性。陈望衡和程相占则是立足于美学的全球化与现代化,前者试图统一"环境"与"生态"、以环境美学为核心发展出"生态文明美学",后者则是结合生态知识与生态伦理提出生态美学的合法性。这次对话不但有利于中国环境美学与生态美学在国际上的传播,扩大了国际影响力,也有助于中西方学者更好地认识到各自的理论立场、理论特色与关注焦点的差异,从而相互借鉴、相互促进。

柏林特与中国环境美学的交流对话,还包括了他对中国环境美学尤其是陈望衡环境美学的研究与介绍。柏林特指出,一方面是环境危机的严峻形势与环境保护运动的高涨,另一方面是美学重新关注环境审美价值,中国环境美学形成于 20 世纪最后一个十年。虽然中国环境美学的学科发展不到三十年,然而其自然意识和对环境价值的欣赏却植根于历史悠久的中国古代自然文化传统,这种自然文化传统表现在艺术、文学和日常生活等各个方面。

2015 年,陈望衡的英文著作《中国环境美学》由劳特利奇出版社出版,是中国学者在西方世界出版的第一部环境美学专著。《斯坦福哲学百科全书》还在"环境美学"词条下专门介绍。柏林特对陈望衡的《中国环境美学》也是不吝赞美之词:"在中国环境美学的学者中,中国武汉大学哲学系教授陈望衡为西方学者从当代的视角探索自然的传统理解和人类在自然世界中的丰富性开辟了道路。陈氏汇集了丰富的概念,从思想家、诗人和艺术家的视野,为形成中国特色的自然与人类融合作出了贡献。他的书通过发展关

---

① Allen Carson, "Environmental Aesthetics, Ethics, and Ecoaesthetics", *The Journal of Aesthetics and Art Criticism*, 4, 2018, pp. 399–410.

于中国人对自然的思考,重视历史和跨文化的论述,为西方环境美学研究提供了有价值的借鉴。"①

柏林特分析,陈望衡不仅梳理了中国环境思想的起源及其详尽的历史发展历程,还介绍了中国环境思想应用的特有概念和实践,例如"风水"。这种解释发展成了对环境和语言传统理解的哲学讨论。其核心思想是将西方的"主客二分"融合在一起,将其作为感知和理解中不可分割的统一体。这更加清晰地传达了景观和环境的概念。在这种文化基础上,陈望衡开展对花园、宫殿、农业景观和城市等环境审美活动的研究,并赏析与评论表现环境审美的诗歌、绘画和建筑。

当然,柏林特认为中国环境审美传统需要转换成当代学术话语体系,陈望衡的环境美学研究就完美地完成了这一目标,并可以成为环境美学研究的重要理论和文献。"陈望衡传达了中国环境思想的范围以及自然与环境的丰富文化含义。这本书对自然和人的环境进行了多层次的介绍,并标志着环境美学发生了新的、富有成效的转变。也许陈望衡的著作将有助于激发从事不同传统研究环境美学的学者在协作研究方面的努力。"②

二、对中西方美学对话的评价

中西方美学界关于环境美学与生态美学的对话持续深入、富有成效,使西方学者认识到中国环境美学与生态美学的特色,也使中国学者意识到中国环境美学与生态美学需要发展的方向。然而,中西方美学虽然一直围绕着"环境"与"生态"展开讨论,却主要是基于各自立场评论,没有真正指出环境美学与生态美学的根本性差异。因此准确地厘清环境美学与生态美学本质上的差异,就成了这场中西方美学对话评价的关键。

环境美学与生态美学是美学界的显学,众多知名学者先后研究它们的哲学基础和理论背景、基本范畴和方法论、性质和意义、与各学科的关系及实际应用、对传统美学的创新等方面做了深入探讨,极大地推动了环境美学与生态美学的发展。然而比较环境美学与生态美学的研究风毛麟角,或者在比较时语焉不详,许多学者对环境美学与生态美学异同的认识较为混乱,甚至是将两者混为一谈,影响到了进一步的思索。总的来看,对环境美学与生态美学关系的认识主要有四种。第一种是搁置它们的异同,将其视为漠

---

① https://contempaesthetics. org/newvolume/pages/article. php? articleID = 867&searchstr = Chinese+Environmental+Aesthetics.

② https://contempaesthetics. org/newvolume/pages/article. php? articleID = 867&searchstr = Chinese+Environmental+Aesthetics.

不相关的两个领域而展开研究。第二种是认为两者本质是同一的,如徐恒醇的《生态美学》,以属于环境美学的生活环境、生态环境与城市景观为本体,还有国内学者提出了"生态环境美""生态环境美学"等术语。第三种是环境美学或生态美学优于对方,如前国际美学副会长约尔·艾兹恩认为环境美学还是人类中心主义,不如生态美学总是关心自然。贾森·希姆斯的《生态学新范式的美学意蕴》认为,环境美学只承认静态、平衡的自然,生态美学却接纳自然系统中动态、侵扰、非平衡的自然。曾繁仁认为生态比环境具有更积极的意义。第四种是环境美学或生态美学将对方纳入自己的范畴之内。如环境美学家卡尔松视生态美学为环境美学中的组成部分。柏林特早期也认为生态美学可以属于环境美学,在中西方美学的交流中承认了生态美学的平等地位。

陈望衡是较早比较生态美学与环境美学哲学基础的学者,在其著作《环境美学》中清楚地指出:"准确来说,生态并不是美学范畴,但是它可以成为审美的一种视角,当它成为审美的视角时,生态就成为美的重要前提了。"①生态是处理人与自然关系的一个维度,生态美学是帮助人思考如何与自然共同繁荣、和谐相处,改变了以往人征服、改造自然为我所用的美学观念。

曾繁仁对生态美学性质认识的变化,就经历了由模糊到清晰的过程。在其前期的《生态美学研究的难点与当下的探索》与《试论生态美学》中,认为生态美学是"审美关系""审美观""审美状态",生态含有视野的意思。后来他的《生态存在论美学论稿》直接承认了生态美学不是一门新兴学科,而是"美学学科在当前生态文明新时代的新发展、新视角、新延伸、新立场"。② 张华在《生态美学及其在当代中国的建构》中也认为,生态美学是"以人与自然整体和谐关系为原则的哲学思想与价值观念"。③ 2005 年山东大学文艺美学研究中心举办了"当代生态文明视野中的美学与文学国际学术研讨会",实际也承认了生态是一种视野。

以人与自然生态的关系作为美学的一种维度,正如马克思主义美学的社会性、实践主义美学的实践性,都是为美学提供多维度、多视域,丰富与完善美学。生态维度使美学注重人与自然的和谐、生态的平衡,审美在形式、精神的美之外,不能破坏生态,要保护自然。尤其是改变审美的眼光和标准,一样艺术品如果破坏了生态,即使形式再优美,也不能引起美感。正如

---

① 陈望衡:《环境美学》,武汉大学出版社 2007 年版,第 56 页。
② 曾繁仁:《生态存在论美学论稿》,吉林人民出版社 2009 年版,第 137 页。
③ 张华:《生态美学及其在当代中国的建构》,中华书局 2006 年版,第 4 页。

美学的社会性维度,决定了艺术品如果严重地违反了伦理道德,不能引起美感。因此生态美学侧重的是审美理想与生态原则的统一。

生态也是环境美学最重要的维度,"环境美学哲学基础的第一位应该是生态。"①由于人是生态系统中的一环,如果不尊重生态规律,一味将人的需求、利益凌驾于生态之上,只会造成灾难性后果。因此环境离不开生态系统,以人的意志来破坏生态,就无审美可言。青山绿水变为穷山恶水,大部分物种灭绝后的寂静春天,即使琼楼玉宇、红砖碧瓦、亭台楼榭造型再富有诗情画意,高楼大厦再宏伟,也谈不上环境美。

生态美学还给艺术带来新的视域,产生了生态批评、生态文学、生态音乐、生态舞蹈。1978 年美国学者威廉·克鲁尔特发表了《文学与生态学:生态文学批评的实验》,首次提出"生态批评"的概念,以生态的视野展开文学批评,呼吁建立良好的生态环境。生态批评以描写人与自然的关系的文学作品为批评对象,继社会批评、精神分析批评、原型批评、新历史主义、后殖民主义之后,成为一种新的文学批评形态。生态音乐之一的具象音乐,直接取自蛙鸣、鸟啼等自然的声响,加以合成,反映艺术家的生态意识和生态观念。"原生态"音乐、舞蹈也是方兴未艾。

环境作为一种审美对象,使环境美学具有实践应用性,是环境美学与生态美学的本质区别。不过环境及其本体景观不是外在于人的对象。传统的景观理论,其哲学基础是主客二分与人类中心主义,景观于人是对象化的外在事物,人为自然立法,导致了人与景观的分化、对立;专注于技术对城市景观的量化控制,人是"技术地栖居"。环境美学摒弃了西方传统哲学的主客二分,以海德格尔的"此在与世界"的并存关系为基础,发展为环境整体观,人与环境不可分割;将自然生态、现代技术与历史、文化、审美相结合,追求人"诗意地栖居",创造具有"家园感"的景观。

环境美学家约·瑟帕玛认为环境既是人所观察的对象,又是围绕着人、让人在其中活动的场所:"环境可被视为这样一个场所:观察者在其中活动,选择他的场所和喜好的地点。"②柏林特则是更为深邃地看到环境与人的不可分离,环境是生存着的人感知周围的世界而形成,没有人就没有环境,但是又不能将环境客观化、视为外在于人的物质。陈望衡指出,这其实就是人化的自然。

环境美学的景观,正如文学、音乐、美术、舞蹈等艺术作品一样,成为审

---

① 陈望衡:《环境美学》,武汉大学出版社 2007 年版,第48 页。
② [芬]约·瑟帕玛:《环境之美》,武小西、张宜译,湖南科学技术出版社 2006 年版,第23 页。

美对象。文学由文字构成,音乐由音符组合,美术由线条、结构、颜色、光影构成,舞蹈由肢体语言呈现,环境美学的审美对象是由自然环境与人的审美理想构成。环境美学极大地拓展了美学的疆域,国外环境美学的三名主将瑟帕玛、卡尔松、柏林特分别有侧重地研究了自然景观、农业景观、城市景观,国内环境美学的开拓者陈望衡则是在其环境美学体系中系统地研究了这三种景观,并不是偶然的。

自然景观是"自然创化与自然人化共同的产物"。① 自然的创化有浩瀚星际、蓝天白云等天象景观,有巍峨山脉、奔腾江海、大漠草原等大地景观,花鸟鱼虫等动植物在自然中生存繁衍,四时交替、风雨雷电、寒雪冰霜等自然规律运行其中。庄子曰"天地有大美而不言"即对自然景观的赞叹。

农业景观是自然与人工一同创造的景观。卡尔松在其《环境美学》中提到了北美的传统农业景观和新农业景观。陈望衡既有深层次的理论分析又有诗情画意的阐述,全面地概括了农业景观分别有农作物、农业劳作、农民们生活的场所、农民们田园诗般的生活方式。无疑后者的理论更适合于建立中国当代的农业景观。

城市化是社会发展的大势所趋,城市景观是环境美学最重要的审美对象。柏林特是较早开展城市景观美研究的学者,他呼吁建立人性化的城市,在城市规划中,审美性与功能性一样重要,并从广场、喷泉、自然与生活的声音等方面探讨如何建设城市景观。陈望衡不但思索城市形态、城市天际轮廓线、城市轴线、城市色彩等城市景观整体框架,还探讨城市的文化内涵,更提出理想人居应该是山水田园城市。

与传统美学中的艺术不一样,环境这个审美对象不只是给人带来审美的愉悦,更直接关系到人的生存与生活的质量。环境美学思索如何改善人所生存的环境,在探索环境伦理、环境审美之余,还注重结合建筑、园林、规划等应用性学科,指导或亲自参与环境改造、景观创造活动的实践。如哈佛大学米歇尔·柯南的《穿越岩石景观——贝尔纳·拉絮斯的景观言说方式》,从构思到营建,详尽地研究景观设计家拉絮斯改造喀桑采石场为高速路段景观的全过程。美国当代艺术家兼环境工程师帕特丽夏·约翰松设计了许多的景观,有达拉斯的泻湖游乐公园、旧金山的濒危物种园、肯尼亚的内罗毕河公园、巴西的亚马孙热带雨林公园等。

由此可见,环境美学与生态美学的另一个区别是其人文性。人不可能完全遵从自然的生态,还要根据需要以及人文精神来创造家园。环境美学

---

① 陈望衡:《环境美学》,武汉大学出版社 2007 年版,第 187 页。

的景观需要人根据文化内涵与审美理想来参与、创造,有着人的审美、文化需求。自然景观的欣赏,是人类文明发展到一定时期,具有相对的独立性,摆脱对自然的膜拜与恐惧,对自然有一定的认识、能利用自然之后才形成的。而自然审美意识、情趣的发展,对欣赏自然景观也至关重要,如中国的山水文学、山水画对山水审美的推动,西方"如画"观对自然风景审美的推动等。现代西方欣赏自然景观的盛行,正是由于对工业化漠视、破坏自然的批判的兴起。农业景观与城市景观就更是关系到人的生存与生活,渗透着人文性。柏林特一直坚持环境美学的人文性,人生活在文化的环境中,环境审美必然涉及文化因素。

无独有偶,陈望衡也认为环境美与人文性血脉相连。家园感不仅仅是环境优雅宜人,还有"在人类学或哲学本体论意义上人对自然、社会的依恋……从伦理学意义上所体现的对祖国、对民族发源地和对故乡、对亲人的深深依恋"。① 因此环境美学追求的是海德格尔的"还乡",即人本真、诗意的存在。在大规模推行城市化建设的当今中国,环境美学的人文性警醒人们不能纯粹追求高楼大厦、整齐划一的环境规划,要保存拥有历史印记、心灵依恋的景观与建筑,尤为凸显其重要性。

环境美学与生态美学本质的区别,是生态美学为美学与艺术提供关注生态的新维度,环境美学侧重于将环境作为审美对象进行欣赏、创造,具有应用操作性。相对于生态美学,环境美学以人文性为其核心原则。但是环境美学与生态美学又有相互依存的关系。环境美学离不开生态美学,因为环境美学必须要以生态为其准则,人文性与生态性都不可或缺;而生态美学的审美维度要落到实处,最终是通过环境美学的景观来表现其生态观。

环境美学离不开生态维度。因为生态性注重维持生态平衡,人的文化生产活动,以及创造农业景观、城市景观,都是建立在自然生态之上,不能违反生态性。当代重要环境美学家分别从环境美学的学科范畴与发展历史、环境美学的哲学基础、"环境"的概念、景观的创造几个方面,阐明了环境美学的生态基础。

瑟帕玛直接承认他的环境美学理论得益于生态美学家利奥波德的《沙乡年鉴》,他认为环境美学属于环境哲学的一部分,而环境哲学的所有工作都可置于环境伦理实际即生态伦理的范围内,生态伦理"最重要的问题是生活在当今的人们是否有权利为了自己的利益无限度地开采现存的自然资

---

① 陈望衡:《环境美学》,武汉大学出版社2007年版,第111页。

源而为后代留下无法摆脱的污染。"①环境美学必须以生态伦理为准则。他在回顾环境美学的发展时则着重于其与生态的关系,如果没有生态维度环境美学就还是传统意义上的美学:"现代环境美学是从20世纪60年代才开始的……对生态的强调把当今的环境美学从早先有100年历史的德国版本中区分出来。"②

柏林特"参与"环境观摒弃身心二元论的环境概念,同时也是建立在当代生态学知识与生态观的基础上。"环境"以生态为准则,在现代的环境理论与环境美学里是不言而喻的。卡尔松在分析日本的园林景观时,指出其是人工地创造出自然的本质;在分析农业景观时,侧重的是人与自然的和谐,生态不被破坏,是一种生命的过程。卡尔松还特地提出了"丑东西"的论点,认为胡乱丢弃的垃圾、报废的汽车、条形的矿山由于其对生态的破坏是"丑东西"。陈望衡在分析环境美学的哲学基础时,将生态性列为首位。指出"环境美学是生态主义和人文主义的统一"③,要处理好人的价值与自然自身价值、自然人化与人的自然创化的关系。这一思想始终贯彻于他对自然景观、农业景观、园林景观、城市景观的探讨中。

与此同时,由于生态是一种维度,不能成为一种审美对象,所以一般只说自然美、环境美,而不是生态美。这样生态美学在审美本体、实践应用方面遇上了障碍。如果说环境美学无视生态美学,是无源之水、无本之木,那么生态美学无视环境美学,将会是虚无缥缈的空中楼阁。生态美学在对生态、自然的促进上,最终还是需要通过环境美学的本体——景观呈现出来。虽然说生态美学涵括生态文学、生态音乐等艺术,以此促使、推动生态观的发展与普及,但是落到实处的保护生态,却是环境美学的自然景观、农业景观、城市景观。

如约翰松所设计的旧金山濒危物种园,造型是旧金山吊袜蛇。它形体纤细、蜿蜒层叠,有着明艳的色彩与变化多端的图案——条纹、鳞片、腹部,构成了公园的主要结构,头部与颈部形成的小山丘为蝴蝶提供了避难所,而尾部下方的梯形平台沿着海滨向下延伸,为海洋生物提供了栖息地。这个景观是约翰松的生态观与审美趣味、实用性的完美结合。还有美国学者保罗·H.高博斯特、加拿大学者夏庞德,分别以生态美学的维度来研究森林

---

① [芬]约·瑟帕玛:《环境之美》,武小西、张宜译,湖南科学技术出版社2006年版,第24页。

② [芬]约·瑟帕玛:《环境之美》,武小西、张宜译,湖南科学技术出版社2006年版,第221页。

③ 陈望衡:《环境美与文化》,《郑州大学学报》2008年第5期。

与风景的景观管理,也是将生态思想融入景观创造中。

可以说,海德格尔"天地神人"的四方游戏、人的"诗意地栖居"与"还乡",是环境美学与生态美学共同的理想目标。尽管环境美学与生态美学有着本质的区别,但都是反思人如何与自然共处,前者以景观创造改善环境,后者以生态维度倡导人与自然的和谐境界,在推动生态平衡、建立可持续发展的世界的宗旨上是殊途同归,两者是相互依存、相互促进。因此陈望衡、陈露阳提出了生态观念与文化观念共同塑造优美环境的"生态文明美学":"人对环境的审美主要体现为生态的审美调节,即审美主体的双元性——人主体性与自然主体的统一和审美价值的综合性——人的价值与物的价值的统一。"①这或许是中西方美学关于环境美学与生态美学对话的启示与成果:超越"环境"与"生态"、生态与文明、认知与伦理、中西方传统、人与自然的分离,互相借鉴,建立更包容、更关注现实的环境美学、生态美学或生态文明美学。

第三节　阿诺德·柏林特对中国生活美学的启示

柏林特的生活美学分为艺术化与伦理化两个演进路径,尤为难得的是并不偏颇单一路径,很好地将艺术化与伦理化融合起来,这对中国生活美学的发展具有启示意义。中国生活美学分为"日常生活审美化"与"日常生活美学"两个流派,分别是艺术化与伦理化的追求,美中不足的是两个追求没有足够的交集,甚至有时候还彼此对立。"日常生活审美化"集中于文艺学与文艺批评领域,研究大众文艺的流行、文艺的经济化,打破以往文艺精英化、政治化与道德化局限。"日常生活美学"关注中国古典生活审美意蕴与追求以及当代的日常生活审美,研究中国古典生活审美的当代化以及当代生活审美与艺术的融合,打破美学是艺术哲学的桎梏,使美学回归生活,并以艺术与美学指导生活。

其实,一百年前美学家张竞生提出过生活美学的设想。张竞生是民国第一批公派留学生,在里昂大学获得哲学博士学位后受蔡元培邀请执教于北大。他在中国最先翻译卢梭的《忏悔录》。张竞生著有《美的人生观》《美的社会组织》,提出了生活审美理论。张竞生的生活美学表现为"人生艺术",包含人生的一切活动——工作、说话、做事甚至性爱、打架都能成为艺

---

① 陈望衡、陈露阳:《环境审美的时代性发展:再论"生态文明美学"》,《郑州大学学报》2018年第1期。

术。张竞生的生活审美理论在当时过于大胆与革新,显得惊世骇俗。张竞生将人生艺术化,以艺术指导人生,把艺术的愉悦、优美贯穿在人生的整个过程与所有事情中。同时强调艺术的物质化、人生化,并将其扩大到社会的所有人、社会的各个方面,以建造美的世界。他写了《美的人生观》,研究"衣食住行""职业""科学""娱乐"的美。

美的饮食标准是健康、科学、卫生,要搭配得当、饥饱适中。美的服饰不在于质料的昂贵,而在于裁剪的合体。不过服饰的美归根结底是为了衬托身体的美,这个身体的美要从锻炼、饮食与精神修养等方面来培养。美的居住要从经济、卫生、合用、美趣四个因素来考虑,并从建筑外的园林和室内设计提出建议。关于美的体育首先介绍了优生优育理论,这是身体的先天条件。其次谈锻炼时要注重卫生和推崇裸体锻炼,这是张竞生希望人回归到古希腊奥林匹克运动的状态,以及无间地亲近大自然。纵观张竞生的生活美学,有两大主线,一是倡导健康卫生、文明进步的生活;二是倡导快乐向上的生活。衣、食、住、行、体育的艺术化属于前者,职业、科学的艺术化属于后者。张竞生认为若要达到以职业为美,就要平等看待各种职业,同时充分挖掘个人潜能,使其从事适合和喜欢的工作。张竞生的生活审美理论尽管太过理想化,过于超前,被鲁迅先生认为"二十五世纪"才能实施,但能促使反思美学与艺术更深层次、更广范围的价值,成为生活美学的宝贵思想资源。

21世纪以来,中国美学界兴起"日常生活审美化"(the aestheticization of everyday life)的大讨论。周宪2001年的《日常生活的"美学化"——文化视觉转向的一种解读》和陶东风2002年的《日常生活的审美化与文化研究的兴起——兼论文艺学的学科反思》,是日常生活审美化的先声,而《文艺争鸣》2003年第1期发表陶东风、王德胜、金元浦、朱国华和黄应全等学者的"日常生活审美化"的专栏文章,正式掀起了"日常生活审美化"大讨论的热潮。童庆炳、鲁枢元、赵勇、毛崇杰、朱志荣、钱中文、杜书瀛、陆扬、刘悦笛、张玉能、高建平、张法、凌继尧、高小康、薛富兴、彭锋和姚朝文等学者先后参与到这场大讨论中,在《文学评论》《文艺研究》《文艺争鸣》《光明日报》等重点刊物和报纸发表了一系列文章。

日常生活审美化由文艺学和美学领域学者发起,最初的目标是推翻精英文化的垄断地位、讴歌大众文化,将艺术回归日常生活,是重构文艺学。陶东风指出封闭的自律论文艺学脱节于兴盛的大众文化艺术,不能很好解释和指导大众文化。应该借鉴西方新社会运动和后结构主义理论开展文化研究与文化批评,拓宽文艺学的研究对象,从传统艺术扩展至流行歌曲、广告、时装等大众文化,恢复文艺学和生活的有机联系。王德胜肯定大众文化

"视像"的视觉感官享受,如女明星的迷人笑容、优雅美丽的小区。同时重点研究媒介发展为图像、电子、立体和多向互动,为大众文化带来的不确定性、时尚化、精致化、视觉娱乐化等特性。

金元浦提出美渗透进生活衣食住行的方方面面,既包括流行歌曲、广告、影视、城市规划、环境设计等泛化艺术门类或泛审美活动,也包括社会各种流动的消费符号和图像,将日常生活审美化的研究领域扩张到文化产业。凌继尧则是认为产品的设计、生产、销售和消费全过程需要审美化,日常生活审美化涵括工业生产活动。总体来说,日常生活审美化的研究领域主要集中在大众文化,而且主流学者中后期的主要焦点放在"日常生活审美化合理性"的讨论上,大众文化审美活动的研究只是浅尝即止。近几年部分青年学者研究微博、微信、电视剧、公共艺术、艺术设计和个人形象设计的日常生活审美化,都属于大众文化领域。

日常生活审美化第一个理论根源是后现代主义。陆扬指出日常生活审美化"它的西方理论资源,除了只言片语、断章取义,或者转引复转引的例子,比较有系统的主要是来自两部均有中译的著作:一是英国社会学家迈克·费瑟斯通1991年出版的《消费文化和后现代主义》,二是德国后现代哲学家沃尔夫冈·韦尔施1998年出版的《重构美学》。"①其实费瑟斯通、韦尔施的理论都属于后现代主义。韦尔施自不必说,其《我们的后现代的现代》是后现代主义重要著作之一,《重构美学》提出"审美"的"家族相似",以审美的多元性替代同一性。费瑟斯通则是从后现代主义的新视角反思消费文化,指出后现代主义涉及知识和文化的各环节,具有持久的生命力。

20世纪90年代,后现代主义思潮在中国广泛传播,其反本质、去中心化、多元化和碎片化等特性,批判宏大叙事、认同多元叙事,直接推动了日常生活审美化的形成。朱立元分析后现代主义进入中国的进程及其影响时,指出"进入21世纪以后,国内学术界对后现代主义思潮的接受开始明显地向文化研究方向嬗变。具备浓厚后现代色彩的'日常生活审美化'和一系列相关问题的探讨和争鸣,掀起了后现代主义文论在当代中国接受史上的新一轮冲击波。"②陶东风批评以往的文本中心主义、意识形态/上层建筑的文艺批评二元模式,建议借鉴西方新社会运动和后结构主义理论开展文化研究与文化批评,恢复文艺学和生活的有机联系,正是呼吁文艺学和美学摒弃中心化的宏大叙事,走向多元化的个人叙事。

---

①　陆扬:《费瑟斯通论日常生活审美化》,《文艺研究》2009年第11期。

②　朱立元:《后现代主义是如何进入中国并发生影响的》,《文艺理论研究》2014年第4期。

　　此外,后现代主义对日常生活审美化的推动,还体现在其去中心化与消解权威冲击了中国文化和艺术注重精英文化、高雅艺术的传统。"后现代主义以消解中心性、秩序性、权威独尊性为其出发点……在后现代主义语境中,文化美学不再是知识精英和少数天才的事业,而日益变成大众的事业,成为社会大众日常的活动方式……后现代主义超出了语言艺术的界限,并对各门类艺术的界限和艺术与现实的界限加以超越。这样一来,艺术与非艺术的界限模糊了,高雅文学与通俗文学的对立、小说与非小说的对立、文学与哲学的对立、文学与其他艺术部类的对立统统消解了。"①当后现代主义将文化、艺术转变为大众的事业,消弭了艺术与非艺术的日常活动之间的界限,日常生活审美化也就呼之欲出了。

　　日常生活审美化的第二个理论根源是消费文化研究。英国伯明翰大学当代文化研究中心极大推动了文化研究,日常生活与大众文化是文化研究的核心领域,异化、意识形态、消费主义和霸权是其关键词。而"日常生活审美化"的提法也是文化研究的重要学者费瑟斯通所创。1988 年 4 月,费瑟斯通在新奥尔良"大众文化协会大会"作了题为《日常生活审美化》的演讲。费瑟斯通 1991 年出版的《消费文化与后现代主义》的第五章是"日常生活审美化"(The Aestheticization of Everyday Life),国内学界"审美化"的英译"Aestheticisation"正是源于费瑟斯通。因此有学者认为"文化研究,而它在当代中国文艺学和美学学科的另一个名称,毋宁说就是日常生活审美化。"②

　　费瑟斯通的日常生活审美化发展了布迪厄的"消费文化"理论,将日常生活的审美呈现分为三种:达达主义和历史先锋派等艺术亚文化、转化生活为艺术作品的策划、日常生活社会的符号和影像之流,消费主义的日常生活审美化是第三种:以符号和影像构成的消费欲望。消费文化对中国日常生活审美化的影响可谓根深蒂固。王德胜指出当代社会的审美现实是极端视觉化:"与人在日常生活里的视觉满足和满足欲望直接相关的'视像'的生产与消费,便成为我们时代日常生活的美学核心。"即其日常生活审美化的关键词正是消费文化的核心——"视觉"和"消费"两大关键词。王德胜和李雷指出,费瑟斯通的"日常生活审美化"已经在北上广等中国文化经济发达城市成为现实:艺术、时尚、设计和文化影像渗透进社会的各个方面,深刻影响着人们的家居环境、衣着打扮、言谈举止甚至生活习俗,并持续刺激着

---

①　王岳川:《后现代主义与中国当代文化》,《中国社会科学》1996 年第 3 期。

②　陆扬:《日常生活审美化批判》,复旦大学出版社 2012 年版,第 24 页。

人的消费欲望和审美欲求。

金元浦认为,消费社会的形态使文化进入了消费时代,电子媒介革命使文化艺术成为生产力,因此审美不再专属于文学和艺术,日常生活审美化的发展前景是文化产业。陶东风指出日常生活审美化和文艺化的文化产业蓬勃发展,出现了一批深知文化市场规律、具有文艺欣赏能力的文化媒介人,应该关注人文教育和文化市场的良性互动,以文化媒介人的良好素养引导文化产业的日常生活审美化。周宪认为"后革命时代"不再追求审美的"乌托邦",转变为日常性的审美化,推崇消费文化的"体验"和"品位"。

日常生活审美化的后现代主义和文化研究根源,使文艺学和美学的研究领域从精英文艺拓展至大众文化,其功能从精神的批判性和超越性转变为感官的愉悦性、文艺的生产性和消费性。日常生活审美化将高高在上、曲高和寡的文艺学和美学回归日常生活,让昔日王谢堂前燕飞入寻常百姓家。同时也为文艺学和美学卸下一直以来不堪重负的"揭露与批判""坚守与拯救"社会责任,让其回归学术研究和社会文化经济活动的常规道路,同时导致文艺学和美学从本质主义到审美泛化、从精英主义到大众化、从阶级论的政治话语到感性的消费话语的转变。

日常生活审美化属于学术界对一个热点的大讨论,主流学者各抒己见、提出了许多有价值的观点,成为文艺学和美学研究的一大景观。可惜大多停留在日常生活审美化的必要性和重要性辩论阶段,罕有探讨哪些日常生活可以审美化、日常生活如何审美化的研究,难觅有创见、体系性的新理论。日常生活审美化可以借鉴西方生活美学,从一个热点问题的大讨论,发展为本土化的生活美学,成为国内美学新的增长点,推动中国美学与西方展开对话、走向世界。

当然,日常生活审美化也有优于生活美学的地方——消费主义批判。中国随着经济的发展、现代化步伐的加快,消费对人的控制与异化成为社会最大的症结之一。中国社会随着全球的一体化,反映权力与文化生产机制的消费符号支配着人的欲望,消费不再是为了占有商品的使用价值,而是为了"自我认同"与"身份表达"。当今中国消费主义的文化工业所制造出的"伪审美"与"伪艺术",以品位、时尚为中心,所谓的流行文化生产机制,不但艺术作品可以复制,甚至连艺术家、艺术潮流也成了生产线上的产品,被标上符号推销给大众,很多时候占据了文化与艺术的主流。

西方生活美学大多肯定生活环境和生活器具之美,漠视现代社会生活背后无处不在的消费主义幽灵。尽管"日常生活审美化"大讨论正反双方剑拔弩张、针锋相对,却在消费主义批判这一点上达成高度的共识。否定日常生活审美化的学者,质疑"日常生活审美化是否失去价值批判""日常生活审美化是否落入了消费主义的陷阱"?

童庆炳的《文艺学边界三题》批评日常生活审美化研究感官刺激和欲望享乐相关的城市规划、购物中心、超级市场等场所,以及流行歌曲、广告、时装、美容美发和美人图片等流行文化,有消费主义倾向:"当下的审美活动已经跨过了高高的精神栅栏,化为日常生活的视像,心灵沉醉的美感转移为身体的快意的享受"①。

鲁枢元先后发表《评所谓"新的美学原则"的崛起》和《拒绝妥协——兼谈日常生活审美论的价值取向》两篇文章,担忧日常生活审美化会导致"过度消费",侵蚀社会大众良好健康的精神生态、造成地球资源的过度消耗、加剧垃圾灾难。毛崇杰则批评日常生活审美化是文化消费主义的新策略,使人沉溺于感性欲望,削弱艺术与审美的现实批判性。赵勇在《谁的"日常生活审美化"? 怎样做"文化研究"? ——与陶东风教授商榷》,质疑陶东风的日常生活审美化研究放弃了价值判断,必然会造成批判精神的下滑、问题意识的缺席和价值立场的暧昧,使中国的文化研究陷入困境。周宪也质疑,自尼采和韦伯以来,学者一直反思日常生活充满了工具理性的控制和压抑,审美成为超越日常生活局限性的"救赎","当我们说日常生活已审美化或具有审美化的趋向的时候,是否意味着现代日常生活已经由审美改造而变得不再具有压抑性和局限性? 换言之,现代性的困境已经在日常生活审美化进程中被超越了吗?"②

作为日常生活审美化大讨论的另一方,陶东风反复强调,他只是反对完全无视日常生活的道德主义批判,日常生活审美化不是拥抱日常生活的感官声色,要坚守审美的批判精神。针对鲁枢元日常生活审美化放弃价值批判的质疑,王德胜认为日常生活审美化是在新的文化语境和价值立场上反思人类生存活动,既要肯定人的感性权利,也要警惕资本和理性两种霸权。张玉能从马克思主义文艺观出发,指出日常生活审美化不能是商品性、奢华性、感官性的"中产阶级化",而是"工农大众化",促进人与社会的和谐、人自身的全面发展。高建平认为日常生活审美化的美学也会保持批判精神,坚持人文的立场。可见"日常生活审美化"大讨论在消费主义批判上达成高度的一致。然而"日常生活审美化"真正开展的消费批判以及伦理建设并不多见。

---

① 童庆炳:《文艺学边界三题》,《文学评论》2004 年第 6 期。
② 周宪:《"后革命时代"的日常生活审美化》,《北京大学学报》2007 年第 4 期。

中国的日常生活美学挖掘传统生活审美资源，"关注审美与生活之间所具有的'不即不离'之间的亲密关系，注重在日常生活当中体味到生活本身的'美感'。"①刘悦笛认为："中国古典美学作为最'原生态'的生活审美化传统，形成了一种'优乐圆融'的中国人的生活艺术：从诗情画意到文人之美，从笔墨纸砚到文房之美，从琴棋书石到赏玩之美，从诗词歌赋到文学之美，从茶艺花道到居家之美，从人物品藻到鉴人之美，从雅集之乐到交游之美，从造景天然到园圃之美，从归隐山林到闲游之学，从民俗节庆到民艺之美，皆是如此。"②

柏林特追求共同感知需求平等的"生活美学共同体"、批判消费文化对生活审美"感知征用"、谴责恐怖袭击，都有着明确的伦理价值追求和强烈的现实关注。一方面为生活美学提供了警示：资本和消费早就渗透进现代生活，如果不警惕、批判资本和消费的霸权，生活美学最终会糊里糊涂落入消费主义的罗网，沦为资本的帮凶；另一方面也为中国生活美学提供了启示：应该借鉴柏林特生活美学回归感性学的审美经验本体及其价值，追求审美愉悦与关注现实世界，思考生活美学的艺术化与伦理化，研究生活世界的审美转向如何达到"审美救赎""促进伦理"的功能。

柏林特从倡导相爱的"美学共同体"到批判恐怖主义袭击和暴力现象。受其影响，斋藤百合子从整洁的家居环境的道德感到肯定"不完美"审美准则的多元性、现实性，安德鲁·史密斯开展社区审美的种族主义批判，都是生活美学融合艺术化与伦理化的案例。斋藤百合子是柏林特的好朋友，追随柏林特与卡尔松研究环境美学，也是最早开始研究生活美学的学者，并与柏林特一同创办在线杂志《美学》(*Aesthetics*)。斋藤百合子不仅接受了柏林特的"参与"审美模式，还认可其生活美学融汇生活艺术化与伦理化的思路。

斋藤百合子研究居所清洁、个人外表和生活用品审美经验的伦理价值。她指出清洁、整理生活起居物品和个人卫生除了实用目的、审美目的，还关乎到个人的性格和道德品行。斋藤百合子认为从面容到着装的外貌也有着道德考虑，即外表是个人价值观和态度的反映。于是个人卫生和外表等生活活动兼备审美功能与伦理功能。可见，日常生活审美化在挣脱以往僵化的审美教条、推崇感性愉悦的阶段之后，应该反思日常生活审美的伦理建设功能、对当代生活的指导意义。

---

①　刘悦笛主编：《东方生活美学》，人民出版社 2019 年版，第 2 页。

②　刘悦笛主编：《东方生活美学》，人民出版社 2019 年版，第 2 页。

　　斋藤百合子还以其最熟悉的设计为切入点,指出日常生活用品、环境与人的行为一样,都具有伦理道德方面的判断,她称之为"道德—审美判断"。如具有关怀、体谅、敏感、尊重等人性化观念,或者缺少关怀和感知上的考虑。虽然说日常用品与环境离不开它们的功能考虑,但是在材料的选择与组织上,应该关注物质、使用者和居住者的呈现、表达与反映。道德品质不仅反映在行动上,还可以反映在敏感、尊敬的设计物的创造与欣赏上。即日常用品和环境的感知考虑与实用功能都涉及道德评价,有助于道德的提升。如工厂的修建既要考虑生产的便利性,也要考虑工人工作的舒适、健康的保障;而破坏广场、公园等公共空间的整洁,既是审美问题也是伦理问题。斋藤百合子最终目标是通过生活美学促进伦理的提升、社会的进步:"任何良好的社会,尤其是注重公正、自由、平等与福利的社会,必须创造充满关怀的社会环境与用品,为人民提供好的生活、培养人民的美德。"①因此生活美学不仅丰富了人们的日常审美活动,还可以帮助人们关注生活审美的深刻意义,激发负责的态度与行为,推动社会的进步。

　　格拉斯哥大学的学者安德鲁·史密斯,关注生活美学在社区尤其是多族裔的日常环境的作用。其以苏格兰格拉斯哥市戈凡希尔区为例,调查美学与种族化的联系。"首先考虑对当地空间的日常审美反映的种族化潜力。其次将探讨如何从美学角度解读地方社会关系。第三是反思日常审美抵抗的形式。"②其从社区环境的日常审美经验入手,分析种族偏见带来的审美偏见,这种审美偏见背后的根源及其如何化解。

　　史密斯发现,社会对不同社区的印象存在着种族歧视的观念,如良好的秩序、清洁的社区甚至居住的白色人种成为日常生活审美的标准;而有色人种与多族裔的社区环境是杂乱喧闹、人满为患。媒体将地区的文化多样性本身描述为负面因素,并认为多种族的社区导致了人员杂乱、房间狭隘、社区脏乱等环境问题。"旨在创建所谓的美学实践社区,旨在挑战多族裔社区环境恶劣的观念。"③史密斯引用了柏林特生活美学共同体的概念:"然而,这种对日常美学的哲学讨论也表现出对种族化进程的极度盲目。事实上,许多学者的假设倾向于认为审美敏感性必然与社会正义相一致。阿诺德·柏林特的说法很典型:'在审美情境中,愿意接受物体的社会等价物在

①　Yuriko Saito, *Everyday Aesthetics*, New York: Oxford University Press, 2007, p. 8.

②　Andrew Smith, "Everyday Aesthetics, Locality and Racialisation", *Cultural Sociology*, 1, 2021, pp. 91–112.

③　Andrew Smith, "Everyday Aesthetics, Locality and Racialisation", *Cultural Sociology*, 1, 2021, pp. 91–112.

于承认每个人的内在价值。'因此,对于柏林特来说,美学为世界命名了一种取向,在这种取向中,他人的独特性变得生动,但我们也重新体验了我们与他人关系的相互构成性质。在这方面,他认为,美的体验,就像爱的体验一样,包含着一种'关系观念'。它引导我们走向一种意识,'消除分裂和分离,取而代之的是同理心'。"①

"最后,日常美学也是奋斗的场所。我们的采访提供了充分的证据,表明我们正在努力与戈万希尔带有侮辱性的代表作斗争。他们还提供了充分的证据,表明人们曾采取一致行动来引起人们的注意,并破坏了人们对当地空间混乱状况的主张,以维持本质的差异观念。此外,它们提供了我们可以称之为日常审美抵制的证据。这种抵制需要形成当地的审美实践社区,并表达出对多样性的审美解读。通过这种方式,许多在该地区生活和工作的人都对当地空间的'单色'定义提出了挑战,反而清楚地表达了后殖民时代的'野性之美',并庆祝詹姆斯·鲍德温(James Baldwin)'这个世界是白色的'的终结——世界永远不会再变白了。"②

近年来,国内生活美学学派也开始崛起,生活美学研究也蔚然成风,然而尚未认识到生活美学伦理化的必要性。以生态美学为中心的曾繁仁,敏锐地发现生活审美与生态保护之间的关系:"在我国进入新时代的历史背景下,'简约生活'成为值得倡导的生活方式,是生态美学走向生活的标志……'简约生活'不仅仅是生活方式的转变,而且是时代观、世界观、道德观、发展观、生活观、文化观与审美观的转变。"③曾繁仁以梭罗的《瓦尔登湖》的简朴生活为榜样,提倡"够了就行"的简朴生活观,直言这是"生态文明时代新的生活观的重要理论来源"④。

可见,柏林特生活美学的启示是艺术化与伦理化的融合,应研究生活活动、生活环境与生活器具的审美,促进人们对美好生活的热爱,追求健康与可持续性的生活方式,包括提升社会道德水平、改善人际关系、抨击生活丑恶现象、提倡绿色生活等。在此基础上,挖掘取舍古典生活审美传统与资源,关注现实生活问题,发展出既有文化价值和审美价值,也有伦理价值和

---

① Andrew Smith, "Everyday Aesthetics, Locality and Racialisation", *Cultural Sociology*, 1, 2021, pp. 91-112.

② Andrew Smith, "Everyday Aesthetics, Locality and Racialisation", *Cultural Sociology*, 1, 2021, pp. 91-112.

③ 曾繁仁:《生态美学走向生活:新时代的"简约生活"方式》,《北京林业大学学报》2018 年第 2 期。

④ 曾繁仁:《生态美学走向生活:新时代的"简约生活"方式》,《北京林业大学学报》2018 年第 2 期。

社会价值的生活美学,推动中国生活美学走向世界。

第四节　阿诺德·柏林特九十岁生日评论文章

柏林特对环境美学、生活美学、实用主义美学、现象学美学的勃兴的推动,成就斐然。作为一个前辈,柏林特提携后学,并用其人格魅力感染青年学者投身美学研究。荣休后笔耕不辍,除了发表论文和出版专著,还创办《当代美学》在线杂志,在2004年至2017年间担任主编,为国际青年学者搭建平台。柏林特作为国际美学界享有盛誉的学者,在其九十岁生日之际,各国学者纷纷撰文庆祝。

这些文章一方面证明柏林特的知名度与影响力,另一方面也是学界对柏林特美学理论的总结与评论。这些庆祝文章集中发表在两个刊物上。第一个刊物是网络刊物《现代美学》,2021年第9卷出版专刊《审美参与与感性:对阿诺德·柏林特作品的反思》(*Aesthetic Engagement and Sensibility: Reflections on Arnold Berleant's Work*),刊登了国际美学界十一位学者的评论文章。分别是博格纳·格莱登·奥比季斯卡(Bogna J. Gladden-Obidzińska)的《编者的话》、柏林特的《哲学回顾》、谢丽尔·福斯特的《柏林特的主要思想的非功利、蔑视和接受》、克里斯蒂娜·威尔科舍夫斯卡(Krystyna Wilkoszewska)的《阿诺德·柏林特的后康德美学体系》、程相占的《阿诺德·柏林特的环境美学与中国的生态美学》、克里斯平·萨特维尔(Crispin Sartwell)的《柏林特的开放性》、斋藤百合子的《美学在世界创造中的作用》、艾丽卡·库钦斯卡的(Alicja Kuczyńska)《柏林特的雕塑空间现象学:布朗库伊》、安娜·沃林斯卡(Anna Wolińska)的《柏林特审美语境下的雕塑及其意义》、莉莲娜·比斯扎德(Lilianna Bieszczad)《"运动中的身体"作为即兴舞蹈的实质:基于莫里斯·梅洛-庞蒂〈知觉现象学〉中的母题》、玛拉·米勒(Mara Miller)的《艺术、环境和日常生活中的消极美学:阿诺德·柏林特的理论和桐野夏生的小说》。

第二个刊物是芬兰阿尔托大学主办的《流行调查:刻奇、营地和大众文化杂志》(*Popular Inquiry: The Journal of Kitsch, Camp and Mass Culture*)。这是一本研究流行文化的美学期刊,2022年第1期为"阿诺德·柏林特九十岁生日专刊"。除了柏林特自己的《对笛卡尔的杜尚式反思》,还刊发22篇评论文章。有沃尔夫冈·韦尔施、玛丽沃娜·塞宗(Maryvonne Saison)、陈望衡、瑟帕玛、斋藤百合子、贾尔·尔岑(Jale Erzen)、约翰·M.卡瓦略(John M. Carvalho)、程相占、莱迪、布雷迪马特乌斯·萨尔瓦(Mateusz Salwa)等学者。

这本专刊的文章可以分为三类。一是研究柏林特美学理论的贡献,如《从参与美学中学习》《参与和典型》《享受、满足、生存:论艺术与生命之美的价值》《阿诺德·柏林特:为自然和艺术而生》《对阿诺德·柏林特生态美学观念的评论》《社会美学与心理健康》等。二是将柏林特的理论应用于艺术研究或者环境美学研究,如《柏林特主要思想的非功利、蔑视和接受》《可以将阿诺德·柏林特的参与美学应用于"概念舞"吗?——参与的体验》《消极/积极:女性在行动》《自然与文化》等。三是柏林特对后学的影响,如《阿诺德·柏林特:我的环境美学引路者》《作为教育家的柏林特》。

就文化背景而言,既有北美和东欧的学者,也有东亚和中亚的学者。这证明柏林特美学理论的开放性与包容性。总体而言,柏林特美学理论的人文主义特色不同于当代英美的分析主义美学,更易为中国、日本等东亚学者及中亚、欧洲学者所认同与接受。编辑玛德琳娜·迪亚科努(Mădălina Diaconu)和马克斯·瑞纳宁(Max Ryynänen)总结:"这些文章由世界各地不同年龄阶段的学者撰写,展示了柏林特对凝聚学界的贡献,其终身努力的广泛视野如何强烈塑造了美学理论的范围、方法和目标,并影响了其他学科……这个专栏的文章包括了评论、回忆和生日祝福。一些文章对阿诺德·柏林特的作品提供了明确的新知识与深入的研究,一些作品或多或少基于他的生平,但它们共同展示了柏林特影响的丰富性,从美学研究到当代美学理论的建立,以及作为许多年轻学者的导师。"①

这两期的专刊文章研究主题从柏林特的哲学美学原理创新到雕塑和舞蹈等艺术美学批评,再到环境美学和生活美学的现实应用,都是当代美学研究的前沿问题与重要命题。也是国际学者对柏林特美学理论的总结与评价,既可以观察国际学者如何看待、接受和发展柏林特的艺术美学、环境美学与生活美学理论,更是观察当代美学发展的一道光谱。

一、韦尔施的柏林特自然观评论

韦尔施的《自然与文化》评论柏林特2011年的文章《进化的自然主义和二元论的终结》,发展柏林特"自然与文化融合"的观点。柏林特认为,文化一直受自然知识的影响,自然也被文化所塑造。从苏格拉底到现代的哲学史,自然知识对哲学思维产生了重大影响。如泰勒斯的水和阿那克西曼

① Mădălina Diaconu and Max Ryynänent, "Editorial", *The Journal of Kitsch, Camp and Mass Culture*, 1, 2022, p. 5.

德的空气,作为早期的自然知识,成为对世界哲学理解的基础。与此同时,人类的文化早已渗透进自然的各领域,自然不再是一个独立于文化之外的世界。

韦尔施认可柏林特的思路,从西方两千多年来自然观的发展史思考未来的自然与文化关系:"在古代,自然与文化的对立是有限的和缓和的,并非完全对立。然而,在现代性中,对应于笛卡尔的二元论,自然和文化被认为是代表完全不同的领域。在当代社会,自然和文化之间不可否认的纠缠日益受到重视。未来社会很可能以自然和文化的交织为标志。"①

韦尔施认同柏林特批判人与自然对立的二元论,我们必须对二元论思维模式的整个体系提出质疑并予以消解,因为这种二元论思维模式是建立在一个不再站得住脚的论点上的,即人的构成必须与自然割裂。韦尔施指出,古希腊时代的自然和文化并没有对立起来。即使在文化领域,也应遵循自然的规律。亚里士多德就认为,文化是自然的延续,它类似于自然,在自然本身无法完成的地方完成自然的工作。文化表现在自然的方式和感觉上。

近代以来,笛卡尔的二分法将自然视为纯粹遵循机械原理的物质,大自然就这样变得毫无生气。曾经是世界的摄政者和自然的最内在的原则的精神变成了自然之外的原则,因此人作为一种精神存在,成为自然世界的异类。这也导致了自然屈从于文化的观点,即自然是有待开发的资源。从这个意义上说,弗朗西斯·培根在1620年宣布,人类应该征服自然,而笛卡尔在1637年呼吁人要成为自然的主人。自然(物质)与文化(精神)的本体论二分法不仅产生了现实后果,而且导致了认识的二分法的形成。严格地说,大自然变得不可知。因为,对于人而言,认知手段属于一种与自然毫无共同之处的秩序,不必符合自然规则。人按照自己的想象去建造自然和创造世界。精神和自然不再互相依存。笛卡尔二元论的结果就是康德的自在之物的不可知性。

韦尔施指出,虽然思想史一直分裂自然和文化的结合,然而美学长期以来一直揭示自然和文化之间的联系。尤其是传承两千年的模仿论,认为艺术是尽可能完美地模仿自然的观点。模仿论提倡艺术的表现应该尽可能忠实于自然模型,泽克西斯画的葡萄逼真到麻雀飞来啄食,帕拉西奥斯画的画布可以以假乱真,正是模仿论的追求。虽然自然和艺术仍然被认为是不同

---

① Wolfgang Welsch, "Nature Versus Culture", *The Journal of Kitsch, Camp and Mass Culture*, 1, 2022, pp. 204−218.

的领域,但是艺术以自然为衡量标准。文艺复兴时期,阿尔贝蒂也主张自然产生了最初的表现形式——艺术最初是自然的产物。阿尔贝蒂声称,自然偶尔会画出图案,绘画和雕塑随后从对这些自然现象的观察中出现。

19世纪,达尔文建立和海克尔延续的进化美学也承认自然和艺术之间的连续性,美的产生和对美的欣赏是自然的重要策略。达尔文认为,自然不仅产生美丽的形状,还带来审美态度和审美意识。美学已经在动物王国中出现,如某些动物的审美吸引力是其繁衍的保证。美学首先不是一种文化成就,而是自然的产物。它不仅属于自然,而且是自然繁殖的一种方式,使自身进一步发展。海克尔着迷于丰富的自然美,《自然的艺术形式》表现了大自然各种生物自身的形式美。艺术家奥布里斯特、奥尔布里奇、恩德尔、蒂芙尼和建筑师雷内·比奈都受其启发。海克尔证明艺术不仅源于自然,而且自然也可以以艺术为榜样,延续自然的艺术形式。

韦尔施也认同,人们所热爱和享受的景观绝不是简单的自然景观,而是充满文化色彩的景观。沿着乡间小路或森林小路走时,人们走过的文化的程度与自然路途一样长远。千百年来,人类已经清理了这些地区,并在其中开辟了田野和道路,所谓的原始森林也是人类选择留下的。人们忽视了自然事实上的文化印记,错误地认为它是纯粹的自然。正是这种被驯化的、被栽培的自然被视为田园风光。

人们享受的自然景观中,存在造林和耕地及山川之间的和谐关系以及早已被监管的河流。当健康行业与旅游业大肆宣扬自然的治愈能力和审美价值时,他们指的是一种被驯服、令人愉快和被栽培的自然——这绝不是纯粹的自然,在很大程度上是人类的工作。自然在很大程度上受到了文化的塑造,人类在世界各地都面临着自然与文化的相互依赖关系。需要一个不同的自然概念——自然不是文化的对手而是伙伴的概念。

韦尔施注意到了柏林特的崇高和审美侵犯性观点,意识到自然并非理想中的美好诗意田园景象,自然有其运行规律,既有含情脉脉的优美一面,也有惊心动魄甚至给人带来毁灭性灾难的一面。

韦尔施指出,美化自然的和谐与浪漫是错误的,自然有其自身规律性,决定其有残酷的一面。如自然的运行蕴含死亡与生机,如恒星终会走向毁灭,带来新的变化。再如自然的火山爆发、雪崩和海啸,具有极大破坏性,动物为了生存不得不杀害其他生物。而且,从长远来看,自然正处于改变、重塑、摧毁旧地层和创造新形态的过程中,大气的变化、磁场的改变都属于自然的自身发展过程。甚至人类文明对地球的改变,也是自然重塑自身的一种方式。

"为了反对旧的二元论思维,我已经指出了一些自然和文化的相互渗透的形式。他们都支持柏林特的观点,即我们应该超越旧的二元论。我们越来越了解人的自然性,以及自然和文化的共生特征。"①在柏林特自然与文化融合自然观的基础上,韦尔施思考其环境保护价值。他指出,面对气候危机和人类世界的其他灾难性影响,许多人今天呼吁寻求人与自然的和解,与自然进行新的交流,实际上已经不合时宜。因为以这种方式说话的人仍然依赖于旧的二元论,并不能摆脱它的束缚。

韦尔施预测,未来的文化与科技对自然更具决定性作用。因为通过基因工程,人类甚至能够深入到自然的核心,进入生物的遗传程序。文化和技术开始嵌套在大自然的软件之中。韦尔斯设想在当代科技与文明的基础上,实现人与自然的深度融合:"人类未来与自然的关系必须与新技术相结合。仅仅是抱怨和希望似乎也有帮助的时代已经一去不复返了。相反,我们需要的是智能技术,它继续使我们能够过一种不仅仅是放弃,而是将繁荣与碳中和相结合的生活。正如瓦格纳说的那样:'伤口只有用击中它的长矛才能闭合。'因此,我们只能用一种不同的、聪明的、智能的技术来处理人类对自然的破坏。这视为未来自然和文化的交融的最终榜样。"②韦尔斯新锐的自然观没有墨守二元论成规,目光也是往前看,主张科技介入人与自然的关系,即科技可以修复人对自然的破坏、指引人如何与自然共处,并非停留在人与自然和谐发展的呼吁阶段。这其实也是一种"参与"的自然观。

二、柏林特"参与"美学及其应用价值新评

"参与"美学无疑是柏林特研究的重点与热点。布雷迪《从参与美学中学习》对比"参与"美学和"综合"美学,并阐述"参与"美学连续性与"美学共同体"对后者的影响,及其如何塑造环境美学领域。布雷迪说:"我们许多在美学领域工作的人都非常感谢阿诺德·柏林特,因为他对建立我们今天所知的环境美学领域作出了非常重要的贡献。他出版了许多书,编辑了该领域的重要选集,并共同创办和编辑了一本主要期刊《当代美学》。通过所有这些途径,他影响了世界各地的学者,并从美学角度传达了他在风景中生活的哲学思考和现象学经验。"

① Wolfgang Welsch, "Nature Versus Culture", *The Journal of Kitsch, Camp and Mass Culture*, 1, 2022, pp. 204-218.

② Wolfgang Welsch, "Nature Versus Culture", *The Journal of Kitsch, Camp and Mass Culture*, 1, 2022, pp. 204-218.

布雷迪指出,柏林特的"参与"美学使其能够超越主客二元论的美学观,发展出"综合"美学,着眼于位置、关系、参与性和代际意识的审美体验形式。"综合"美学首先是环境的定位。随着时空变化与环境转变,欣赏者的注意力被吸引到环境中,开始审美活动。其次是想象的参与,包括模糊或清晰的想法以及个人的审美趣味、生活经历等因素,是人与环境的交互作用,以探索、扩展、隐喻与启示的方式,增强环境审美体验。最后是多感官的体验,以组合或者接踵而至的方式组合起来,揭示环境的审美价值和意义。即布雷迪的"综合"美学以个人想象积极介入审美活动中。因此布雷迪推崇柏林特"参与"美学的描述方法,认为可以充分表述审美的丰富想象体验:"描述性美学不仅可以帮助该领域解释过去,而且还可以考虑未来的美学价值观和意义可能会留给后代。在一个气候变化的世界里,美学无疑会起到重要作用,而这一领域的工作对于理解未来至关重要。因为正如阿诺德在他的作品中所展示的那样,美学渗透到我们的社区以及我们与自然和其他环境的关系中。他的工作一直是塑造环境美学发展的核心,对于理解美学在地球上所有人共同未来中的地位仍然非常重要。"①

值得一提的是,有学者分析柏林特"参与"美学的杜夫海纳现象学根源。玛丽沃娜·塞宗是巴黎第十大学哲学系教授,法国美学协会主席,艺术—哲学研究中心负责人,曾当过福柯的助手。作为国际美学界的同行,她深知柏林特美学理论的特殊价值:"柏林特是为数不多的在盎格鲁-撒克逊分析和实用主义传统与现象学之间架起桥梁的美国美学家之一。"②塞宗还特别指出,柏林特的现象学根源除了海德格尔和梅洛-庞蒂,还有杜夫海纳。塞宗回顾柏林特在1998年第十九国际美学大会上论及美学的转变时,提出扩展审美感官、扩大艺术的范围以及审美的多样性。柏林特在后来20多年的研究中一直坚持这一思路,将美学超越艺术延伸到社会和生活世界。环境审美与艺术审美虽然是不同的领域,然而审美体验的特征是相同的,都强调身体的感知、自然和文化之间的连续性。"与现象学美学相比,杜夫海纳的独创性在于不再将美学局限于艺术和某些艺术作品,不只是着眼于局部分析,因此他的美学反思建立在多重发展的自然哲学上。在阐述自然哲学时,杜夫海纳描述了一种生活体验,无可争议地,这种体验可以与跨大西洋发展起来的环境美学,尤其是柏林特的作品中的环境美学建立某种联系,

① Emily Brady, "Learning From Aesthetics of Engagement", *The Journal of Kitsch, Camp and Mass Culture*, 1, 2022, pp. 33-39.

② Maryvonne Saison, "Anorld Berleant Maurice Merleau-Ponty Mikel Dunfrenne", *The Journal of Kitsch, Camp and Mass Culture*, 1, 2022, pp. 162-169.

这种联系是有限的,但值得注意。"①

斎藤百合子认为,阿诺德·柏林特"参与"美学具有极强的预见性和非凡的全球影响力。其最重要的贡献之一是阐明了作为审美经验特征的关系性。斎藤百合子指出,这一概念最近在各个领域引起了关注。如伦理学领域,护理伦理学的开创者之一的内尔·诺丁斯(Nel Noddings)重新修订1984年出版的著作《护理》时,将副标题从《道德和道德教育的女性方法》,改为《道德与道德教育的关系方法》,淡化性别差异,强调人与人之间的关系。在教育学领域,贝尔·胡克(Bel Hooks)提倡参与式教育时,提出"关系伦理学"的概念;在设计学领域,一些当代设计师主张将设计实践视为"关系服务",即设计师和客户成为共同创造期望结果的参与者,取代设计师创造客户所接受对象的传统模式。

在美学领域,尼古拉斯·伯瑞奥德(Nicolas Bourriaud)最早提出"关系美学"一词,专门解释了由人们的日常生活和社会互动组成的相对新的艺术形式。而且,伯瑞奥德认为艺术创作始终是有关系的,包括人与神、人与物、人与人之间的关系,这些关系可以分为"传递性""遭遇性""对话性"等。而柏林特在20世纪70年代的美学理论一直提倡连续性、互惠性、合作性,反对欣赏者与艺术品、环境分离的审美模式,实际上也属于"关系美学"的范畴。柏林特"参与"的审美体验是一个动态的过程,不是客体或者主体单方面驱动,而是客体和主体之间的相互渗透与互动。"参与"理论应用到环境美学与生活美学的研究中,思考了各种关系:人与自然的关系、人与人的关系、人与人工制品的关系。

斎藤百合子指出,柏林特首先纠正过往人是环境、物体主宰的偏颇,反思环境、物体对人的影响。提倡精神与身体、人与自然、自我与他人、男性与女性的联系。其次提倡审美与伦理的联系性,审美欣赏可以促进伦理水平,处理社会伦理也离不开人际体验的研究。最后是各种文化审美理论的联系性,柏林特对非西方文化的审美思想持开放态度,尤其喜欢中国文化和日本文化。

斎藤百合子尤其推崇的是,柏林特以现有的美学理论为前提,不需要创造新的术语,建立起生活美学与社会美学的理论体系,研究人与环境、器具、他人关系的各种审美经验,包括连续性、交流性和合作性等特征。如社会美学的"美学共同体"包括接受、尊重对方独特的个性、敏锐的感知、开放的思

---

① Maryvonne Saison, "Anorld Berleant Maurice Merleau-Ponty Mikel Dunfrenne", *The Journal of Kitsch, Camp and Mass Culture*, 1, 2022, pp. 162-169.

维以及创造性和想象力的参与。审美与道德因此联结起来,柏林特强调美学是衡量社会道德状态的不可或缺的工具,必须接受和使用这种工具。"参与"的审美体验将身体并置转变为一种社会关系,人们在艺术中可以体验到的审美联系投射到个体与他人和事物的接触中,也将个体与独立的、非个人的物体的接触转化为个人关系。斋藤百合子以人际交往活动中的感性表现为例,感知的敏锐性、想象力的激活,都是伴随着面部表情、话语、语气、身体语言和气氛实现交往。与此同时,这些感性表现很多时候也属于审美体验。

福斯特的《柏林特主要思想的非功利、蔑视和接受》,则着重介绍柏林特"参与"美学的发展背景及其在沿海生态学和管理案例中的应用。福斯特总结柏林特对美学非功利性的批评:尽管美学已经从艺术扩大至表演艺术和装置艺术等新领域,以及艺术之外的世界中的日常生活和人体、日常环境和自然环境,非功利性依然在美学中占据主导地位。柏林特的"参与"美学经过了几十年的发展,使欣赏者作为感知的个体回归存在的生命景观。"精神和实践的多元主义要求柏林特抵制单一、僵化或统一的标准,所有参与的体验都必须遵守该标准……参与的特点是感觉敏锐、知觉统一、意识、理解和参与的一致性,以及对场合的即时性和直接性的关注。此外,审美感知者与物体或表面之间的关系确实存在,但它们是被感觉到而不是被认知的。"①

福斯特指出,卡尔松和柏林特环境美学最大的区别,是环境与人之间的关系在审美经验中发挥作用的方式。卡尔松认为,环境与人之间的关系由自然秩序所决定;柏林特认为,这种关系在感受具体化的层面上被感知。"参与审美,当超越艺术进入自然世界时,拒绝将观察景观作为自然欣赏的模式,而是拥抱人类与自然世界的基本和不可侵犯的连续性,本着互惠互利的态度,强调对直接遇到的感官品质的亲密感知。"②

福斯特由"参与"美学反思柏林特的"边界"的概念,强调景观与周围物体的连续性、交流性与亲密感,并非将景观隔绝在明确的边界之内。柏林特对"水的世界"的反思是消除"边界",注重人和环境的连续性,他不仅断言我们通过与水的接触了解流动的环境,而且水的体验更"坚持和戏剧性地"揭示了水的特性具有所有自然场所特征的变化和运动,虽然变化和运动不

---

①　https://contempaesthetics.org/2021/01/05/disinterestedness - disdain - and - the - reception - of-berleants-major-idea/.

②　https://contempaesthetics.org/2021/01/05/disinterestedness - disdain - and - the - reception - of-berleants-major-idea/.

是人类直接感知的。

福斯特以一个海洋生态学家藤田的"参与式研究"为案例,证明柏林特"参与"美学的正确性及其价值。藤田是加利福尼亚州奥克兰环境保护部的科学家,在佛罗里达群岛和海峡群岛建立海洋保护区方面发挥了关键作用,也是基于 GIS 的绘图程序"海洋地图"(OceanMap)的首席科学开发人员。除了常规的科学测绘方法之外,"海洋地图"提供了一些工具来观察和绘制个人与海洋相关的观察结果,用来划定沿海环境的价值范围。由于深海中的科学数据收集通常有其时间节点,不仅费用高昂,而且得到的数据并不全面。科学家邀请当地渔民参与观测过程与分析过程,利用他们的丰富经验,可以准确地掌握海域的鱼类分布状况。这是抽象数据分析与日常经验总结的结合,借用普通居民的生活经验鉴别和描述特定沿海环境的特征与价值,融合科学知识与生活知识、科学价值与公共价值,藤田称之为"参与式研究"。藤田以此类推,生活在自然中的人不能仅靠科学方法与科学术语来了解自然,还需要通过对当地的各种生活经验与生活方式的参与来了解自然。

福斯特进一步指出柏林特"参与"美学的应用价值:"在珊瑚礁监测活动中经历了与自然连续性的深刻体验后,实际上离开了科学研究,转而从事环保宣传工作。藤田指出连续性是被感觉到的,而不是推导出来的或推断出来的。作为一名海洋生态学家,他从理智上理解连续性的系统表现。但在他将科学家的视角让给人类的视角之前,他未能以具体个体的身份来理解这种连续性。正如柏林特的连续性潜伏在美学的核心,藤田的多元价值已经侵入了环境连续性的核心。藤田和'海洋地图'的创建者正在记录,并希望更全面地记录自然,正是柏林特的工作可以引领我们的地方。藤田告诉我们,'海洋地图'需要更好的方法来标记环境的美学特征,需要用采访者语言来帮助识别环境的感官丰富性和关系模式,更好地表现其美学价值。"①

三、柏林特美学本质论新评

奥地利维也纳大学的玛达琳娜·迪亚科努(Madalina Diaconu),在 2005 年出版了《触觉、嗅觉与味觉:麻醉感官的美学》,注重感官体验。她的文章《享受、满足与生存:论艺术与生命之美的价值》,肯定了柏林特的多感官的

① https://contempaesthetics.org/2021/01/05/disinterestedness-disdain-and-the-reception-of-berleants-major-idea/.

审美体验及其对人类美好生活的现实价值。迪亚科努认为,20世纪之后,审美感知的重心从愉悦和享受转向了审美体验,审美体验被认为是日常生活的飞地,虽然是生活的过程,同时超越现实生活。阿诺德·柏林特的人文主义阐述了这种传统的矛盾心理:一方面,他反对人类中心主义的沉思主体,将环境定义为人与各种生物共存的生命世界;另一方面,他把审美建立在理想的伦理道德上。与此同时,柏林特的环境美学追求,促进了美学从主观愉悦转向环境生存的转变迫在眉睫,美学理论必须将人类和生态系统的重要价值结合起来。

"柏林特的哲学不断地拒绝唯美主义,在其最好的意义上植根于人文主义传统,其主张美学和道德价值最终追求的目标是相同的——人类的繁荣。众所周知,人道主义目前正受到一种巨大的挑战,这种挑战宣称后人类主义或超人类主义的时代已经到来。在发达国家,随着预期寿命的延长,活力和生活的改善成为核心价值。科技和医学的进步,伴随着自我控制和自我设计下的自我优化的不断努力,都是为了让我们活得更久、更好。在庆祝阿诺德·柏林特90岁生日时,还有什么比提出艺术、美和审美敏感性是否以及如何能够培养和提升生活更合适的呢?"[1]

迪亚科努承认,在众多美学领域都有开创性贡献的柏林特,并没有勾勒出任何生命美学,更没有勾勒出动物美学、进化美学等生物美学。然而,柏林特提出把活的身体和活的经验看作是在一个活的空间或生活的世界中,还将海德格尔的"存在于世界"重新命名为"生活在世界"。因为艺术是生命体的创造,生命体受到生命的启发,产生生命的形象甚至幻象。他们的作品影响着自己和其他生物的生命和活力。

迪亚科努还认为柏林特实际上属于人文主义美学:从人的感性出发,以人类的福祉为目标。柏林特毕生致力于艺术和美学,这深深植根于他的信念,即审美体验能够赋予生活意义。他的美学摒弃了知性传统和身心二元论,对艺术和美的追求有着存在主义根源,坚持审美能够而且应该满足人类生存的主张。

迪亚科努回顾西方的艺术功能研究,大多视艺术为有害的消遣或者提升伦理的工具。如柏拉图一方面贬低艺术为纯粹的模仿,损害公民和战士的道德,另一方面又承认艺术有其实用功能,可以通过艺术来控制生命力和道德。柏拉图开创了自相矛盾的艺术理论,谴责粗俗的享乐主义,但赞扬艺

---

[1] Madalina Diaconu, "Enjoyment Fulfillment Survival: on the Value of Art and Beauty for Life", *The Journal of Kitsch, Camp and Mass Culture*, 1, 2022, pp. 63-78.

术所产生的更高形式的享受,即使这些形式不如追求真理和美好所产生的"纯粹"。后来康德区分了(较低的)感官快乐和(较高的)审美享受,理性主义美学正式审查"原始"快乐,同时鼓励人通过艺术进行自我修养。黑格尔也是通过牺牲身体来捍卫艺术和美的尊严。

迪亚科努认为,一直被贬低的感性愉悦才是美与艺术最大的动力和目的,是人孜孜不倦追求美与艺术的根本原因,同时可以增加生命的乐趣、感受生命的同情和提升生命的质感。审美的效果是较低层面的感官快乐和较高层面的审美享受所达成,不应将两者截然分开。而重要的现象学美学家莫里茨·盖格尔(Moritz Geiger)尝试纠正这种对立。盖格尔承认日常生活的审美、蹩脚的艺术与低俗的艺术产生的愉悦是肤浅的,高雅的艺术追寻心灵的幸福、震撼人的灵魂,但是后者并不排斥前者。理想的艺术结合了这两种效果,以激活观众的生命力,实现人与生活的统一。盖格尔没有摒弃高雅艺术与低俗艺术之间、艺术与日常美学之间的差异,同时努力将生命力融入美学。

迪亚科努指出,生命价值观在 21 世纪完全被美学所忽视。在这种背景下,柏林特的美学是一个有趣的例子。根据他的"参与"美学的情境性与连续性,审美体验因不同的社会文化和历史背景而有所不同,其主体是一个沉浸在环境中的活体,而不是思考孤立的物体,主体被整合到"人类文化的生活"中。柏林特的爱与同情心的审美情境性是典型的案例。柏林特没有提到审美经验的生物学根源,而是将爱本身转化为审美的一个范畴。亲密的友谊和爱情与音乐的诱惑或对艺术的热情有着强烈的相似性,这使得艺术和爱情之间具有本质的相似关系。这两种关系都使界限融化,在关系中产生交流参与的感觉;两者都承认对方本身是一种价值;两者都具有独特性而非排他性。柏林特认为,这种关系本质上是与审美相关的,因此,不应将审美定义为对美的热爱,而应将爱视为美。柏林特对艺术和爱情同构的分析,作为审美的实例,说明了生命价值和审美价值之间关系的紧密性。

根据柏林特的观点,考虑到美学和伦理目标之间的最终融合,迪亚科努认为环境美学也应该关注自然环境的"活力"和"幸福"。与视觉观察景观相反,环境是沉浸式体验的参与景观和地点。对生活空间中的活体的体验或直接了解,对于景观从图像转变为有人居住的地方至关重要。迪亚科努认为,如果环境美学被认为支持健全的环境政策并激发可持续的生态行为模式,那么美学理论就必须阐明审美行为(包括艺术生产和消费)对我们生活世界的后果。人类与环境密不可分,人类的福祉取决于和谐的自然环境。环境审美可以帮助人类生存,尤其涉及旅游业、围绕生物多样性丧失和气候变化的辩论,以及生态系统健康的隐喻,审美敏感性也能为濒危物种或具有内在价值的生态系统的保护作出贡献。迪亚科努由此发问:"艺术和美是否不仅能使生活如亚里士多德所说的美好生活那样繁荣昌盛,还能增进甚至保存生活? 柏林特会认同陀思妥耶夫斯基的名言'美将拯救世界'吗?"①

四、柏林特社会美学新评

社会美学是柏林特最新的研究领域之一,受到了不少学者的关注。维也纳西格蒙德·弗洛伊德大学的迈克尔·穆萨莱克(Michael Musalek)、贡达·伯内格(Guenda Bernegger)、奥利弗·谢本博根(Oliver Scheibenbogen)的《社会美学与心理健康》,从心理学的角度来评论柏林特的社会美学。三位学者指出,社会美学是对生活的社会情境的美学。人类无论何时何地都是社会性的存在,所以人应该如何在社会中生活,包括人如何体验和建构生活,是社会美学研究的核心问题。纵观欧洲思想史,美不仅是生活的装饰品,也是人生活的主要力量来源。此外,从心理学的角度来看,积极的审美体验也具有治愈的力量。这种美是生活苦难的一种非常有效的解药,也就是说具有对抗苦难与苦闷的作用。社会美学被视为研究人际关系中的美的科学,探究其中的原理、体验和知识,在医疗实践中成为以人为本的预防和治疗方法的关键。

他们认同柏林特的社会美学是一种情境美学的观点。社会美学的情境性与体验性,使美学在社会人际交往、社会关系建构中起着重要作用。因为这体现了个人与他人的关系、个人与社会秩序的关系、个人的参与及其如何影响他人。柏林特在社会美学视角方面的开创性工作,不仅对艺术理论作出了重大贡献以及极大程度地丰富了日常生活美学,还打开了预防和治疗医学领域的新大门,特别是与心理健康有关的领域。柏林特的社会美学涉及人际共存的感官体验,尤其关注爱情和友谊等人际交往情感体验,强调人与他人的共同感知和体验。美学被理解为远远超出了美和吸引力的领域,它还包含了人类在获得和保持心理健康的背景下所有深层美学的有效范围。这启发了西格蒙德·弗洛伊德大学建立两个社会美学和心理健康研究所,研究人际交往和关系。其主要任务是从社会美学的角度研究心理健康的概念、模型,以及在日常生活中发展实际实施的可能性。

---

① Madalina Diaconu, "Enjoyment Fulfillment Survival: on the Value of Art and Beauty for Life", *The Journal of Kitsch, Camp and Mass Culture*, 1, 2022, pp. 63-78.

　　三位学者认为,人是社会美学的中心,人是社会审美的生命。人类就是一个"交际人"或"社会人"。在社会美学的语境下,人类被理解为一种高度复杂的共同体。今天,人类生活在一个"个体化"的时代,有的人认为人是真正的个体,遗忘了如何学会成为一个集体。事实上个体不能离开集体生存,人的一生也是从父母的家庭到自己组建家庭的集体生活过程。然而个体的观念是如此根深蒂固,使人产生错觉,忽略他人与集体的不可或缺。

　　柏林特的社会美学超越个体的审美体验,重点关注个体与他人联系的情感及其审美特性,这是一种以整个人类为导向的社会美学,也是一种社会伦理学。当然这种社会美学也是以个体的审美体验为基础,因为个体的心理健康与健全的情感感知能力,是感受他人情感的必要条件。社会美学包含了个人审美和社会审美。个体美学的研究重点是个体对美的感官体验或个体体验的可能性,社会美学则关注从美学感知角度的相遇和关系方面。

　　个体美学和社会美学在研究项目的重点上有所不同。同时,个人的审美视角必须纳入社会美学研究方案,因为个人的审美体验形式构成了社会关系和社会关系的审美体验——也就是说,它们的相遇和关系是不可分割的,它们是一体的。因此社会美学尤其是它们与心理健康的关系,也不能忽视个人审美方面。

　　三位学者肯定,柏林特社会美学与心理健康有着千丝万缕的联系,其强调情境、感知与对话的理论,为社会美学的心理健康项目指出方向。社会美学和心理健康项目面向每个人,包括注意模块、各种各样的体验和创造力模块,这为满足人们的喜好而设计。通过模块达到享受、快乐、被理解的体验。这不是培训或教育项目,而是通过对话展开,个人自身审美发展,成为治疗过程中有效的力量来源。其最终目的是寻找人的共同性与关联性,创造一个更美丽的世界。这也是柏林特社会美学的追求。

　　研究柏林特社会美学及其伦理性的,还有墨西哥大都会自治大学教授曼多奇的《核心理念的非同步对话》,阐述柏林特审美消极性研究及其意义。曼多奇指出,柏林特社会美学的理想社会追求某种程度上呼应法兰克福学派美学解放的观点,都梦想着一个更美好的世界。无论是柏林特还是法兰克福学派,都证明了美学的特殊价值:具有政治和伦理含义。柏林特一直反对审美的非功利、静观与超然态度,推崇审美的应用性。然而,传统的观念认为"美学"只指一种积极的价值,无视感性被操纵和侵犯的可能性。柏林特一直在质疑这个非常严重的问题,并暴露了美学的另一面,称之为"消极美学"。柏林特对消极美学的定义和描述:"我们可以给没有明确的积极价值的感官体验,也就是美的底层,取个名字,称之为消极美学……当一种审美情境在感知上令人厌恶或痛苦,或产生有害或破坏性的影响时,迫使我们承认这是一种消极美学。"①

曼多奇列举出柏林特"消极美学"的众多例子。首先是恶劣的城市环境,如每天被挤在拥挤的地铁车厢里被挤得喘不过气来准时上班;如生活在昏暗、通风不良的肮脏街区里;再如或者在灯光过于明亮的办公室或听觉刺耳的购物中心、街道、餐馆工作。这些恶劣的城市环境对任何一个人的情感都是非常暴力和具有侵略性的,会带来负面的影响。曼多奇接着阐释,军国主义给儿童灌输战争的观念,让他们在很小的时候就开始仇恨,从而不可逆转地影响他们的情感。严重缺乏爱的儿童,永远也无法完全恢复,决定了他们对他人和不同世界的开放或封闭、对生活及其价值的态度。还有就是买卖儿童、虐待儿童等陋习与罪行,受害者的情感在这里受到威胁和被摧毁,是消极美学的极端表现。

曼多奇由此认同柏林特"消极美学"的观点,即美学不仅有积极的价值,还有消极的作用。"消极美学"除了表现在艺术上,也表现在日常生活与政治活动中。然而学术界忽略了"消极美学"及其在社会中的广泛应用。曼多奇肯定柏林特的"消极美学"批判是为了建设更美好的世界:"柏林特投射到政治中的乌托邦美学观点,这在某种程度上呼应了法兰克福学派对美学的解放要求,即使我不认同,我也希望他可能是对的。"②即美学有其特殊性,同时也有着道德与政治的考量、推动社会进步的追求。

五、柏林特学术风范评价

国际美学会会长、土耳其中东技术大学教授尔岑的《阿诺德·柏林特:为自然和艺术而生活》赞誉道:"多年来,柏林特一直是我在美学和国际美学协会工作中的朋友和向导。他对自然的契合态度和他真诚清晰的语言有助于环境美学的发展,并吸引读者和学生接受他还包含社会价值观的观点。柏林特的生命价值和世界价值的关注一直是生态话语的先驱。"③尔岑回忆,柏林特1970年出版的第一本著作《审美场:审美体验现象学》对形式主义的批判立场给她留下了深刻印象,认为柏林特的理论即使在当下仍然有

①　Arnold Berleant, *Sensibility and Sense: The Aesthetic Transformation of The Human World*, Charlottesville: Imprint Academic, 2010, p. 143.

②　Katya Mandoki, "An Asynchronous Dialogue On Core Idea", *The Journal of Kitsch, Camp and Mass Culture*, 1, 2022, pp. 102–111.

③　Erzen, Jale, "Arnold Berleant-a life for nature and for art", *The Journal of Kitsch, Camp and Mass Culture*, 1, 2022, pp. 79–83.

着强烈的现实意义。她认为柏林特影响了许多年轻人对环境和与地球关系的理解,使环境美学成为主流学科。

尔岑还回忆其与柏林特52年来的学术交流历程,尤其肯定柏林特对非西方学者的指导与提携:"柏林特创立了《当代美学》在线期刊,这是他在美学领域永远被铭记的贡献之一。凭借其在美学体验领域的丰富兴趣,这本期刊在很短的时间内成为了一本关于美学的高质量参考期刊,让许多西方学术机构以外的年轻人有勇气说出自己的想法,并展示西方以外世界的例子。"①

陈望衡感谢柏林特在环境美学研究上的帮助。其坦承,正是通过柏林特的介绍,自己的研究兴趣从"景观美学"转向"环境美学",认识到前者注重自然审美和旅游体验,后者注重人的生活环境和生活体验。程相占的《阿诺德·柏林特的环境美学与中国生态美学》也承认,自20世纪90年代初以来,阿诺德·柏林特教授多次访问中国,在中国学术界越来越受欢迎。几乎他的所有著作都被翻译成中文,这对中国学者产生了重大影响,尤其是对中国生态美学的发展产生了重要影响。柏林特与曾繁仁、程相占关于西方环境美学与中国生态美学异同的讨论,也成为一个热门话题。

莱迪的《日常中的超日常:生活的美学》是生活美学最重要著作之一,并指出柏林特对当代美学界的影响。莱迪的《作为教育家的柏林特》指出,柏林特在半个多世纪里,是一位在各种方面对美学和艺术哲学至关重要的教育家,尤其是对环境美学与美学原理的贡献。柏林特的提携后学,还创建和培育了开创性的期刊《当代美学》。柏林特还弥合了世界各国许多学派之间的鸿沟。莱迪认为,柏林特对许多美学家而言,他扮演的角色很像叔本华之于尼采的角色。尼采早期写了《作为教育者的叔本华》,赞颂叔本华的思想价值及其影响。尽管尼采并不认同叔本华的悲观主义、二元论和伦理学,然而尼采肯定叔本华作为教育家对自己的启发,主要是叔本华遵循自己的哲学理念而生活,成为哲学的典范,正是尼采所追求的。

莱迪认为柏林特的第一个贡献,是批评分析美学客观主义的神话,而且反思启蒙运动的整个本质化和普遍化传统,否定康德的非功利性概念,强调美学的感性学本质、感知与观念的关系。柏林特的第二个贡献,是挑战美学的边界——美学不限于艺术,还可以拓展到环境甚至社会关系。柏林特在这几个领域都产生了巨大的影响。柏林特的第三个贡献是其"参与"美学,

---

① Erzen, Jale, "Arnold Berleant-a life for nature and for art", *The Journal of Kitsch, Camp and Mass Culture*, 1, 2022, pp. 79-83.

注重审美的背景和连续性,而不是试图制定严格的评估程序,或创建体系性的美学。

　　莱迪承认,尽管柏林特并非其导师,但是在许多方面指引着自己的研究,就像许多其他哲学家、艺术家和自然爱好者一样。柏林特除了美学理论上的创新,还在学术交流上为美学界作贡献。柏林特曾担任美国美学学会秘书长、国际美学协会秘书长和前任主席、在线期刊《当代美学》创始编辑,发展和培养了一个庞大的美学研究共同体。"几乎所有在英语世界从事环境美学工作的人,或者更具体地说,自然环境美学工作,都在80年代和90年代受到柏林特的影响或培养。这些名字包括艾伦·卡尔森、格伦·帕森斯、诺埃尔·卡罗尔、斯坦·戈德洛维奇、斋藤百合子、艾米莉·布雷迪、玛西娅·伊顿、谢丽尔·福斯特等。"①

　　柏林特的美学研究共同体,既有美国、加拿大的学者,也有波兰、中国、芬兰、墨西哥等许多国家的学者。"事实上,通过他的许多著作、会议论文、学术活动、通信与私人交流可以发现,柏林特不仅是一位循循善诱的前辈和导师,还是世界级的组织者和美学研究的发起者。此外,他能够跨越不同哲学传统、风格和背景之间的界限,总是与哲学世界中的偏见所产生的误解作斗争,这几乎使'世界美学'成为一个概念并有可能得以实现。"

　　芬兰阿尔托大学马克斯·瑞纳宁(Max Ryynänen)的《充分理解的例子:关于阿诺德·柏林特环境美学的怀疑性记录》认为大部分西方美学家虽然追求审美的普遍性,然而他们更多专注欧美中产阶级和上层阶级的审美案例,尤其是西方的高雅艺术品。由于柏林特的研究以及大力推动,环境美学变得更加国际化,对各种文化的审美持开放性态度。柏林特的环境美学研究对象包括乡村、城市、河流、日本园林甚至空间站。"这位学者不只是作为一个卓越的哲学家和文化理论家。他也进入了整个世界,思考各种人类的栖息地,从东方到西方,从南方到北方,通过他的环境美学研究,他也欢迎每个人参与他的哲学之旅。"②

①　Thomas Leddy, "Berleant As Educator", *The Journal of Kitsch, Camp and Mass Culture*, 1, 2022, pp. 83-96.

②　Max Ryynänen, "Well-construed Examples: a Shy Note on Arnold Berleant's Environmental Aesthetics", *The Journal of Kitsch, Camp and Mass Culture*, 1, 2022, pp. 156-162.

第七章　阿诺德·柏林特美学的
延伸与应用

阿诺德·柏林特在20世纪与21世纪的美学史上具有特殊地位,不仅因为他建立环境美学与对生活美学学科的贡献,更因为他重构美学的思考。从这个角度而言,柏林特的地位要远高于其他的环境美学与生活美学学者。他的"参与"美学理论和韦尔斯的"超越美学",一个从形而下的感性经验层面,一个从形而上的认识论层面,是当代美学重构的两种有益尝试。

此外,随着环境美学在国内的兴起以及柏林特著作不断在国内翻译出版,国内越来越多的学者从多角度多层次、跨学科对柏林特美学展开研究。从"参与"审美模式、环境审美体验、环境批评理论到环境批评都是研究的热点,并有许多可供延伸研究的理论,如天空审美研究。与此同时,柏林特环境美学具有开放性与实践性,有较强的理论延伸与实践探索可能性,如其景观审美研究可以指导名人故居规划实践。

第一节　"超越"与"参与":当代美学的两级重构

比较韦尔施与柏林特的美学重构思想,可以发现后现代的多元化原则都贯穿其中,但是两人分别发展了美学的形而上认识论基础及形而下的审美经验,代表了德国古典美学与美国实用主义美学在新时期的发展高峰。这两种截然不同甚至是对立的美学重构,对我们在后现代语境下反思美学有着重要的参考意义。

一、反同一性:"超越美学"与"参与"美学的后现代起点

后现代主义将利奥塔消解了宏大叙事与同一性,在《后现代状况》中他提出语言游戏多元化及其平等性,在1983年出版的《争异》则以话语活动的争异阐释后现代的生活方式、行为方式、思维方式的异质性。福柯的知识考古学的非连续性和异质性、德勒兹的差异和根茎、德里达的差异与散播都是对同一性的否定。韦尔施和柏林特都意识到,后现代的反同一性是他们重构美学的背景与起点,无论是"超越美学"的"家族相似"还是"介入美学"的回归"感知经验"与"身体化",都以此为基本原则。

韦尔施的《我们的后现代的现代》研究了文学、建筑、绘画、雕塑、哲学、宗教、科学、工艺,分析了从亚里士多德、康德到罗蒂、利奥塔等众多哲学家,都是为了证明多元化是后现代的基本原则。在"超越美学"的思考中,韦尔施以"审美"家族相似解构了传统"美学"定义的同一性。

韦尔施认为传统美学追求单一的普遍性,如鲍姆加登将美学定义为"感性认知的科学",黑格尔将美学定义为"艺术哲学"等。实际上不存在一个单义又能囊括"审美"所有内涵与活动的词语,换言之,寻找唯一的"审美"本体被证明是同一性的误导。韦尔施借用了维特根斯坦《哲学研究》里分析语言的一段名言,只不过是将"审美"代替了"语言":"并非产生某种共通于一切我们称之为审美的东西,我是在说,这些现象无一处相通可使我们使用同一词语来指全体,相反它们以许多不同的方式联系在一起。正因为这一关系,或者说因为这些关系,我们将它们悉尽称为'审美'。"①

于是"审美"从同一性的压迫下被解放了出来,韦尔施从"审美"的本义、性质、特征、行为过程、欣赏者、被欣赏事物、能力等各个方面展开"家族相似"研究。韦尔施发掘出"审美"一词的"感性""感觉"和"知觉"的双重性、"主观的""协调的""美""装饰和形构""艺术""符合美学""情感的""美学的""虚拟的"等词义。然后韦尔施研究这些不同的词义对应于不同的用法,以及这些词语的不同结合,形成了"审美"一词的不同意义。韦尔施的"超越美学"就这样具有了多元化,从而也使美学超出传统美学的艺术领域,进入哲学、伦理学、自然科学乃至成为认识论的基础具有可能。

柏林特认识到以康德为代表的传统美学建立在 17 至 18 世纪的认识论上:将世界视为规则的、处于恒定状态,遵守绝对的时空秩序;把理性、感觉、想象和情感看作精神的功能,为了将知识加以理性化和普遍化,大大地简化了人类经验的复杂语境,视其为独立的能力。纯粹与独立的纯粹理性、实践理性、判断力正是这种认识论的产物。柏林特认为后现代主义的一个教训:"是文化传统和社会影响彻底地修正了我们的感知经验,以至于根本不存在什么纯粹的感知,而去讨论它,哪怕只是作为理论的范畴,也是极大的误导。"②

柏林特指出,传统美学的哲学基础是科学认知的先决地位、真理的普遍性与排他性、知识的客观性等观念。"参与"美学的"审美参与"挑战这一传统:"审美介入注重连续性而非分隔,注重情境的关联而非客观性,注重历

---

① ［德］沃尔夫冈·韦尔施:《重构美学》,陆扬等译,上海译文出版社 2006 年版,第 17 页。

② ［美］阿诺德·柏林特:《美学再思考——激进的美学与艺术学论文》,肖双荣译,陈望衡校,武汉大学出版社 2010 年版,第 19 页。

史的多元论而非必然,注重本体论的平等性而非优先性。"①

这是因为柏林特继承了实用主义大师杜威"艺术即经验"美学的思想,呼吁美学要回归变动不居的"感知经验"。杜威的"艺术即经验"美学思想批判二元论,认为人与环境相互影响、相互作用得到的经验才是研究的起点,艺术也应该将重点从艺术作品转为艺术的审美经验。柏林特将"艺术即经验"拓展为"美学即经验",他提出的"参与"美学侧重欣赏者与艺术作品融合使实际审美经验的丰富性和不确定性,就是要保持感知的开放性,推翻美学本体感知的同一性。

柏林特认为这种新的美学思考首先是放弃传统美学从心理学那里继承的名词性范畴,代之以现象的形容词形式和副词形式,即"感觉"变成"感觉的","感知"变成"感知的"。这就要求审美回到经验的流动状态,直面经验的不确定性与丰富性,审美方式也要从静观式转变为参与式。其次,"参与"美学一改传统美学的艺术对象化与主客二元论,注重艺术家、欣赏者的身体参与,具有个体性和多元化。

二、超越美学:新的认识论基础

韦尔施的"超越美学"的美学重构认为感性的美学渗透与左右了人的各个领域:有日常生活表层的审美化、技术和传媒对物质和社会现实的审美化,还有我们生活实践与道德态度的审美化,甚至连自然科学的认识论也是以审美的准则展开思考。美学在日常生活、政治、经济、生态、伦理、自然科学等领域里,起到举足轻重的作用。而美学的学科新形式,也必须学会在这些领域里寻找当下的审美方式。

人们一直以来都认为认识论是美学乃至一切学科的基础,在康德那里,认识论是根本之道,人的先天认知能力决定我们如何认识现象,美学只是他为了联结知性与意志力而搭建的桥梁。海德格尔可谓推崇审美,认为艺术是"天、地、神、人"的四方游戏,是无言之大道的自我言说,能让存在"去蔽",在技术统治的年代能让人踏上"还乡"之路。而韦尔施将美学与认识论的地位颠倒过来,实在是惊世骇俗。

韦尔施认为美学的核心地位理论由来已久,康德的《纯粹理性批判》就发现人是以时间与空间的直观形式即审美的规定来认知现实。尼采也指出现实并非是客观的,现实是我们按照直觉、基本意象、主导隐喻、幻想的形式发生的,人是以美来建构现实。韦尔施还指出,当代哲学家罗蒂在《哲学与

---

① Arnold Berleant, *Art and Engagemen*, Philadelphia: Temple University Press, 1991, p. 4.

自然之镜》也阐明了表象和客观性的传统观念忽略了认知的审美性质。甚至在自然科学领域,审美也是其思考的基本方式。韦尔施以波尔、狄拉克、爱因斯坦、爱森堡、庞加莱的言论,以及沃森以审美的设想来成功地破译了DNA 的结构为例证。

美学是认识论的核心,但是美学没有涵盖真理的整个领域,韦尔施无意以审美完全取代理性。韦尔施只承认直观的审美因素是认识过程中的基础,理性在这个基础上起作用。韦尔施的"超越美学"用意在于继续《我们的后现代的现代》的思考。后现代揭穿了现代理性、同一性、普遍性的虚幻与极权,韦尔施试图以审美来取代理性成为认识论的基础。美学的统一性建立在"审美"一词的"家族相似"之上,是多样性的普遍性,没有绝对的同一性。看似矛盾,却更符合实际。于是美学能避免理性的同一性和普遍性极权。

美学的直观、审美化思维方式对认识论至关重要,正如韦尔施的横向理性的多元化的统一,美学由于它的"家族相似",和横向理性有异曲同工之妙。横向理性不能客体化和具体化,只是一种原则和视野,与"超越美学"相像。韦尔施也承认横向理性和康德所描述的判断力的反思形式有相似之处:第一是把一个对象问题归入哪一种合理性类型;第二是发现过渡的能力;第三是反映了合理性类型之间的共同点;第四是在异质的要求之间发生矛盾冲突的时候进行辩证的分析。可以说韦尔施是以美学发展了横向理性。

"超越美学"的提出对美学地位产生无限提升后,韦尔施以此提出跨学科的美学:"美学应该是这样一种研究领域,它综合了与'感知'相关的所有问题,吸纳着哲学、社会学、艺术史、心理学、人类学、精神科学等等的成果。"①美学便具有横贯一切学科的重要地位,其研究领域无限地扩大。韦尔施的美学跨学科研究,既涉及信息媒体、网络虚拟等新的文化领域,还深入地研究美学对伦理学的决定性影响,创造了"伦理/美学"这一新词。这也是其跨学科美学的最明显例子。

不同于将伦理学与美学分离的观念,韦尔施认为伦理学与美学息息相关。韦尔施轻视感知的感官趣味,强调感知的形而上反思趣味,这是人的升华的需要。升华的需要正是审美领域的伦理需要,就是"伦理/美学"。韦尔施分析了鲍姆加登感性的理智性、席勒的美育、阿多诺的公正对待异质性,指出他们都是这条道路上的先驱。

---

① 　[德]沃尔夫冈·韦尔施:《重构美学》,陆扬等译,上海译文出版社 2006 年版,第 137 页。

当然,韦尔施升华的需要也有其现实目的,在论述"伦理/美学"一文的结尾,他呼吁美学不只是用于装饰补充世界,还可以用于纠正生活、改造生活。超越美学也因此是其伦理政治学的形而上基础。"韦尔施通过对真善美关系的重新厘定改写了美学的基本论域,达到了重构美学的目的。"①

三、"参与"美学:身体化与审美对生活的参与

同为当代西方美学界的重要学者,柏林特对韦尔斯的美学理论并不陌生,柏林特在其《美学再思考》开篇便肯定了韦尔施的"超越美学",赞赏"这些批判预告了哲学发展中一个新阶段的到来"②,但是也批评韦尔施未能摆脱传统哲学与美学,忽略了美学的根本——审美经验。这可以看出,柏林特有别于韦尔施以美学为认识论基础的形而上重构,直接消解传统美学的认识论基础,专注于审美经验的形而下美学思索。

正因为如此,柏林特以形容词与副词的范畴来弥补名词对审美经验的抽离与僵化,将美学的重点由所谓的纯粹感知转向具体、鲜活的审美经验。这便不可避免地批判传统美学对审美身体参与的忽视:非功利性、审美主体化与对象化的对立、静观的审美方式。

柏林特发现,康德将美定义为非功利性,正是为了使审美判断具有普遍性——在认知与想象这个关系上,趣味判断对每个人都是有效的。柏林特还发现,以非功利性为中心,传统美学相继得出了距离、对象化、静观等理论。

审美的非功利性,决定了审美不能带有利害关系,自然就要求欣赏者与审美对象保持着一定的距离,没有实践关系。布洛的"距离说"是这种要求的最广为人知的诠释,后来的"内模仿"等理论也是基于距离。审美的非功利还要求把艺术视为一种审美对象,即审美的艺术是不涉及日常生活、利害关系的独立自足王国。欣赏艺术要将其对象化,把艺术与周围环境分离出来,显示出其与众不同,采用一种有别于日常生活的审美态度加以欣赏。这正是柏林特所批判的二元论的主客观性、普遍性、必然性、认知论与本体论的优先性,"参与"美学提倡的是主客一元论、具体性、多元化。

柏林特的"参与"美学首先是欣赏者对艺术对象的身体参与。"艺术不是由对象构成的,而是由情境构成的。只有在情境中,经验才得以发生,情

---

① 章辉:《论韦尔施的后现代美学思想》,《上海交通大学学报》2008 年第 3 期。
② [美]阿诺德·柏林特:《美学再思考——激进的美学与艺术学论文》,肖双荣译,陈望衡校,武汉大学出版社 2010 年版,第 3 页。

境经验然而却并非一成不变地包含可以确定的对象。"①审美情境由欣赏因素、对象因素、创作因素、表演因素构成,艺术的本体由艺术对象转为艺术情境,从偏颇艺术审美的对象因素到注重艺术对象与人的相融,纠正主客二分为一元论。

审美的身体参与是以身体对周围世界的感知为基础,这个身体并非单纯的肉体,而是精神—身体的完整统一,不仅包含肉体感知,还涵括其生活世界的文化、历史经验与个人经验的混合。柏林特强调人是完整的整体存在,身体也是文化影响的结果,身体化是非二元论的。文化的身体化在不同民族的身体行为模式可见一斑。审美的身体经过了文化的塑造,被嵌入一个复杂的关系网络,每一个身体都有其独特的个性,民族、文化、阶级、性别、地域、社会结构都反映在其中。

艺术的身体化消解了对象化,改变了非功利的静观模式,是身体在审美经验中的在场,人们不仅被动地去听、去看,还主动投入身体所有感官参与到艺术审美情境中。"在审美感知中,艺术作品被保持为鲜活的;它呼唤人们去感知、去触摸,此刻,艺术作品的每一部分都被当作世界的全部来感知,它是唯一的、悦心悦意的、完美的,无需任何自身以外的东西,以便是其所是。在这样的经验中,有一种亲近的温暖,而不是疏远的冷漠。"②

柏林特的"参与"美学其次是提倡审美经验在人类文化生活中的参与。"给予审美中心地位,并不等于忽略这些审美经验的其他经验维度——实际上有许多可辨认的,例如宗教的、身体的、社会的、实践的和认知的。"③于是,审美不仅局限于艺术,而是延伸、渗透到了社会、政治、生活等各个领域。这使柏林特的"参与"美学看似与韦尔施的"超越美学"殊途同归。但是柏林特与韦尔施本质的区别,在于他无意赋予美学认识论的功能以及形而上的最高地位。他认为审美活动只是人类众多活动中的一种,既与其他活动互相影响,甚至随着视角或者社会艺术观念的变化,非审美活动能转变为审美活动,但是审美活动并非唯一、最重要的活动。相比于韦尔施回归认识论传统,柏林特的颠覆性更为彻底。

韦尔施继承了德国形而上学思想的传统,将美学推至新的认识论准则

①　[美]阿诺德·柏林特:《美学再思考——激进的美学与艺术学论文》,肖双荣译,陈望衡校,武汉大学出版社2010年版,第43页。

②　[美]阿诺德·柏林特:《美学再思考——激进的美学与艺术学论文》,肖双荣译,陈望衡校,武汉大学出版社2010年版,第109页。

③　Arnold Berleant, *Sensibility and Sense*: *The Aesthetic Transformation of The Human World*, Charlottesville: Imprint Academic, 2010, p. 4.

的高度,虽有统一性又有多元化个性,更是将美学推上科学研究的最高宝座。柏林特秉承美国实用主义思想,将目光投向以往美学遗忘的审美经验,研究审美中身体的投入、审美与生活的相互参与。

第二节　天空审美研究

环境美学是美学突破了艺术哲学的局限、对日益严峻环境问题的回应。经过半个世纪的发展,环境美学建构了完备的理论体系,并在环境设计与改造、环境教育等实际应用上硕果累累。环境美学的"感性学"本源,决定着环境审美研究的核心地位,环境审美研究也是方兴未艾。环境审美分为森林、山川、河流等自然审美,以及城市、乡村、园林等人工环境审美,天空审美正是地位特殊的自然审美。

天空审美是最早的自然审美,凯·埃·吉尔伯特和赫·库恩合著的《美学史》在"开端"部分就提出"宇宙——美的源泉"①;天空审美也是最为普遍的自然审美,日月星辰、风云雷电等天空景观仰首可见、无处不在。作为特殊的自然审美,天空审美的领域宽广,既有日常感知领域,还有科技观测领域和想象领域;审美特性除想象性、艺术性外,还有科学性;审美体验不仅有美感和崇高感,还有探索未知领域的好奇、感悟宇宙的敬畏。天空审美使人在现代社会反思世界的本源、人对宇宙的敬畏,具有独特价值和重大意义。

一、天空审美领域

环境审美不能像艺术作品那样对象化、独立于周围世界,如现代城市没有高高的围墙、城区和郊区的界线难以泾渭分明,乡村与湖光山色、田野树林融为一体,景观也要和周围的环境和谐相处。天空更是一种特殊的审美环境:气流、云彩、天气、风和光覆盖全球,奔流不息、变化万千;日月之行、星汉灿烂,环绕整个自然界。因此天空审美领域不是单一的审美对象,而是一个丰富、立体的审美体系,甚至还包含着未知的想象领域。尤其是随着科学技术的发展和天文学知识的普及,天空环境变得更为多样化。

天空环境可以分为三个领域,第一个是日常感官可以欣赏到的天空领域。如云蒸霞蔚、光风霁月、旭日东升、星月交辉。主要是地球大气层的组

---

① [美]凯·埃·吉尔伯特、[德]赫·库恩:《美学史》,夏乾丰译,上海译文出版社1989年版,第11页。

成部分以及肉眼可见的星体。这是最普遍和最广泛的天空景观,也是狭义的天空环境。

第二个是需要科技手段来欣赏的天空领域。如借助太空望远镜观看的太空、拍摄甚至合成的宇宙各种星体照片。肉眼看到的月球发暗地区以为有海水覆盖,命名为月海,后来通过望远镜的观测才发现是月球广阔的平原地区。天文望远镜看到的太阳黑子、彗星与木星相撞、超新星爆炸、黑洞,超出人类肉眼观看的景象,或者是人类走出地球,在太空站、宇宙飞船或其他星球上所观赏的天空,都构成了天空的新领域。这是科技昌明的现代社会所带来的天空审美新景象、新视野和新立足点。而且随着人类太空探索步伐的加快,这个新领域还会不断拓展,具有更重要的分量。

第三个是穷尽现有科技也无法得到和证实、存在于想象中的领域。宇宙浩瀚无际、奥秘无穷无尽,人类所观测和发现的只是冰山一角,只能假设宇宙的起源和结构,成为心中的天空景象。如中国古代天圆地方的"盖天说"、天如圆球包着大地的"浑天说"和日月星辰飘浮在气体中的"宣夜说",基督教的"创世纪说",西方近代的"地心说"和"日心说",当代的"宇宙大爆炸说"以及科学推断、尚未观测证实的暗物质。人类对宇宙的探索愈发深入,会提出更多的设想和推断。

这个想象领域的天空真实地参与到审美活动中。"接受美学"代表学者伊瑟尔认为一部优秀的艺术作品存在着大量的"空白",激发欣赏者的想象,召唤欣赏者发现和建构艺术作品的意义。其实在天空审美活动中,除观赏可见可感的天空景象,未能发现和确定的"空白"——人类对宇宙的种种设想和推断外,都会作为想象的天空景象被欣赏。即人类对天空的设想和推断,同样成为天空审美的重要组成部分。

接受"地心说"和接受"日心说"的观赏者,对天空"空白"的建构有着巨大的差异,而信奉"创世纪说"和接受"宇宙大爆炸说"的观赏者,他们的天空"空白"建构更是截然不同,这都切切实实地影响着天空审美体验。这直接影响了人们对天空的观念和感知、天空审美的艺术作品以及运用科技手段所合成的照片。如屈原《天问》的"八柱何当,东南何亏?九天之际,安放安属?"正是追问"盖天说"的八根柱子支撑天地、九州霸主共工氏失败后撞不周山的传说。再如西斯廷教堂米开朗基罗的穹顶画《创世纪》描述了《神分光暗》《创造日月与动植物》和《创造亚当》,艺术家的天空审美体验明显为"创世纪说"设想所决定。而美国当代艺术家巴勃罗·卡洛斯·布达西利用对数图和美国宇航局的卫星与太空望远镜所拍摄的照片,描绘出整个宇宙:以太阳为中心,银河系外环、柯伊伯带、奥尔特云、半人马座阿尔法、英仙座等星系环绕四周,最外围则是大爆炸留下的宇宙微波辐射、等离子体环。显而易见,"日心说"和"宇宙大爆炸说"建构了艺术家的天空"空白",影响其审美体验。由于这些设想在各自时代等同于真实的宇宙,建构了天空审美的"空白"已经成为天空审美的重要领域。由于天空审美领域可分为三个层次,既使天空审美经验丰富多彩,也为天空审美研究增加了难度。

二、天空审美特性

天空审美领域从可感到未知可以分为三层,其特性从原始社会到工业社会可以分为三种:想象性、艺术性和科学性。天空审美的第一种特性想象性始于原始社会的人类对天空知之甚少,更多是靠想象来判断天空景观,后来发展为各民族关于天空的神话传说。如中国的女娲补天、后羿射日、嫦娥奔月、牛郎织女,古希腊的太阳神儿子法厄同驾驶太阳车、卡力斯托母女化身为大熊星座和小熊星座,古埃及的日神拉、月神孔苏等神话传说。这些神话传说在漫长的历史中,对人们的天空审美有着重要影响,即使随着知识的增长、科学技术的发展,神话传说作为传统文化的影响依然根深蒂固。

天空审美的想象性还是建立宗教的基石,赫伯恩研究天空审美与宗教的关系时,指出早期的宗教都有天上的神和天堂的想象:"几乎所有早期的宗教在构想无所不能的超越、至高无上的神灵等概念时,并不会令人惊奇的是,他们都会联系到天空或太空。天空是神灵的家,雷电和暴雨是他力量的展现。这是因为天空凌驾于一切存在、特性和明确的形体之上。"[1]而天空审美的第三层领域也证明了,即使在科学昌明的现代社会,想象性在天空审美中也是不可或缺的。

天空审美第二种特性是艺术性。天空的各种神话传说是想象性结合艺术性的优秀作品,正是凭借着艺术性的魅力,神话传说才得以脍炙人口、流传后世。与此同时,天空审美的普遍性使其成为众多艺术作品所描绘的审美对象:存在着大量描绘星星、月亮、太阳、云彩和天空的艺术作品,包括了诗词歌赋、绘画雕塑,创造了许多天空的审美意象,如"春江潮水连海平,海上明月共潮生""大漠孤烟直、长河落日圆""星垂平野阔,月涌大江流"等诗句,莫奈的《日出》、梵高的《星空》,涉及天空的散文更是不计其数。这些艺术作品反过来成为天空审美的"前见",在天空审美活动中发挥着作用。

---

[1] Ronald W. Hepburn, "The Aesthetics of Sky and Space", *Environmental Value*, 3, 2010, pp. 273–288.

天空审美的第三种特性是科学性。天空审美的科学性首先表现在第二层审美领域的拓展上。科学性其次表现在天空审美体验的深刻和丰富程度上。科学知识对天空审美至关重要,基于科学知识人们可以清楚地了解地球、行星、恒星、银河系和宇宙各星系的情况,这都左右着天空审美体验。如人们在欣赏月亮的时候,除欣赏皎洁的月光、一轮圆月或如钩弯月,总离不开月亮的距离、大小、表面地貌甚至运行轨迹等知识背景,科学知识构成月亮审美体验的一部分。科学性使天空审美超越日常感知,真正理解天空景观现象背后的真相。如传统恒定、静止的审美立足点将不复存在:地球以每小时107218公里的速度在自转,同时以每小时105000公里的速度在围绕着太阳进行公转。这挑战寻常的审美视野,深刻地认识到宇宙的运动规律。再如科学知识使人明白,天上许多星星闪烁的光芒,其实是多年前的景象,只是因为距离太远,即使是光线也要经过长久的时间才能到达地球。

科学性还为天空审美带来观赏视野的变化。现代科技使人们突破大气层的限制,飞向太空之后,人们能够通过太空望远镜、宇宙飞船和火箭等,从地球之外获得天空的审美体验。如从太空欣赏到的地球景色,空中的云景与地上的风景是浑然合一;大海、山川、河流、乡村、城市、工业区都别有一番情景。再如在航天飞机和太空站亲身感受太空的失重、缺氧等状态,都不同于地面上的欣赏体验,大大扩充了天空审美经验。

当然,虽然天空审美的科学性日益重要,但不能取代想象性和艺术性。天空的审美经验丰富而震撼,想象和艺术曾经在天空认知和天空审美中占据主导地位,即使科学技术昌明,人类已经走出地球、飞上太空,神话、象征和诗意依然有存在的必要,否则天空将会是单调的天空。而且许多天体的距离过于遥远、体积过于巨大,人类无法把握其"真实"面貌。即使是天体物理学上的计算,那也只是一串精确数字,难以帮助有效的把握。人类对宇宙天体的理解和欣赏依赖太空望远镜或太空飞行器拍摄的照片,只是所拍摄的天体的某一部分,只窥一斑而不能观全豹,需要想象来构思其完整性。宇宙是如此的浩瀚无垠,如果不是借助于想象,任何人也无法拥有宇宙的整体经验和印象。天空审美需要想象性、艺术性和科学性和谐共存、相互促进,共同建构科学、想象和诗意的天空。

三、天空审美体验与价值

风和日丽、朝霞满天或一轮弯月等天空景象使人愉悦,然而天空审美最为独特的审美体验是崇高感、神圣感、好奇和敬畏感。康德将崇高分为数字的崇高和自然的崇高,后者是阐释自然力量的强大,如"险峻高悬的、仿佛威胁着人的山崖,天边高高汇聚挟带着闪电雷鸣的云层,火山以其毁灭一切的暴力,飓风连同它所抛下的废墟,无边无际的被激怒的海洋,一条巨大河流的一个高高的瀑布"①,包括了天空审美;而前者阐释直观把握的巨大数目概念,如金字塔、罗马圣彼得大教堂、太阳系和银河系等。可见,无论是数字的崇高还是自然的崇高,都和天空审美有着不解之缘。爱默生讴歌星空之美即崇高,具有典型意义:"可若是希望独处,那就让他去看天上的星星。从天国传来的那些光线,将会把他和他触摸的东西分离开来。我们可以设想,四周的氛围会因此变得圣洁而缥缈,它使得人在凝视那美妙的星体时领悟到静止不变的崇高境界……星星在我们心中唤起某种崇敬之情。"②桑塔耶纳在《美感》中也承认:"经验不久就使我们醒悟,给我们证明天空的感人特性本身就是崇高的。"③

　　与此同时,天空审美的崇高体验,很容易激起宗教式的神圣感。赫伯恩分析天空审美想象性与早期宗教的关系,就指出神圣感是这种关系的基础。罗尔斯顿认为森林的崇高和天空的崇高一样,使人超越了常规经验,获得真实和永恒的情感体验,崇高感升华为神圣感:"在崇高之域的某个地方,对自然的审美尊重和崇敬之间的界线常被无意识地跨越。与教堂相同,森林,像海洋和天空一样会诱使人们超越人类世界而体验到一个全方位的、包容性的领域。"④柏林特在阐释日落之美时也认同其崇高感与神圣感有着某种相连:"正如教堂的神圣性环境,日落这个无可避免的天体运动作品,使人感受到自然的敬畏肃静。日落始于时间的开端,所有的物种、现代人与原始人,都是这个过程的见证者。日落时分,我们进入时间、星际空间和宇宙运动构成的永恒之中。"⑤

　　在科学知识和科学技术在天空审美中占据重要地位的当下,天空审美体验还有好奇和敬畏感。其实康德早就在《实践理性批判》中那一句广为流传的格言里,提到了天空审美包含着好奇和敬畏:"有两样东西,人们越是经常持久地对之凝神思索,它们就越是使内心充满常新而日增的惊奇和

① [德]康德:《判断力批判》,邓晓芒译,杨祖陶校,人民出版社 2002 年版,第 100 页。
② [美]爱默生:《论自然·美国学者》,赵一凡译,生活·读书·新知三联书店 2015 年版,第6 页。
③ [美]乔治·桑塔耶纳:《美感》,缪灵珠译,中国社会科学出版社 1982 年版,第 68 页。
④ [美]霍布姆斯·罗尔斯顿:《森林中的审美体验》,张敏、潘淑兰译,《郑州大学学报》2012 年第 2 期。
⑤ Arnold Berleant, *The Aesthetics of Environment*, Philadelphia: Temple University Press, 1992, p. 69.

敬畏:我头上的星空和我心中的道德律。"①康德认为头上的灿烂星空使人联结到宇宙的恢宏无涯、运行不息及其时间上的无穷无尽,虽然人只是茫茫宇宙中一个微不足道星球上的动物性生命。这两者的冲突既促使人好奇地"凝神探索",也"越是使内心充满常新而日增的惊奇和敬畏"。而心中的道德律令与人有着普遍、必然的联系,使人意识到自己在世界中的地位、使命和意义。康德在这里指出了天空审美的特殊体验:人的有限在凝望思索无限的宇宙时得到了超越,会激发人的探索和敬畏。

因此,除了理性和科学,天空审美也会激发人探究无限宇宙的好奇精神。这是因为相比起森林、山川、河流等自然领域,天空尚有许许多多的未知之谜,吸引着人类去追寻。但是,人类面对着浩瀚无垠的宇宙无法穷尽其奥秘,甚至不可能到达宇宙的尽头,人类有再强烈的好奇和探索的雄心,也会保持着敬畏。

在当代,曾经是最为平常、历史最悠久也最平等的天空审美,被侵犯、异化和遗忘。生活在城市的人们在日常生活中更多的是看到高耸的大厦、宽敞的道路和璀璨的灯光,几乎遗忘天空的优美和震撼。天空审美的崇高与敬畏体验的回归,是对"人控制自然"狂妄思想的纠正。天空审美激发人对自然的热爱和敬畏,反思人与地球、宇宙的关系,这是环境伦理学的宝贵思想资源,也是环境教育、推动环境保护的重要理论资源。

第三节　环境批评:审美与科学、伦理的融合

作为一门实用性学科,环境美学打破了艺术美学的自律性,追求审美、科学与伦理的融合。生态科学是环境审美的基础,环境的形式美与意蕴美必须遵循生态规律,有利于维护环境的生态完整。环境伦理观是环境审美的目标,以环境审美的形象性与情感性提升欣赏者的环境伦理观,切实促进环境保护行动是环境美学与传统美学的本质区别。环境美是环境美学的本体,如何将生态科学知识与观念融入环境审美,以环境审美提升环境伦理观,是环境美学的重大命题。

一、从科学到审美

传统美学对自然科学抱着疏离甚至抗拒的态度。审美救赎理论强调个人的自主性,对抗工具理性与科技的压迫。海德格尔反对科学的图像化世

---

① ［德］康德:《实践理性批判》,邓晓芒译,杨祖陶校,人民出版社 2003 年版,第 220 页。

界观对万物甚至人的技术化处理,主张艺术的解蔽使人认识原初世界,回归本真的存在,诗意地栖居。在近代美学家眼里,科学与审美即便不是水火不容,也是老死不相往来。然而环境美学的自然环境与人工环境审美,必须涉及生态学、生物学、环境学、地理学、化学、物理学等自然科学,实现"从科学到审美"。

赫伯恩最早发现环境审美与艺术审美的差异,即科学知识在环境审美中起到的关键作用。赫伯恩反思:"我们如何观赏自然以及赏心悦目地欣赏自然?"①由此提出自然审美需要科学知识:只欣赏形式美是肤浅的、容易的美,蕴含科学知识的审美是困难的、严肃的美。卡尔松的自然环境模式认为环境审美离不开科学知识,科学决定审美:"既然在艺术欣赏新模式前提下,艺术中严肃的、适当的审美欣赏是通过艺术史传统和艺术批评实践这些知识在认知层面上加以塑造的,那么与之相类似,在自然中为了实现严肃的、适当的审美欣赏,它也必须通过自然史知识和自然科学知识在认知层面上加以塑造。因此,我认为在自然审美欣赏中占据中心位置的知识应是地理学、生物学还有生态学所提供的知识。"②赫伯恩和卡尔松的理论打破了康德"审美不涉及概念"的信条,不能将审美和认知截然分开,追求纯粹、自由的美。

程相占也认为生态知识可以引导欣赏者从生态整体的角度看待审美价值,以生态价值指引审美价值,避免破坏生态价值的审美活动。如沼泽地没有绿草成茵、繁花似锦、潺潺流水,或者泥泞不堪,或者坑坑洼洼,在形式上并不符合传统审美趣味,因此一直受忽视,甚至被认为是丑陋和危险的。只有人们认识到沼泽地在调节气候、保持水土、净化污染、调储洪水与保护生物多样性的巨大价值,才能重新审视沼泽地,从生态价值的角度来欣赏沼泽地的美。再如毒箭蛙等动物外表璀璨夺目,其实带有致命毒素,当人们掌握相关知识后,就很难欣赏这种美,而是敬而远之。

立足于现象学美学与实用主义美学的柏林特坚持审美感性的核心地位,反对将科学认知置于审美感性之上:"科学的影响可以呈现出非常不同的形式。这样的努力是误入歧途的,如果他们偏离了美学经验现象的首要地位,而把它们归入科学模式。对美学现象的科学研究,无论是一般的感知、经验,还是个人和群体的行为模式,都是一个合理的研究方向。然而,有必要避免这样的误解,即这样的探究将通过知觉的心理学、生物学过程、可

---

① Allen Carlson and Arnold Berleant, ed. *The Aesthetics of Nature Environments*, New York: Broadview Press Ltd, 2004, p. 43.

② [加]艾伦·卡尔松:《自然与景观》,陈李波译,湖南科学技术出版社2006年版,第9页。

归纳的行为模式等来解释这些现象。科学的另一个值得怀疑的应用是应用可信的理论,如进化论、因果决定论、相对论、物理学或生态学来定义或解释美学现象或经验。其危险在于试图通过某种形式的科学认知的秩序与模式来限制或解释美学的独特力量。"①

柏林特主要研究城市、乡村、迪士尼乐园等人工环境审美,他注重审美的文化内涵与个人感性体验,与段义孚人本主义地理学视野相似。他对科学取代审美的担忧,排斥科学在环境审美中的重要作用。柏林特没有意识到环境审美必然要遵循生态科学的规律,以生态知识为准绳。新时代环境美学必须强调:"环境美学的思考必须转变先美学后环境的传统思路,立足于先环境后美学的立场。"即环境保护观念与生态观念应成为环境审美的基础。柏林特在评论城市环境的时候,也不自觉地运用了新的环境观与生态观,他批评林立的高楼大厦与无处不在的霓虹灯破坏了城市美,视高楼大厦与霓虹灯为文明昌盛、科技发达象征的生态观已经不合时宜。由于传统美学的影响根深蒂固,即使柏林特在审美实践中运用了生态科学知识或观念,在理论阐释时依然忽略甚至否定科学的作用。环境美学需要与时俱进,需要不断学习和吸收新的生态科学知识与理论,并将其运用到环境审美活动之中。

环境审美除了给予人审美体验,还有改善环境的实用目的。环境美不仅是拥有优美外观或者富有文化内涵,还必须以符合生态规律、改善生态条件为前提,需要生态学知识的参与。自然环境审美必须掌握基本的环境与生态科学知识及理论,不能纯粹追求形式美。如森林的生物知识、生态知识、地理知识会伴随着森林的审美过程。有些动物或植物虽然呈现美的形态,却是破坏环境与生态的外来物种,不应成为审美对象。追求人类利益最大化的人造工程环境,也必须考虑保护生态环境的优先权利,要以生态规律、生态知识为准绳。如森林的违建别墅,即使外形设计得再优美,装潢得再美轮美奂,也不符合环境保护与环境审美的规律。此外,景观设计不能只考虑外形上的美,还要考虑到生态的多样性、自然灾害的预防性、资源使用的节能性,才能称之为美。

当然,科学毕竟不能代替审美,科学知识也不能直接转化为审美体验。因为认知与审美存在巨大差异,认知追求客观和理性,审美虽然建立在客观和理性之上,但本质上还是感性经验。客观的科学知识未必可以直接得到

---

① Arnold Berleant, "Some Questions for Ecological Aesthetics", *Environmental Philosophy*, 1, 2016.

环境审美经验,还需要个体的审美趣味与感性体验推动。如果环境美缺失人的喜好、需求与文化因素,其审美也难以打动人。相较于理性、科学知识,情感、审美判断更能激发人们提升环境伦理观,参与环境保护行动,这正是环境审美的优势。

二、从审美到责任

如果说生态科学是环境美学的起点,环境伦理学就是环境美学的终点——它有着环境保护的实用性目标。环境审美与环境伦理的融合是"从美到责任",两者的关系比科学与审美的关系更为密切,也更为复杂。随着环境问题的不断恶化,美学和伦理学不约而同地关注环境问题,结出环境美学和环境伦理学两大硕果。

环境美学将审美领域、审美体验拓展至环境,思考如何创造美的环境、推动环境的保护和改造。环境伦理学则是将人与人之间的关系拓展到人与自然之间的关系,反省人类在自然界中的地位,应该如何对待自然,是当代伦理学的重要变革。正如审美与伦理有着千丝万缕的联系,环境审美与环境伦理也是血脉相连。

在西方传统观念中,伦理学的地位要高于美学,审美应该遵循伦理准则。柏拉图在《理想国》里就是以伦理为美学立法,提出驱逐模仿坏人坏事或软弱的人和事的诗人,只准许歌颂神和赞扬英雄的诗人进入城邦。

亚里士多德认为悲剧欣赏的"净化"有益于人的心理健康和社会稳定。近代的康德、席勒虽然讴歌审美的可贵,其真正意图却是希望通过美学达成伦理目标。然而环境美学诞生以后,不少学者认为环境审美价值是环境伦理价值的根源。最先联结环境审美与环境伦理的,是环境伦理学的开创者哈格罗夫和罗尔斯顿。哈格罗夫的环境美至善论认为环境美是环境伦理的本体,人应该保护环境美这种善,属于美德伦理学证明。罗尔斯顿提出环境价值论,认为环境审美价值是环境伦理的起点,属于内在价值证明。论及环境伦理的本体论时,哈格罗夫将美学作为唯一的根源:自然美是一种善,人们具有保护自然的义务。正如人类有义务保护艺术美一样,也有义务保护自然美,而且自然美与人有本质的联系,人需要保护自然美。哈格罗夫列举建立美国黄石国家公园的三个理由——地质学上的兴趣、审美的兴趣与保护野生动物的兴趣,证明美对环境伦理和环境保护的意义。

罗尔斯顿反对以"权利"或"善"为环境伦理学的关键术语,提出应该用"价值"一词来思考环境并推断出人对环境的责任和义务,"自然价值"是其理论核心。其将自然价值划分为经济价值、生命支撑价值、消遣价值、科学价值、审美价值、生命价值、宗教价值、历史价值、文化象征价值、性格塑造价值、多样性和统一性价值、稳定性和自发性价值、辩证价值等。罗尔斯顿同时承认"价值"需要人的体验来传递，并通过评价来衡量其价值。因此审美价值虽然不如生命支撑价值那样具有本源性，却最直观，最强调体验，在环境价值的衡量和评判中能够成为伦理价值的核心。在《哲学走向荒野》中，罗尔斯顿坦承审美经验是环境伦理最基本的出发点之一，自然环境的美使人们产生保护自然环境的责任，即"从美到责任"。

柏林特也从价值的角度研究"从美到责任"，他将审美价值与各种价值结合起来，指出"审美"的词源学解释是通过感官所获得的感知，涉及人的所有感知体验。他认为审美价值是弥漫性的，它无处不在，并始终在影响着伦理价值、社会价值、政治价值、宗教价值等。审美价值与其他价值合为一体，却又与众不同。运用环境伦理价值解决实践问题，许多时候与经济价值相冲突。如开发森林、山川或河流，一边是政府或企业从经济价值角度出发，指出开发可以提供多少经济收益；一边是环保组织和民众从生态角度和审美角度出发，指出开发会损害生态环境、破坏自然美。而生态环境不仅仅是生物数量、绿化率、水土面积等量化指标，更多的是通过自然美的形式所表现。此外，如果不是因为对自然美有着热烈的喜爱，人们不会宁愿损失经济利益也要保护自然环境，也罕有自觉自发地减少损害环境的行为。

环境伦理学习惯使用"母亲""家园""盖娅"等隐喻来比喻整个地球生态环境，并以此出发建构各种环境伦理规则。实际上"母亲""家园""盖娅"这些隐喻如果没有相关审美体验是空洞苍白、难以令人信服的。正是因为有了热爱、敬佩和感激等审美体验，这些隐喻才能引起共鸣，使人们不惜牺牲经济利益，行动起来保护地球母亲。在形成和遵守相应的伦理规则时，审美体验也贯穿始终。

程相占也肯定审美与认知、伦理的关联性，认为生态知识是自然与景观审美的重要因素，可以提升审美伦理观，改变环境审美的对象与审美体验。"生态美学应该重新反思伦理学与美学、伦理规范与审美规范、伦理判断与审美判断之间的密切关系。在某种程度上，生态美学是一种以笔者所说的、以生态审美欣赏为核心的'伦理—审美'（ethic-aesthetic）范式，它将'伦理学''视为第一哲学'，因为人对于世界的伦理态度永远处于首要位置上。"[①]于是美可以直接联结伦理的责任。

薛富兴则对"从美到责任"表示怀疑，认为"责任"属于规范伦理学的关

---

① 程相占：《从生态美学角度反思柏林特对康德美学的批判》，《文艺争鸣》2019年第3期。

键词,强调对人在现实生活中的行为规范,而美学是关于人类精神幸福的科学,研究的是人内在的精神状态,因此从规范伦理学到环境美学、从"美"到"责任"还有一段距离,在美学中谈"责任"的理由并不充分。

无论是审美兴趣、审美价值还是伦理范式,"从美到责任"都需要审美的感性起作用。环境审美不同于环境伦理的宣传教化,必须通过环境美来促进环境伦理。传统美学与伦理的关系具有启发性。从亚里士多德的《诗学》到当代分析美学,艺术研究一直是传统美学的核心主题。审美的形象性与情感性,不但赋予艺术促进伦理的功能,也使环境审美可以联结伦理。环境审美的形象性与情感性自然而然、润物细无声地完成提升伦理的任务,正如艺术审美的道德教化作用一般,看似桃李不言下自成蹊,实际上审美的情感性是伦理的重要构成与助推力。从"自然是美的"到"要保护自然"的责任感,需要论证从环境美到环境伦理的转化过程。如郁郁葱葱的森林、广阔无垠的草原使人产生敬畏之心,繁花似锦使人陶醉之余产生喜爱之情,各种动物的生存繁衍、竞争与共生让人认识到动物与人共同构成生物圈,从而自觉维护生态的完整性。

此外,康德的"美是德性的象征"也具有启示意义。在康德看来,美是非功利性的,"善是借助于理性由单纯概念而使人喜欢的"①。觉得某物是善的,必须拥有这个事物的概念。觉得某物是美的,却是直观的,不涉及概念。而概念实在性的显示必须通过直观的东西来演示,知性概念是通过图形的直观直接演示。道德的理性概念只有理性才能想到,没有任何感性直观可以与其对应,只能按照理性概念反思的形式通过直观象征物来显示。于是美可以作为德性的象征,可以通过美来联想到善,其表现为人们经常使用道德判断的词语来评价自然美或艺术美,如使用庄严和雄伟来评价大厦、大树,使用欢乐、快活来形容荒野,使用贞洁、谦虚和温柔来形容颜色。这说明美可以象征德性,美还应该符合德性的标准。

因此,环境审美的感性体验可以作用于环境伦理,环境美还可以作为环境伦理的象征,"从美到责任"与"美即责任"相辅相成,这也解释了哈格罗夫自然美至善论的可行性。郁郁森林、淙淙泉水、绿草茵茵、鸟语花香既是遵循生态规律的环境美,可以从情感上激发欣赏者的责任感,也是环境伦理的象征与追求。环境美就是责任的表现,追求环境的优美、生态的和谐就是践行环境保护的责任。从"自然是美的"到"要保护自然",再到"要保护自然的美",这种责任感的产生有自然而然的自发性和使命感的必然性,还包

---

① ［德］康德:《判断力批判》,邓晓芒译,杨祖陶校,人民出版社 2002 年版,第 42 页。

括"自然的美"所蕴含着生态知识与个人情感。环境审美的情景相融,自然成为德性的象征,在情感体验中超越个人感悟自然,认识自身在自然中的地位与责任。

环境审美还包括环境审丑,这是从另一个角度激发环境保护的责任感。森林被砍伐、河水被污染等环境审丑,以及核电站事故、原油泄漏等环境灾害,让人们产生厌恶感,认识到破坏环境的恶果。人们对环境被破坏、生态灾难、动植物死亡的伦理判断,除了科学知识和规律方面的考虑和经济损失的判断,更主要的还是直观、强烈的感性体验,唤起人对这种行为的惋惜、惊叹和内疚,从而提升环境伦理,实现"从美到责任"。环境审美活动融合科学与伦理,实现了陶醉山水的愉悦功能、认识自然的认知功能、培养热爱自然的伦理功能。

三、环境批评:环境审美融合科学与伦理的实践途径

一直以来,环境美学存在着形而上的理论研究与形而下的规划设计两个阵营。理论研究阵营建构起环境美学理论体系,成就斐然。规划设计阵营是从事环境规划、景观设计和景观评估等具体工作的专家和设计师,包括城市规划、景观设计、心理学、计算机、生态学、林业学、经济学等领域和行业。相较于理论研究阵营,规划设计阵营更注重环境审美与科学、伦理的关系。而环境美学的理论研究也不应脱离实践,其优势在于围绕环境美这一核心,综合环境审美与科学、伦理,对环境美展开环境批评。

环境批评是融合环境审美、科学与伦理的重要途径。环境美渗透着生态科学与环境伦理观,环境批评不仅是美学研究,还是生态理念与环境保护观念的宣传活动。环境批评的功能可以从艺术批评的功能得到启发。艺术学由艺术原理、艺术批评和艺术史构成,艺术批评既是艺术原理的实践运用,评价艺术作品的价值,为艺术史提供实证材料支持,同时又促进艺术创作和艺术欣赏活动。可以说艺术批评贯穿了艺术活动的整个过程,促进了艺术创作、艺术欣赏、艺术研究的开展。周来祥先生说:"批评介于创作和欣赏、艺术家和欣赏者之间,成为二者的中间环节。创造和欣赏水平的提高,促使艺术批评提高,艺术批评的提高,又反过来推动创造和欣赏水平的进步。"①

环境批评正如艺术批评一样,使环境成为人们日常生活的审美对象,形成审美热点,提高人们对环境的鉴赏力,提升人们的生态理念与环境伦理

---

① 周来祥:《论艺术批评的美学原理》,《学习与探索》1984 年第 5 期。

观。环境批评的重要意义还在于使人们更多地关注环境的审美维度、生态维度与伦理维度,形成环境审美欣赏的审美兴趣,并促进环境设计的提升,建造生态和谐的环境。"当环境批评建立起自己的话语体系,将会获得与环境问题重要性相匹配的权力和影响。承认环境的审美价值并且充满鉴赏力和智慧地赞扬它,是人类文明人性化艰难过程的重要前进步伐。"①

瑟帕玛是较早研究环境批评理论的学者,他宣称:"环境美学就是环境批评的美学。"②其环境批评分为描绘、阐释和评价三项任务,并创建了一个展示观赏者如何欣赏环境以及环境作为审美对象如何作用的模型。柏林特也借鉴艺术批评,将环境批评分为四个阶段:描述、解释、解释的策略与批评性的评价。

其实一直存在着两种环境批评,第一种环境批评是自然环境、景观与建筑等人工环境的批评。自然审美是环境美学最重要的根基,欣赏自然、热爱自然才能更好地保护自然,保护人与所有生物的共同家园。人也建造人工环境,由于生活在乡村或城市环境中,人也运用生态知识、环境审美与环境伦理来建设更好的人居环境。环境美学向来认可人工环境研究的必要性,柏林特与卡尔松 2007 年合编的《自然环境审美》和《人工环境审美》就研究了城市、商场、游乐场、玻璃房、园林、农业景观与道路等人工环境的审美活动。

罗尔斯顿在《景观的审美欣赏需要以科学为基础吗?》中也指出:"我们通常所了解的景观并不是原始的自然,而是经过培育的景观:乡村或田园,以及城镇和城市。"③由此罗尔斯顿也认为环境美学无法回避人工环境的审美研究。陈望衡还细分环境为"原生态荒野""次生态自然环境""准生态自然环境"。"原生态荒野"是人类不能随便进入的自然环境,"次生态自然环境"是人类可以进入但要恢复其生态的自然环境,"准生态自然环境"就是要遵循生态科学规律的人工环境。

如果环境美学只研究自然审美,固然会使其树立鲜明的学科特色,却会隔绝美学与设计、规划、建筑等学科的深度交流,失去多学科丰富理论来源的优势。而人工环境也需要生态科学、审美感性与环境伦理的指引,以建设舒适、安全与环保的生活环境。因此,环境美学应该介入现实社会,批评忽

---

① Arnold Berleant, *The Aesthetics of Environment*, Philadelphia: Temple University Press, 1992, p. 144.

② [芬]约·瑟帕玛:《环境之美》,武小西译,湖南科学技术出版社 2006 年版,第 151 页。

③ [美]霍尔姆斯·罗尔斯顿:《景观的审美欣赏需要以科学为基础吗?》,范锦熙译,《郑州大学学报》2021 年第 4 期。

视排水系统的建设追求城市高楼林立,无视低碳建筑的原则追求城市的灯光景观,漠视地方特色追求千篇一律的乡村景观。环境美学不但要保护自然生态环境,还要建设宜居宜游、更环保的人居环境。

第二种环境批评是环境艺术的批评。环境美学应该拓展环境批评的疆界,将文学、音乐、绘画、戏剧、电影、摄影等环境艺术的批评囊括进来。广义上的环境批评包括设计与规划的环境批评、文学的生态批评以及各种环境艺术与生态艺术的批评。许多环境艺术已经超越艺术领域,成为环境审美的宝贵资源。如"明月松间照,清泉石上流""接天莲叶无穷碧,映日荷花别样红""野旷沙岸净,天高秋月明""春江潮水连海平,海上明月共潮生"等诗句,是自然审美的艺术呈现,成为中国自然审美的经典意象,也是后世欣赏者的自然审美经验。再如《瓦尔登湖》《夏日走过山间》《沙乡年鉴》等自然文学作品,也深刻地影响着人们的自然审美经验。

而环境污染与环境灾害的艺术表现也具有环境审美的价值。如堆积如山的垃圾、遍布海滨的塑料、触目惊心的原油泄漏、被绳索缠绕得伤痕累累的动物,通过绘画、摄影或影视等艺术形式表现,具有震撼人心、催人深思的审美愉悦功能及环境伦理的提升功能。这是化丑为美,将环境中不能直接审美的景象通过艺术呈现,同时获得艺术审美经验与环境审美经验,并扩大了欣赏者群体。程相占将生态美学研究领域界定为:"生态美学既包括对环境的审美欣赏,也包括对艺术的审美欣赏,与传统美学的区别在于是否借助生态知识与生态伦理,其深层底蕴在于坚持人类中心主义还是倡导生态整体主义。"[1]其实这个界定也适用于环境美学,即环境美学包括环境艺术批评。

以耶鲁大学英文系教授劳伦斯为代表的生态批评,实际属于环境批评的一种。他认为生态批评是"由学术批评家、艺术家、环境教育家和绿色活动家组成的联盟"[2]。曾繁仁认为生态批评是一种包含着生态维度的文学批评,倡导文学"价值重建"的绿色阅读和坚持生态立场的"环境想象",展示了环境真善美的统一。鲁枢元从文学的环境批评角度,赞誉陶渊明是古代的浪漫主义诗人,肯定其自然人的回归、在诗意中追求自然与自由、清贫自守、隐逸闲适及其现代价值。

生态批评不仅局限于文学,还可以包括音乐、绘画、摄影、影视、装置艺术、电子艺术等艺术门类。"西方生态戏剧批评包括两个要点:其一,深度

---

[1]　程相占:《生态美学引论》,山东文艺出版社2021年版,第34页。

[2]　Lawrence Buell, *The Future of Environmental Criticism: Environmental Crisis and Literary Imagination*, Malden: Blackwell Publishing, 2005, p. 6.

挖掘戏剧的生态内涵,力主剧作家的生态意识与创作观念既是自然环境的映射,亦是其人格的自然外化,源于剧作家与特定地方生态之间的互动关联;其二,以更接近戏剧艺术本体论的研究范式,将'自然'表演'剧场'等新含义寓于戏剧之中,力图揭示出舞台表演与绿色剧场在干预生态问题。"①此外,方兴未艾的生态音乐、生态绘画与生态影视也是环境批评的新领域。

环境批评的任务是鼓励人们重新接触、发现与认识自然,意识到人类是生物圈的一部分,树立正确的生态观与环境伦理观。由此环境美学与艺术殊途同归,环境美学不仅是美学新的增长点,还使环境保护成为美学的基本准则与目标。凭借着环境批评,环境美学的理论研究阵营不但联结环境审美与科学、伦理,还与环境美学的实践阵营有着良性互动——前者为后者提供理论指导,后者为前者提供新的研究对象。

环境批评追求生态环境的真善美,融合环境美的欣赏、生态知识与环境伦理的宣扬,美学可以直面日益严峻的环境问题,深度参与环境保护实践。环境批评还使环境美学在保持自身特色的同时,重新回归艺术领域。环境危机时代的美学研究,应融合审美、科学与伦理开展环境批评与环境艺术批评,宣传环境保护观念及其审美趣味,提升社会整体的环境伦理观,促使美学超越审美与科学、审美与伦理、理论与实践、历史与当代、环境与艺术的分野,推动环境保护的开展。

---

① 杨慧芹:《西方生态戏剧批评的三个核心理论问题论析》,《山东社会科学》2020 年第 9 期。

参 考 文 献

阿诺德·柏林特英文著作

Arnold Berleant, *The Aesthetics Field: A Phenomenology of Aesthetic Experience*, Springfield: Charles C.Thomas, 1970.

Arnold Berleant, *Art and Engagement*, Philadelphia: Temple University Press, 1991.

Arnold Berleant, *The Aesthetics of Environment*, Philadelphia: Temple University Press, 1992.

Arnold Berleant, *Living in the Landscape: Toward an Aesthetics of Environment*, Lawrence: University Press of Kansas, 1997.

Arnold Berleant, *Re-thing Aesthetics: Rogue Essay on Aesthetics and the Arts*, Aldershot: Ashgate, 2004.

Arnold Berleant, *Aesthetics and Environment: Theme and Variation on Art and Culture*, Aldershot: Ashgate, 2005.

Arnold Berleant, *Sensibility and Sense: The Aesthetic Transformation of The Human World*. Charlottesville: Imprint Academic, 2010.

Arnold Berleant, *Aesthetics Beyond the Arts: New and Resent Essay*, Aldershot: Ashgate, 2012.

Arnold Berleant, ed., *The Ethical Factor in Business Decisions*, Brookvile, New York: C. W.Post Center of Long Land Island University, 1982.

Arnold Berleant, ed., *Environment and the Arts*, Aldershot: Ashgate, 2004.

Allen Carlson and Arnold Berleant ed., *The Aesthetics of Nature Environments*, New York: Broadview Press Ltd, 2004.

Arnold Berleant and Allen Carlson, ed., *The Aesthetics of Human Environments*, New York: Broadview Press Ltd, 2007.

Arnold Berleant, *The Social Aesthetics of Human Environments*, New York: Bloomsbury Publishing PLC, 2023.

阿诺德·柏林特中文译著

[美]阿诺德·柏林特:《环境美学》,张敏译,湖南科学技术出版社 2006 年版。

[美]阿诺德·柏林特:《生活在景观中——走向一种环境美学》,陈盼译,湖南科学技术出版社 2006 年版。

[美]阿诺德·柏林特主编:《环境与艺术:环境美学的多维视角》,刘悦笛译,重庆

出版社 2007 年版。

　　[美]阿诺德·柏林特:《美学再思考:激进的美学与艺术学论文》,肖双荣译,武汉大学出版社 2010 年版。

　　[美]阿诺德·柏林特:《艺术与介入》,李媛媛译,商务印书馆 2013 年版。

　　[美]阿诺德·柏林特:《美学与环境——一个主题的多重变奏》,程相占译,河南大学出版社 2013 年版。

外 文 书 目

Allen Carlson, *The Aesthetics of Landscape*, London: Belhaven Press, 1991.

Allen Carlson, *Aesthetics and Environment: the Appreciation of Nature, Art and Architecture*, London and New York: Springer, 2000.

Alien Carlson and Sheila lintott, *Nature, Aesthetics and Environmentalism: From Beauty to Duty*, New York: Columbia University Press, 2007.

Allen Carlson and Shelia Lintott, ed., *Nature, Aesthetics and Environment: From Beauty to Duty*, New York: Columbia University Press, 2008.

Allen Carlson, *Nature and Landscape: An Introduce of Environmental Aesthetics*, New York: Columbia University Press, 2009.

Andrew Light, Jonathan Smith, *The Aesthetics of Everyday Life*, New York: Columbia University Press, 2005.

Birgit Meyer, ed., *Aesthetic Formation: Media Religion and the Sense*, New York: Palgrave Macmillan, 2009.

David E. Cooper, *A Philosophy of Gardens*, New York: Oxford University Press, 2006.

David. E. W. Fenner, *Art in Context: Understanding Aesthetic Value*, Athens, Ohio: Swallow Press, 2008.

Drenthen Martin and Jozef Keulartz, *Environmental Aesthetics: Crossing Divides and Breaking Ground*, Fordham University Press, 2014.

Edward Winters, *Aesthetics and Architecture*, London and New York: Continuum International Publishing Group, 2007.

Emily Brady, *Aesthetics of the Nature Environment*, Edinburgh: Edinburgh University Press, 2003.

Glenn Parsons and Allen Carlson, *Fuctional Beauty*, Oxford: Clarendon Press, 2008.

Hepburn Ronald W, *The Reach of the Aesthetic: Collected Essays on Art and Nature*, Aldershot: Ashgate, 2001.

Holmes Rolston Ⅲ, *Philosophy Gone Wild*, New York: Prometheus, 1989.

Holmes Rolston Ⅲ, *A New Environmental Ethics*, London and New York: Taylor & Francis Group, 2012.

Heyd Thomas, *Encountering Nature: Toward an Environmental Culture*, Aldershot: Ashgate, 2007.

Henry David Thoreau, *Walden*, New Jersey: Princeton University Press, 1989.

Lawrence Buell, *The Environmental Imagination: Thoreau, Nature Writing, and the Formation of American Culture*, Cambridge : Harvard University Press, 1996.

Leddy Thomas, *The Extraordinary in the Ordinary: The Aesthetics of Everyday Life*, Peterborough: Broadview Press, 2012.

Jack L. Nasar, ed., *Environmental Aesthetics: Theory, Research and Application*, New York: Columbia University Press, 1988.

J. Douglas Porteous, *Environmental Aesthetics: Ideas, Politics and Planning*, London: Routledge, 1996.

James J. Gibson, *The Perception of the Visual World*, Boston: Houghton, 1950.

Jerome A. Popp, *Evolution's First Philosopher: John Dewey and the Continuity of Nature*, Albany: State University of New York Press, 2007.

John Dewey, *Art and Experience*, New York: G. P. Putnam's Sons, 1934.

John Dewey, *Experience and Nature*, London: George Allen and Unwin, LTD, 1929.

Katya Mandoki, *Everyday Aesthetics: Prosaics the Play of Culture and Social Identities*, Aldershot: Ashgate, 2005.

Malcon Budd, *The Aesthetics Application of Nature*, Oxford: Oxford University Press, 2002.

Maurice Merleau–Ponty, *The Primacy of Perception*, Evanston: Northwestern University Press, 1964.

Maurice Merleau–Ponty, *The visible and Invisible*, Evanston: Northwestern University Press, 1968.

Marcia Muelder Eaton, *Aesthetics and the Good Life*, Cranbury: Associated Press, 1989.

Mikel Dufrenne, *Main Trends in Aesthetics and the Science of Art*, New York: Holmes & Meier Publishers, 1979.

Moore Ronald, *Natural Beauty: A Theory of Aesthetics Beyond the Arts*, Peterborough: Broadview Press, 2007.

Ralph Waldo Emerson, *Nature*, Boston: Beacon Press, 1983.

Thomas Heyd, *Encountering Nature: Toward an Environmental Culture*, Burlington: Ashgate, 2007.

Yi–Fu Tuan, *Topophilia: A Study of Environmental Perception, Attitudes and Values*, New York: Columbia University Press, 1990.

Yi–Fu Tuan, *Landscape of Fear*, Minneapolis: University of Minnesota Press, 1979.

Yuriko Saito, *Everyday Aesthetics*, New York: Oxford University Press, 2007.

其他中文书目

［美］阿瑟・C.丹托:《艺术终结之后》,王春辰译,江苏人民出版社 2007 年版。

［美］阿瑟・C.丹托:《寻常物的嬗变———一种关于艺术的哲学》,陈岸瑛译,江苏人民出版社 2012 年版。

［加］艾伦·卡尔松：《环境美学——自然、艺术与建筑的鉴赏》，杨平译，四川人民出版社 2006 年版。

［加］艾伦·卡尔松：《环境与自然》，陈李波译，湖南科学技术出版社 2006 年版。

［加］艾伦·卡尔松：《从自然到人文——艾伦·卡尔松环境美学文选》，薛富兴译，广西师范大学出版社 2012 年版。

［美］奥尔多·利奥波德：《沙乡年鉴》，侯文蕙译，吉林人民出版社 1997 年版。

［英］B.鲍桑葵：《美学史》，张今译，中国人民大学出版社 2010 年版。

［德］鲍姆嘉登：《美学》，王晓旭译，文化艺术出版社 1987 年版。

［荷］斯宾诺莎：《神、人及其幸福简论》，洪汉鼎、孙祖培译，商务印书馆 1987 年版。

［古希腊］柏拉图：《柏拉图文艺对话集》，朱光潜译，人民文学出版社 1963 年版。

［古希腊］柏拉图：《理想国》，郭斌和、张竹明译，商务印书馆 1986 年版。

［古希腊］柏拉图：《柏拉图全集（第二卷）》，王晓朝译，人民出版社 2003 年版。

［美］戴维·哈维：《后现代的状况——对文化变迁之缘起的探究》，阎嘉译，商务印书馆 2003 年版。

［美］大卫·格里芬：《后现代精神》，王成兵译，中央编译出版社 1998 年版。

［波］符·塔塔科维兹：《西方美学概念史》，褚朔维译，学苑出版社 1990 年版。

［德］黑格尔：《美学》，朱光潜译，商务印书馆 1984 年版。

［美］格伦·A.洛夫：《实用生态批评：文学、生物学及环境》，胡志红等译，北京大学出版社 2010 年版。

［美］霍尔姆斯·罗尔斯顿：《环境伦理学：大自然的价值及人对大自然的义务》，杨通进译，中国社会科学出版社 2000 年版。

［美］霍尔姆斯·罗尔斯顿：《哲学走向荒野》，刘耳译，吉林人民出版社 2000 年版。

［德］汉斯-格奥尔格·加达默尔：《真理与方法——哲学诠释学的基本特征》，洪汉鼎译，上海译文出版社 2004 年版。

［德］康德：《判断力批判》，邓晓芒译，杨祖陶校，人民出版社 2002 年版。

［德］康德：《实践理性批判》，邓晓芒译，杨祖陶校，人民出版社 2004 年版。

［美］凯林·林奇：《城市意象》，方益萍译，华夏出版社 2001 年版。

［意］克罗齐：《美学原理》，朱光潜译，上海世纪出版社 2007 年版。

［美］劳伦斯·布伊尔：《环境批评的未来：环境危机与未来想象》，刘蓓译，北京大学出版社 2010 年版。

［美］劳伦斯·布伊尔：《为濒危的世界写作——美国及其他地区的文学、文化和环境》，岳友熙译，人民出版社 2015 年版。

［美］蕾切尔·卡逊：《寂静的春天》，吕瑞兰、李长生译，吉林人民出版社 1997 年版。

［英］李斯托威尔：《近代美学史评述》，蒋孔阳译，安徽教育出版社 2007 年版。

［美］罗宾·乔治·柯林武德：《自然的观念》，吴国盛译，北京大学出版社 2006 年版。

［美］罗德里克·弗雷泽·纳什：《大自然的权利：环境伦理学史》，杨通进译，青岛

出版社 2005 年版。

[美]理查德·桑内特:《肉体与石头:西方文明中的身体与城市》,黄煜文译,上海译文出版社 2011 年版。

[美]理查德·舒斯特曼:《身体意识与身体美学》,程相占译,商务印书馆 2011 年版。

[德]马丁·海德格尔:《海德格尔选集》,孙周兴选编,上海三联书店 1996 年版。

[德]马丁·海德格尔:《林中路》,孙周兴译,上海译文出版社 2004 年版。

[德]马丁·海德格尔:《海德格尔文集·路标》,孙周兴译,商务印书馆 2000 年版。

[德]马丁·海德格尔:《荷尔德林诗的阐释》,孙周兴译,商务印书馆 2004 年版。

[德]马丁·海德格尔:《存在与时间》,陈嘉映、王庆节合译,生活·读书·新知三联书店 2005 年版。

[美]门罗·C.比厄斯利:《西方美学简史》,高建平译,北京大学出版社 2006 年版。

[美]诺埃尔·卡罗尔:《超越美学》,李媛媛译,商务印书馆 2006 年版。

[美]诺伯舒兹:《场所精神:迈向建筑现象学》,施植明译,华中科技大学出版社 2010 年版。

[美]乔治·桑塔耶纳:《美感》,缪灵珠译,中国社会科学出版社 1982 年版。

[美]让-弗朗索尔·利奥塔:《后现代状态:关于知识的报告》,车槿山译,南京大学出版社 2011 年版。

[德]沃尔夫冈·韦尔施:《重构美学》,陆杨等译,上海译文出版社 2006 年版。

[德]沃尔夫冈·韦尔施:《我们的后现代的现代》,洪天富译,商务印书馆 2008 年版。

[波]瓦迪斯瓦夫·塔塔尔凯维奇:《西方六大美学观念史》,刘文谭译,上海译文出版社 2006 年版。

[古希腊]亚里士多德:《形而上学》,吴寿彭译,商务印书馆 1981 年版。

[芬]约·瑟帕玛:《环境之美》,武小西、张宣译,湖南科学技术出版社 2006 年版。

[美]约翰·杜威:《艺术即经验》,高建平译,商务印书馆 2005 年版。

[美]约翰·杜威:《经验与自然》,傅统先译,中国人民大学出版社 2012 年版。

陈望衡主编:《美与当代生活方式——"美与当代生活方式"国际学术研讨会论文集》,武汉大学出版社 2005 年版。

陈望衡:《环境美学》,武汉大学出版社 2007 年版。

陈望衡主编:《环境美学前沿(第一辑)》,武汉大学出版社 2009 年版。

陈望衡主编:《环境美学前沿(第二辑)》,武汉大学出版社 2012 年版。

陈望衡主编:《环境美学前沿(第三辑)》,武汉大学出版社 2015 年版。

程相占主编:《中国环境美学思想研究》,河南人民出版社 2009 年版。

程相占:《生态美学与生态评估及规划》,河南人民出版社 2013 年版。

曾繁仁:《生态美学导论》,商务印书馆 2010 年版。

曾繁仁主编:《全球视野中的生态美学与环境美学》,长春出版社 2011 年版。

致　　谢

本书是国家社科基金后期资助项目的结项成果，也是以本人博士学位论文为基础的研究成果。从博士学位论文开题到出版成书，足足度过了十二年的光阴。

回首往昔，心中感慨不已，万分感谢导师王坤老师在学术上的悉心指导！王老师严谨的治学态度、融合经典与前沿的研究视野、抽丝剥茧和鞭辟入里的研究方法使我受用终身，铭感不忘！

感谢开创中国环境美学学科的陈望衡老师，引导我涉足环境美学研究。正是陈望衡老师组织翻译了"环境美学译丛"，出版专著《环境美学》和《环境美学前沿》丛书，推动了环境美学在中国的兴起。曾繁仁老师开创的生态美学也激发学界对环境问题的关注，为环境美学研究提供新思路。感谢阿诺德·柏林特老师为我解疑释惑，并向我推荐其2023年出版的新书，帮助我及时掌握最新文献。

感谢蒋述卓老师、高小康老师、高建平老师、程相占老师、刘悦笛老师、乔学杰老师对本书的指导！感谢柯汉琳老师、刘晟老师、毛萍老师的教导！感谢一路走来众多师长、好友给予的教诲和帮助！

最后还要感谢一直在背后支持我的妻子朱艳博士！

廖建荣

2024 年 12 月 21 日